JN411235

나눔의 사회과학

양극화와 불평등을 넘어서

임현진·손 열 엮음

진인진

::: 지은이

정용덕 서울대학교 행정대학원 명예교수
이정우 경북대학교 경제학과
이종욱 서울여자대학교 경제학과
유창조 동국대학교 경영학부
이 홍 광운대학교 경영학부
한상진 서울대학교 명예교수
남은영 서울대학교 아시아연구소
김상욱 성균관대학교 사회학과
장상수 순천대학교 사회교육과
최태욱 한림국제대학원대학교 국제학과
강명세 세종연구소

::: 엮은이

임현진 한국사회과학협의회 회장
손 열 연세대학교 국제학대학원 교수·한국사회과학협의회 연구위원장

나눔의 사회과학

양극화와 불평등을 넘어서

초판 1쇄 발행 2014년 12월 19일

지은이 임현진·손열
발행인 김영진
발행처 진인진
등록 제25100-2005-000003호
주소 경기도 과천시 별양동 1-14 과천오피스텔 614호
전화 02-507-3077~8
팩스 02-504-3079
홈페이지 http://www.zininzin.co.kr
이메일 pub@zininzin.co.kr

ISBN 978-89-6347-202-7 93300

| 머리말 |

오늘의 한국사회 화두는 복지이다. 이러한 복지가 시대정신이 되고 있는 배경에는 양극화의 심화와 형평성의 결손이 자리 잡고 있다. 이제 모든 국민이 먹고 살기가 나아졌다고 하지만, 그간 성장의 파이가 커진 것에 비해 큰 몫과 작은 몫 사이의 격차가 벌어지고 있는 가운데 약자를 보호해 줄 안전망을 제대로 갖추지 못하고 있기 때문이다.

물론 역사적으로 보아 불평등은 이미 오래전부터 존재했다. 문제는 근래에 들어 시장에 의한 분배와 정부에 의한 재분배가 개선되지 않음으로써 불평등이 악화되고 있다는 데 심각성이 있다. 최근 선풍을 일으키고 있는 토마스 피케티(Thomas Piketty)의 《21세기 자본론》은 경제성장의 과정에서 자본소득이 차지하는 비중이 노동소득의 그것 보다 많아짐으로써 불평등이 커진다고 본다. 금융자본주의의 도래에 따른 산업구조의 변화와 노동가치의 하락을 알 수 있다. 그러나 이러한 자본의 세습화는 특권계급의 지배를 가져와 끝내 민주주의 위기를 가져올 수 있다는 사실을 잊지 말아야 할 것이다.

우리의 시야를 아시아로 돌려보자. 지속적인 경제성장 덕분에 빈곤은 줄어들었지만 평등이 나빠지고 있다. IMF는 1990년대 이후 중국, 인도, 인도네시아, 말레이시아 등에서 높은 경제성장에도 불구하고 불평등이 심화되고 있다고 분석하고 있다. 세계 극빈층 인구의 60%가 아시아· 태평양지역에 몰려 있다. 이들 중 7억 3천만 명은 최빈층이라 할 하루 1.25달러 이하로 생활하고 있다고 한다. 평등이 나아짐이 없는 배타적 성장이다. 도시와 농촌, 대기업과 중소기업, 부자와 빈자, 남성과 여성, 그리고 정규직과 비정규직 사이에 격차가 벌어지고 있다.

한국의 경우 국제노동기구(ILO)에 의하면 2014년 기준으로 선진 28개국 중 지니계수로 본 불평등이 여덟 번째로 나쁘다. 소득 불균형이 중국이나 인도네시아에 못지않게 빠르게 나빠지고 있다는 사실을 눈여겨 보아야 한다. 우리나라도 0.33% 부자들이 전체 금융자산의 14%를 차지하고 있다. 특히 2012년 기준 상위 10%가 소득에서 45.51%를 소유하고 있다. 이는 미국 48.16%와 비슷하고, 프랑스의 32.69%와 일본의 40.50%에 비해 높다. 상위 10%와 하위 10% 사이의 소득격차가 30년 전 8배에서 12배로 벌어지고 있다.

얼마 전 한국을 방문한 프란시스코 교황은 가난하고 소외받고 고통 받는 사람의 편의 입장에서 고언을 서슴지 않는 분이다. 그는 매일 지구 여러 곳에서 적지 않는 사람들이 굶주림으로 죽어가고 있다면서, 이들의 비참한 생활을 이겨내기 위해 "새로운 정신"이 필요하다고 역설한 바 있다. 정의가 바로서는 더불어 사는 공동체를 위해 서로가 소통하고 관심을 가지면서 마음과 물질을 나눌 것을 권고하고 있는 것이다.

한국개발연구원의 조사에 의하면 한국의 '삶의 질'이 OECD와 G20 회원국 총39개 나라들 중 27위로 하위권에 위치하고 있다. 산업화와 민주화에 성공한 나라라고 자부하고 있지만 삶의 질은 그에 따라가지 못하고 있다. 소득이 높아져도 행복으로 연결되지 않는다는 '이스털린의 역설'에 주목할 필요가 있다. 결국 경제성장과 사회통합을 조화시키는 발전정책에 관심을 가져야 한다.

노벨경제학상을 받은 센(Amartya Sen)에 의하면 발전이란 정부의 강제로부터 벗어나는 시장의 자유만으로 이루어지지 않는다. 재분배를 통한 교육, 의료, 주택 등 기본 서비스의 제공에 의해 개인의 자유가 전제될 때 발전은 가능하다. 개인의 자유가 대중의 참여에 의한 의견, 정보, 사상의 공적 토론을 유도할 수 있기 때문이다. 공생발전을 위해서는 시장에 대한 환상을 버려야 한다. 정부는 시장이 제대로 작동하지 않거나 혹은 게임의 규칙을 오용할 때 개입할 필요가 있다. 유럽식 규제받는 시장경제(regulated market economy)가 영미식 자유 시장경제(free market economy)보다 경제성장, 소득분배, 그리고 복지제공에서 보다 나은 성과를 보이고 있다는 사실을 눈여겨 볼 수 있다.

한국의 사회과학은 역사는 일천하지만 항시 우리 사회의 공공성과 형평성에 대한 고민을 주저하지 않았다. 돌이켜 보면, 한국사회과학협의회는 이미 1990년에 들어서부터 나눔의 문제에 대해 관심을 갖고 현실파악과 해결방안 도출을 위해 노력해 왔다고 자부할 수 있다. 일련의 연구 결과를 소개드린다면, "한국사회의 공정성 및 형평 시계열 조사"를 1990년, 1995년, 그리고 2000년 등 세 차례에 걸쳐 수행하였다. 그리고 "한국사회의 불평등"에 관한 연구를 2001년과 2009년 연속으로 진행하였다. 다음과 같은 저서들이 그 결과물이라 할 수 있다. 황일청 편, 『한국사회의 불평등과 형평』, 나남, 1992, 석현호, 『한국사회의 불평등과 공정성』, 나남, 1997, 『공생발전을 위한 정책과제의 모색: 정치, 경제 및 사회적 접근』, 경제인문사회연구회, 2011, 그리고 경제인문사회연구회, 『우리 사회는 공정한가, 통계와 사례로 바라본 한국 사회의 공정성』, 한국경제신문, 2012 등이 그것들이다.

이러한 연장선에서 이 책은 한국사회과학협의회가 산하 15개 학회 중 한국경제학회, 한국경영학회, 한국사회학회, 한국정치학회와 공동으로 연세대학교 새천년관에서 2014년 5월 30일 주최한 '나눔의 사회과학'이란 학술회의의 연구결과를 담고 있다. 사회과학계의 대표적인 학자들의 발표와 토론을 통해 보다 민주적이고 정의로운 사회를 위하여 나눔의 경제와 기업, 그리고 나눔의 사회와 정치 등 네 가지 분야에 관한 현실 진단과 처방을 제시하고 있다. 특히 이 연구는 현재 한국연구재단이 주도하고 있는 SSK(Social Science Korea; 한국 사회과학 진흥 사업)의 일환으로 수행되었다. 그간 SSK 사업이 오늘의 한국사회가 안팎으로 직면하고 있는 여러 문제들에 대한 학문적 진단과 정책적 처방 마련에 일조를 해 왔다는 점에서 이번 '나눔의 사회과학'도 사회갈등의 극복을 통한 사회통합에 기여할 것으로 기대하고 있다. 이 자리를 빌려 한국사회과학협의회에 물심양면의 지원과 배려를 해준 한국연구재단, 특히 김세영 인문사회연구본부 전 본부장님께 진심으로 감사의 인사를 드린다.

모두 아홉 편의 글로 구성되어 있는 이 책을 개관하면, 먼저 정용덕은 총론에서 한국사회에서 나눔의 문제에 대한 관심이 대두된 배경과 이유에 대해 설명해 주고 있다. 그는 우리 사회에서 나눔에 대한 담론은 공론장에서 넘치는데 합의를 이끌어 줄 공정한 기준이 없다고 지적한다. 그러므로 그는 한국사회에서 우리 현실에 부합하는 나눔의 기준을 정치가 마련해 줄 것을 강력히 주문하고 있다.

제1부 경제 분야에서 이정우는 배제와 박탈의 경제에서 나눔과 포용의 경제로 나갈 것을 제안한다. 세계화 시대 한국은 정부 주도의 시장만능주의와 성장지상주의로는 양극화를 해결하기 어렵다고 본다. 그는 경제민주화를 통해 포용적 성장으로 사고의 전환을 함으로써 복지국가의 건설이 가능하다고 역설한다. 이종욱은 상생협력이 투입요소이고 동반성장은 산출요소이라는 점에서 기존의 동반성장론을 넘어 가치창출형 나눔을 위한 상생협력 파라다임을 제시한다. 따라서 그는 '물의 문화'라는 관점에서 기업들 사이의 상생경영을 통한 미래 한국경제의 가능성을 전망한다.

기업 분야에서 유창조는 협력경영의 중요성을 강조하면서 자발적 발전을 위한 협력을 모색한다. 참여자들이 경쟁적인 게임의 반복을 통해 자신들의 이익을 극대화하기 위한 가장 효과적인 방법이 협력임을 알게 된다는

'협력의 진화'론을 기업에 적용할 것을 제안한다. 이홍은 기업의 나눔을 실천하기 위한 전략을 제시하고 있다. 그는 분배정의의 실현을 위해 공정성과 공평성이라는 두 가지 메커니즘을 제시한다. 기업은 사회적 생산이라는 이기적 시각을 넘어 공유가치창출이라는 이타적 입장을 가짐으로써 나눔을 구현할 수 있다는 것이다.

제2부 사회 분야에서 한상진과 남은영은 한국사회의 공존을 위해서는 상대의 눈으로 상대의 상황을 이해하고 해석하는 능력으로서 '공생민감성'을 지적한다. 이를 통한 경험적 연구에 입각하여 우리 사회에서 주주의 사회적 책임과 노블레스 오블리주의 사회적 착근이라는 공생 자본주의 문화를 발전시키기 위해서는 소통과 신뢰가 중요하다는 사실을 강조한다. 김상욱과 장상수는 한국의 근로자들의 공정성에 대한 인식이 지난 십여 년 동안 높아졌지만 최근 낮아지고 있다는 조사 결과를 내놓고 있다. 특히 사회경제적 지위가 높은 사람들일수록 그렇지 못한 사람들에 비해 분배 결과가 공정하다고 보지만 그 절차는 그렇지 못하다는 인식을 보이고 있다는 중요한 사실을 알려주고 있다.

정치 분야에서 최태욱은 복지와 분배 친화적인 비례대표제의 강화를 통한 다당제로 나아감으로써 현재의 제왕적 대통령제를 합의제 권력구조로 바꿀 수 있다고 주장한다. 그는 오늘의 현실에서 권력구조 개편은 한편으로 직선 대통령을 상징적 국가원수로 두고 의원내각제 도입하는 길과, 다른 한편으로 대통령과 총리 사이의 분권형 대통령제로의 전환이라는 길을 제시하고 있다. 물론 국민의 선택이 중요하지만, 독일식 비례대표제와 같이 이념, 가치, 정책 중심의 다당제라는 선거제도의 개혁이 선행되지 않는 권력구조의 변화는 소지역 중심의 지역할거주의와 지역정당을 대표하는 보스들 사이의 권력 나눠먹기라는 개악으로 흘러갈 수 있다고 경고한다. 강명세는 정치제도는 재분배에 영향을 주고, 정부정책은 다시 중간계급의 규모에 영향을 준다는 제도주의적 관점을 중시한다. 실제로 다수제를 실행하고 있는 미국, 영국, 호주, 캐나다의 중산층은 비례대표제를 택하고 있는 독일, 스웨덴, 네델란드, 덴마크의 중산층에 비해 규모가 매우 작다고 한다. 이는 다수제 아래 중산층은 줄어들지만, 비례대표제 아래에서는 중산층은 늘지언정 줄어들지 않는다는 중요한 사실을 시사하고 있다.

나눔이란 물질적 차원을 넘어 정신적 차원도 포함한다. 단지 물질을 나눌 뿐만 아니라 정신을 공유하는 것이다. 그러므로 사회를 이루는 사람들이 서로 사랑하고 배려함으로써 희생과 봉사가 이루어지듯이 나눔은 신뢰와 공감과 연대를 바탕에 깔고 있다. 요즈음 한국사회에서 나타나는 불안과 불만도 그러한 나눔의 의미가 퇴색하고 있기 때문이다. 그러므로 이 책이 한국사회의 구성원들이 가까이 소통하고 신뢰를 쌓아 나눔의 의미를 되새기는데 도움이 되기를 희망한다. 마지막으로 이러한 나눔의 사회과학적 중요성에 대한 연구와 개발을 위해 한국사회과학협의회에 재정적 지원을 해준 SK 하이닉스(주)와 관계자 여러분께 깊은 사의를 표하는 바이다.

2014년 10월 20일

임현진과 손열

| 차례 |

정용덕

'나눔'과 배분적 정의*

1. 서론

한국 사회에서 '나눔'에 대한 관심이 다시금 높아지고 있다. 정의, 복지, 공정성 등의 화두가 2010년대 한국 사회에서 주요 담론 주제로 대두되고 있는 것이다. 이러한 징후를 뒷받침할 만한 몇 가지 사례들을 찾아보기란 어렵지 않다(정용덕, 2011).

우선, 마이클 샌델 교수의 정의론에 대한 한국 사회에서의 비상한 관심을 들 수 있다. 그가 쓴 동명의 책(Sandel, 2009)이 연중 베스트셀러를 기록했으며, 그의 하버드대 한 학기 강의가 교육방송(EBS)에서 높은 시청율을 기록하며 방영되었다. 2010년 당시 이명박 대통령이 광복절 경축사에서 '공정사회' 구현을 표방하더니, 이듬해인 2011년 광복절 경축사에서는 '공생발전' 정책의 추진을 강조했다. 2011년에

* 이 글은 2014년 5월 30일 연세대학교 새천년관에서 열린 한국사회과학협의회 주최 학술세미나("나눔의 사회과학")에서 발제한 필자의 기조발표 논문을 가필한 것이다.

는 모든 초·중등학교 학생들에 대한 '무상급식' 제공 여부에 대한 지방자치단체에서의 논란이 제기되었다. 그에 대한 주민들의 찬반 투표를 제안했던 당시 오세훈 서울시장은 주민투표가 무산되자 임기 중에 사퇴하는 일이 발생했다. 보수 언론조차 높은 관심을 보였다. 조선일보가 특집으로 "자본주의 4.0 시대를 열자"를 연재한 것이 한 예가 될 것이다(2011. 8. 2). 국책연구원들도 공정성에 대한 연구 결과들을 경쟁적으로 발표했다(예: 김세원 외, 2011). 2012 대통령 선거에서는 여·야당의 유력 후보들이 유세과정에서 이른바 '복지 논쟁'을 벌였다. 첨예한 경쟁이 전개되던 유세 막바지에 '경제민주화' 공약을 선점한 보수 정당의 박근혜 후보가 당선되었다.

왜 지금 한국에서 이처럼 '나눔'의 문제가 관심의 대상이 되고 있는 것인가? 그 이유에 관한 논의에 앞서 나눔의 문제가 지닌 특성에 대해 먼저 간단히 살펴보기로 한다. 나눔이란 사적 영역에서 개인이나 조직에 의해 자발적으로 이루어지는 것이기도 하지만, 20세기 이후부터는 점차 국가의 책임을 강조하는 경향이 나타났다. 그런데 국가가 얼마나 그리고 어떤 방법으로 나눔을 실천할 것인가에 대해서는 공론장에서 다양한 논의가 필요한 이른바 '난해한 문제'(Foster, 1981; 한국사회과학협의회, 2013)로서의 특성이 있다. 공공정책 가운데에서도 기존 전문가들의 인과적 지식이 불확실하고, 다양한 정책 고객들이 관련되어 그들의 다양한 그리고 상충적인 목표들 간의 우선순위를 결정하기가 어려운 정책이 그것이다. 자연히 나눔의 문제를 해결하기 위해서는 학제적 접근이 필수적이다.

이와 같은 맥락에서 1976년에 학제적 연구를 지향하면서 설립된 한국사회과학협의회가 나눔의 문제와 관련된 일련의 연구, 학술대회, 저서를 출간해 온 것은 매우 자연스럽다. 한국사회과학협의회는 1990년부터 '한국 사회의 공정성 및 형평 시계열 조사' 사업을 세 차례(1990, 1995, 2000) 수행한데 이어, '한국 사회의 불평등'으로 이름을 바꿔 두 차례(2001, 2009) 연구 사업을 수행했다. 이와 같은 일련의 연구 결과를 토대로 『한국사회의 불평등과 형평』(황일청, 1992) 그리고 『한국사회의 불평등과 공정성』(석현호, 1997)을 출간했다. 그 이후에도 '한국 사회의 형평과 불평등'(2010), '공생발전 정책'(2011), '한국 사회의 공정성, 1990~2011: 변화추이의 국제비교와 발전방안'(2012) 등의 학술대회를 통해 나눔의 문제에 대한 사회과학자들의 공론장 마련에 힘써 왔다.[1] 한국사회과학협의회와 중앙선데이가 2012년에 공동 주최한 '한국 사회 대논쟁'에서도 이른바 '복지 논쟁'을 주요 담론 가운데 하나로 다루었다(한국사회과학협의회·중앙선데이, 2012). 본서에 수록된 각 장의 글이 발표된 한국사회과학협의회 주최 2014년 학술대회("나눔의 사회과학")도 그 연장선상에 있다.

2. 나눔의 문제가 제기되는 요인

어느 사회에서나 나눔의 문제에 대한 사회적 관심은 시대에 따라 부침이 있다. 예로써, 미국에서는 1930년대와 1960년대에 차례로 그와 같은 경향이 나타났다고 한다. 아아론 윌답스키(Wildavsky, 1982) 교

1 이 학술대회에서 발표된 내용의 일부가 경제인문사회연구회 편, 『우리 사회는 공정한가』(서울: 한국경제신문, 2012)로 출간되었다.

수는 이 현상을 문화이론을 통해 설명한다. 본래 미국에 지배적인 개인주의 문화에 평등주의 문화가 접목되는 시대가 있었으며, 그 때마다 나눔에 대한 관심과 공공정책의 발전이 이루어졌다는 것이다.

한국의 경우, 2010년을 전후해서 나눔에 대한 관심이 고조되었음은 전술한 것과 같다. 흥미로운 것은 한 세대 전인 1980년을 전후해서도 한차례 나눔에 대한 사회적 관심이 고조되었던 점이다. 당시는 경제적으로 산업구조의 고도화가 한창 진행되고 있었고, 정치적으로는 유신체제가 붕괴되고 신군부에 의한 제5공화국 정부가 막 출범하던 무렵이었다. 당시에도 정부는 '사회발전', '복지국가', '정의사회' 구현 등의 정치적 수사와 더불어 나눔의 문제를 주요 정책 아젠다 가운데 하나로 표방했었다(정용덕, 1982).

그러면 1980년 전후와 2010년 전후에 한국에서 나눔에 대한 사회적 관심이 제고된 이유를 살펴보기로 한다.[2] 한 사회에서 나눔의 문제가 제고되는 이유를 설명하기 위해 다음과 같은 네 가지 요인을 고려할 수 있다. 소득 혹은 부의 불균등 심화, 경제 성장률의 저하, 나눔에 대한 정책이념(policy idea)의 확산, 그리고 나눔에 관련된 현실 정치적 요인이 그것이다(Jung, 1982).

1) 소득 혹은 부의 불평등

한 사회에서 그 구성원들 간에 소득이나 부의 불평등이 심화되는 경우 나눔에 대한 요구가 많아질 것임은 짐작하기 어렵지 않다. 이

2 이에 관한 보다 자세한 논의는 성시영·정용덕(2012)을 참고할 것.

문제와 관련하여 한국의 형편이 어떠했는지 몇 가지 지표를 통해 살펴보기로 한다.

우선, 노동소득분배율, 즉 전체 국민소득 중에서 노동소득이 차지하는 비중의 변화를 살펴볼 필요가 있다. 임금근로자들의 소득이 차지하는 비중을 (특히 자본소득 등) 타 요소에 의한 소득과 비교함으로써 소득 불평등의 수준을 짐작하는 데 도움을 얻을 수 있다.[3] 〈그림 1〉에서 보듯이, 한국에서 1960년대 초와 1970년대 초 그리고 1980년대 초의 정치적 혼란기를 제외하면, '6.25 한국전쟁'이 끝난 1953년부터 1990년대 중반까지 노동소득분배율은 전반적으로 계속해서 증가했다. 그러나 1997년 외환위기와 더불어 하락하기 시작하여 60%수준에서 정치되어 온 것이다.

〈그림 1〉 노동소득분배율의 추이 (%)

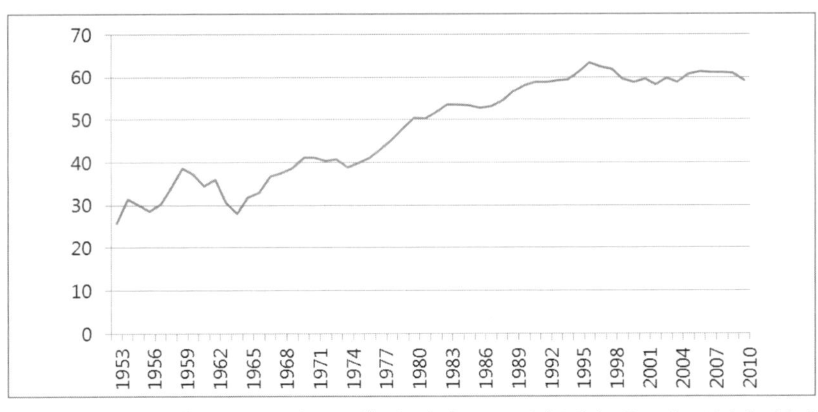

자료: 한국은행, 2005, "숫자로 보는 광복 60년"; 한국은행, 2011, 경제통계연보를 토대로 성시영·정용덕(2011)이 작성.

3 최근 토마 피케티(Thomas Piketty) 교수는 그의 최근 저서(*Capital in the Twenty-First Century*)에서 자본소득이 노동소득보다 높은 21세기 자본주의에서는 빈부격차가 커질 수 있음을 경고하고 있다.

〈그림 2〉 지니계수의 추이

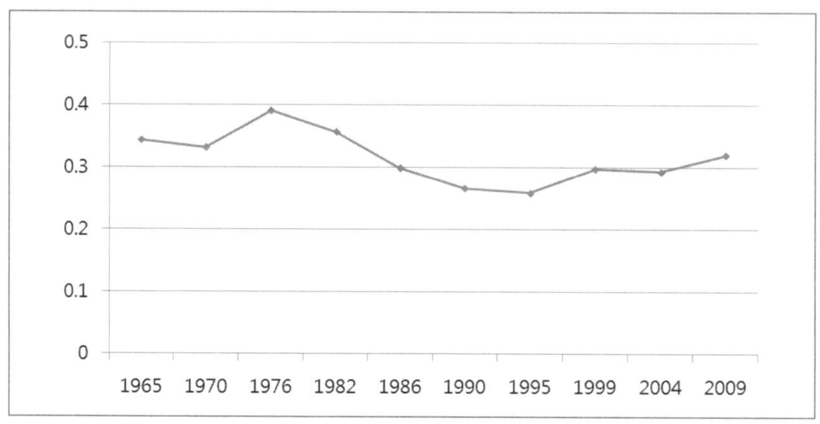

자료: 1965~1982; 한국의 사회통계(권혁주, 2007에서 재인용), 1986~2009; 통계청(도시 2인 이상 비농가), 1986; 유경준, 2009을 토대로 성시영·정용덕(2011)이 작성.

불평등을 보여주는 또 다른 지표로서 지니계수(Gini co-efficient)의 추세를 보면, 한국에서 1970년대 후반과 2000년대 후반에 악화되었음을 확인할 수 있다(그림 2).

당시는 산업구조의 고도화와 외환위기 직후라는 각각의 시대적 배경을 바탕으로 하고 있다. 그러나 지니계수 면에서 한국은 세계 25위 수준을 유지한다.

지니계수의 추세를 뒷받침해주는 자료로서 상대빈곤율의 추세를 살펴보기로 한다. 연도별로 중위소득의 50% 이하 가구의 비율을 통해 빈곤의 정도를 상대적으로 추정하는 통계자료가 그것이다. 1970년 이후 상대빈곤율이 급격히 상승하여 1980년의 최대치(13.3%)를 기록했으며, 그 후 다시 개선되었으나, 1995년 이후 다시 악화되기 시작하여 외환위기 직후인 2008년에는 1980년 수준으로 악화(13.1%)되었다(〈그림 3〉).

〈그림 3〉 상대빈곤율의 추이

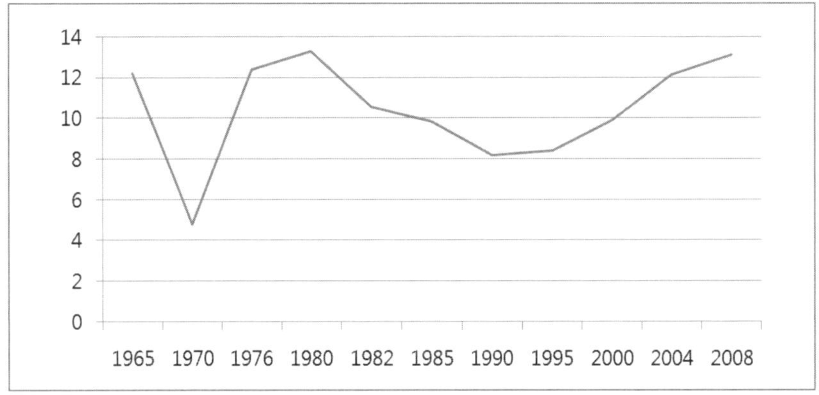

자료: 서상목, 1981; 이경은, 1989; 통계청, 2009; 보건복지가족부, 2007; 연합뉴스, 2009를 토대로 성시영·정용덕(2011)이 작성.

이상의 자료들을 다음과 같은 요약해 수 있을 것이다. 즉, 1970년대 후반에 산업구조 고도화가 급속히 이루어지는 과정에서, 그리고 199년대 중반 외환위기를 겪은 이후부터 한국에서 불평등도가 악화되었다. 여기에 더하여 다음과 같은 두 가지 요인을 추가할 수 있을 것이다.

첫째, 청년 실업률의 문제다. 1998년에 최고치(12%)를 기록한 이후 점차 회복하기 시작했으나, 여전히 8%대를 유지함으로써 외환위기 이전의 수준(약 6%)을 회복하지 못하고 있는 것이다. 2010년 무렵의 한국의 청년 실업율은 독일(10%), 미국(12%), 캐나다(17%), 영국(20%), 프랑스(25%), 그리스(25%), 이태리(26%), 스페인(45%)에 비하면, 낮은 편이다. 그러나 20대 청년 실업자의 2배에 해당하는 대학생, 고시생, 군복무자, 취업준비자 등 '비경제인구'(2010년에 약 63만 명)을 포함하면, 한국의 청년 실업률은 한층 더 높게 책정될 것이다.

둘째, 급속한 속도로 진행되고 있는 고령화의 문제다. 65세 이상 노인 1인 가구는 2000년(54만)에 비해 2010(102만)에는 2배로 늘어났다. 노인가구빈곤률, 즉 중위가구소득의 50% 이하 비율은 77%로서 경제협력개발기구(OECD) 회원국 가운데 최고에 해당한다. 2010년부터 2018년까지 700만 명 이상의 소위 '베이비붐 세대'의 은퇴로 인해 한국 사회는 급속하게 고령사회가 될 것이다.

2) 경제성장률

한 나라의 경제성장률이 낮아지는 경우에 구성원들 간에 나눔에 대한 관심이 제고될 것으로 예상할 수 있다. 경제성장률의 저하로 인해 빈곤계층을 포함하여 개인 혹은 가구의 기존 소득이 낮아질 것이기 때문이다. 실질 국민총생산(GDP)을 기준으로 한국의 경제성장률은 1950년대 후반에서 1990년대 후반까지 전반적으로는 높은 성장률을 유지했다(〈그림 4〉). 그러나 1979~83년에 '유신체제'에서 '5공체제'로 이행하는 정치적 불안정 시기, 1997년 외환위기 직후, 그리고 2008년 미국발(發) 세계경제침체이후 성장률이 급락했다. 그리고 2010년대 들어선 이후부터는 저(低)성장이 지속되고 있는 것이다.

이와 같은 경제성장률 변화 추세를 통해 나눔에 대한 사회적 관심에 대한 다음과 같은 해석이 가능할 것이다. 첫째, 1980년 전후에 경제성장률이 저하되면서 사회 구성원들의 나눔에 대한 관심이 높아지게 되었다. 그 후 약 15년에 걸쳐 높은 경제성장이 지속되면서 나눔에 대한 관심도 수그러들었다. 그러나 1997년 외환위기와 2008년 미국발(發) 세계 경제위기 이후에 다시금 나눔의 문제가 사회적 관심사

〈그림 4〉 경제성장률(실질GDP 기준)의 추이

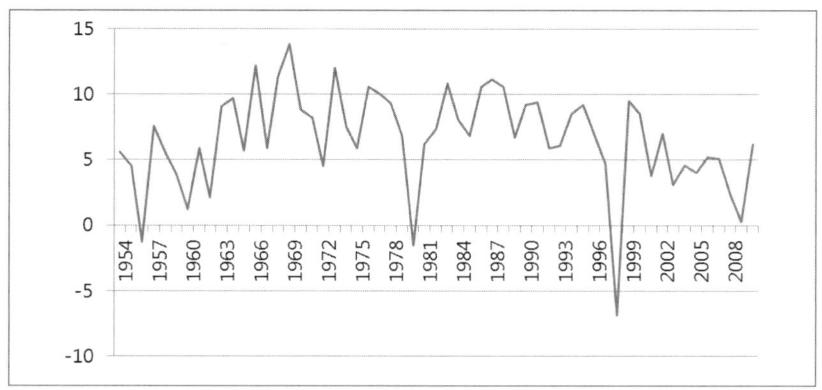

단위: 전년동기비 %
출처: 숫자로 보는 광복 60년(한국은행), 2011년 경제통계연보(한국은행)을 토대로 성시영·정용덕(2011)이 작성.

로 대두되게 되었다. 이 시기에는 특히 중산층의 붕괴, 저 성장 지속, 청년 실업, 고령화 등으로 인해 사회적 불안이 증대되고 있다.

3) 나눔에 대한 정책이념의 확산

공공정책의 개발은 다른 나라로부터의 영향을 받는 경우가 많다. 대부분의 행정 개혁이 해당 국가에서의 필요성 여부와는 상관없이 다른 나라들(대개는 선진국)의 제도를 동형화함으로써 국민으로부터 정당성을 확보하기 위해 이루어진다는 신제도주의 이론가들의 학설도 있다. 이와 같은 맥락에서 한국에서 나눔에 관한 관심이 제고되는 현상과 다른 나라들의 정책 아이디어 확산과 연계시켜 설명하는 것이 가능하다.

1970년대 중반에 서구 선진국들은 평균적으로 국내총생산의 약 25%를 사회복지정책에 지출했다는 이른바 '복지자본주의(welfare capitalism)'

공고화 학설이 있다(안병영·정무권, 2007). 1970년대 중반 이후 개발도상국의 발전을 연구하는 학자들과 실무자들도 그 이전의 양적 성장 위주의 발전정책에서 점차 질적 발전에 대한 관심을 갖기 시작했다. '경제발전'에 더하여 '사회발전'을 동시에 추구해야한다는 새로운 발전전략을 세우고 세계은행 등 국제기구들을 통해 이를 반영하려고 시도하기 시작했다(정용덕, 1982).

1980년에 집권한 전두환 정부는 '정의사회 구현'과 '복지사회 건설'을 슬로건으로 내세웠다. '경제 정의'를 위해 도입의 필요성이 꾸준히 제기되던 '독과점규제 및 공정거래에 관한 법률'을 1981년 제정하였고, 경제기획원 산하에 공정거래위원회를 구성하여 정책 집행에 나섰다. 또한, 생활보호법에 따른 공공부조 프로그램을 개선했다. 여기에는 '절대 빈곤선'의 상향 조정을 통해 이전에 비해 수혜대상자 수를 늘리는 것이 주 내용으로 담겨 있다. 과도한 사교육비를 줄이기 위해 과외를 금지하고 대학 정원을 확대해 사회계층 간 교육 불평등을 해소하려는 정책도 시도되었다(권혁주, 2007).

1980년대에 들어서면서 서구 나라들은 신자유주의 '최소국가' 개혁을 추진했다. 그러나 실제로 이루어진 정부지출 비중의 변화는 별로 크지 않았다. 미국에서 복지정책 부문의 비중은 심지어 신우파 정권인 레이건(Ronald Reagan)과 부시(George Bush) 행정부에서도 별로 줄지 않았다. 게다가 신자유주의 정책 실험이 약 한 세기에 가까워 오던 2008년에 발생한 미국 발 금융위기와 그 이후 지속되고 있는 세계경제 침체를 겪으면서 최소국가 정책은 재고되어야 했다(Jung, et al, 2010). 그 무렵에 집권한 미국의 오바마(Barack H. Obama, Jr.) 행정부는 건강보험 확대를 중심으로 한 의료보험체계 개혁을 추진했다. 그리스, 이태리, 스페인, 프랑스 등 유럽연합EU 회원국들은 사회복지 감축 정책에 대한 격렬한 대규모 반대시위에 직면하여 국가의 적극적인 역할을 강구해야만 했다(한국사회과학협의회, 2012).

1980년대 이후 미국과 유럽에서 지속된 '부자 감세' 정책에 대한 저소득층의 저항이 따랐다. 정부가 고소득층에 부과하는 소득세율이 1981년 70%에서 2000년대 들어 40%대로 떨어진 것이다. 경제협력개발기구(OECD) 회원국 가운데 부유세를 부과하는 나라는 1995년 15개에서 2011년 3개로 크게 줄었었다. 이와 같은 저항에 직면하여 워렌 버핏(Warren E. Buffett)의 '부자 증세' 주장에 관심이 쏠렸다. 미국에서 오바마 대통령은 약 45만 명(전체 0.3%)에 해당하는 연간 소득 100만 달러 이상자들에 대한 증세안(소위 '버핏 세')를 발표했다(성시영·정용덕, 2011).

4) 현실 정치과정에서의 요인

여타의 공공정책과 마찬가지로 나눔을 위한 공공정책도 현실 정치과정의 요인들에 의해 영향을 받는다. 예로써, 19세기 영국에서 유권자 수 확대가 사회경제 개혁에 영향을 미쳤다. 20세기로 진입하면서부터는 노동자들의 조직화 및 노동당의 발전이 그 이전 자유방임의 정치경제를 약화시키고, 사회보장법 등의 제도화에 크게 기여했다(Rimlinger, 1971). 또한, 공급자 측면에서 보면, 특히 강한 국가의 전통이 있는 나라의 경우, 정치엘리트들의 국민 지지 확보 전략이나 행정엘리트들의 관료정치에 의해 영향을 받기도 한다.

한국에서 주기적으로 나눔에 대한 사회적 관심이 대두되는 원인을 이처럼 현실 정치과정에서 찾아볼 수 있다. 1948년에 이승만 정부는 조선공산당 출신 조봉암 농림부 장관의 건의를 수용하여 농지개혁을 단행했다. 이는 북한 정권과의 경쟁, 이승만 대통령의 정치적 경쟁자들인 지주 계급의 와해, 다수 농민들의 지지 확보 등의 목적이 복합적으로 작용한 결과로 해석할 수 있을 것이다. 1970년대 초에 박정희 대통령도 '유신체제'를 추진하면서 국민연금법이나 국가의료보험 등의 제도화를 추진한 바 있다.

1980년 전후는 산업구조 고도화에 따른 소득불평등 심화에 대한 국민들의 계층의식이 확대되던 시기였다. 근로기준법 준수를 요구하며 분신자살한 평화시장 노동자 '전태일 분신자살' 사건(1970년), 근로자 생존권을 요구하며 신민당사 농성을 주도한 'YH무역 여성노동자' 사건(1979년)은 한국 노동운동에 전기가 된 사건들이다. 1979년에 실시된 한 여론조사는 응답자의 86%가 한국 사회에서 "빈부격차가 심하다"고 보았다(유훈, 1979). 유신체제의 붕괴와 동시에 무력에 의해 집권한 신(新)군부 세력은 박정희 정부와의 차별성 부각을 위해 공화당 실세들을 권력형 비리 혐의로 제거하고, 부정부패와 비리 근절 및 '정의사회'와 '사회복지' 구현을 내걸고 '민주정의당'을 창당했다. 이들은 1980년에 1억 4천만 달러 이상을 부정축재한 혐의로 9명의 정치인을 처벌하고, 5천 명의 행정관료들을 해임했다(Time, 1980. 6. 30: 39). 여기에는 새 정권이 들어설 때마다 되풀이 되어 온 정치 및 행정 엘리트의 교체라는 정치적 이해관계도 작용했음은 물론이다.[4]

---

4 한국에서는 정권의 교체기마다 개혁의 명분하에 직업공무원들을 대대적으로 교체하는 일이 반복되었다. 1961년에 '5·16' 쿠데타 세력은 약 3만 6천 명(전체 공무원의 15%), 1981년에 전두환 행정부는 약 2만3천 명(전체 공무원의 3.4%), 심지어 민주주의 이행 이후 시기인 김대중 행정부도 약 7만 9천 명(전체 공무원의 9%)의 공무원을 해직시켰다(Jung, 2014: 136~7).

〈그림 5〉 한국의 국가재정 규모 변화

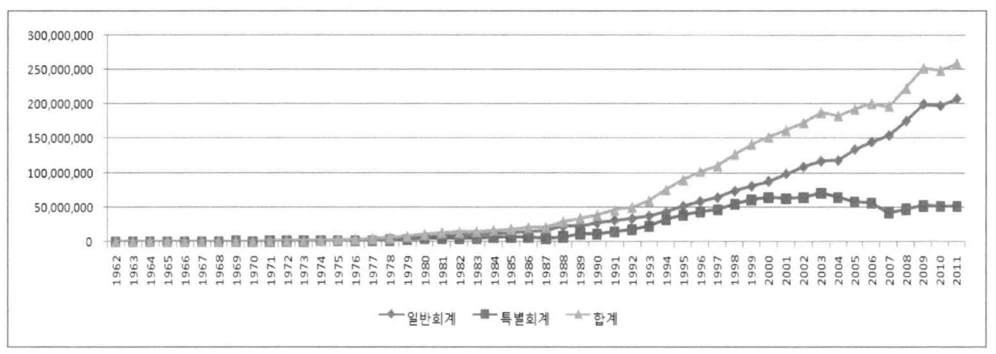

출처: 1953~1987년, 한국재정 40년사(1990); 1988~2002년, 국회결산자료; 2003~2012년, 기획재정부 디지털예산회계시스템을 토대로 정용덕 외(2014)가 작성.

주) 특별회계: 기타특별회계+기업특별회계; 화폐단위: 1948~1951년 원, 1952~1961년 환, 1962년 이후 원으로 전환되어 단위 통일 위해 1962년부터 표시; 단위: 백만 원.

1987년 민주주의 이행과 더불어 공공정책결정에 대한 노동조합을 비롯하여 사회부문의 영향력이 점차 증대되기 시작했다. 중앙정부 수준에서의 민주주의 이행과 지방자치의 부활 등에 따라 유권자들의 공공서비스 욕구도 증대되었다. 선거경쟁이 치열해지면서 유권자들의 요구에 대한 정치인들의 대응성도 점점 더 높아졌다. 1988년 이후, 특히 1998년부터 2007년까지 민주당 집권 시기에, 공공부문의 규모가 확대되었으며, 여기에는 사회복지서비스가 큰 비중을 차지했다(〈그림 5〉)(정용덕 외, 2014: 제2편 제3장).

소위 '747' 정책("7% 성장, 4만불 소득, 세계 7위 경제")을 내걸고 집권한 이명박 행정부는 2008년에 발생한 미국발 금융위기와 그 여파로 인한 세계경제 침체로 인해 목표 달성이 어렵게 되었다. 경제성장이 어려워짐에 따라 복지정책 강화를 요구하는 여론은 한층 더 높아졌다. 2009년 한국종합사회조사에서 고소득자와 저소득자 간 소득 차이를 줄이는 것이 정부 책임이라는 의견에 찬성하는 사람들이 거의 90%에 달했고, 반대 의견은 6.8%에 불과했다(신광영, 2011). 2010년을 실시된 한 여론조사에서 국민들은 처음으로 공공정책에서 성장보다 분배를 더 선호하는 것으로 나타났다.[5] 이와 같은 상황에서 이명박 정부의 중간평가 성격을 지닌, 그리고 특히 초중고 '무상급식' 문제가 쟁점화 되었던 2010년 6월 지방선거에서 여당이 패배하는 일이 발생했다. 야권연합은 2011년부터 초중고 모든 학생에 친환경 무상급식을 전면적으로 실시한다는 것을 공약으로 내세운 반면에, 여당은 저소득층부터 순차적으로 무상급식을 확대하여 2012년까지 197만 명에게 무상급식을 제공하겠다고 공약했다.

소득 혹은 부의 불균등 문제에 관련된 국민들의 인식 조사에서 유의해야할 사항 가운데에는 절차적 공정성에 대한 것이 포함된다. 위에서 인용한 2009년 한국종합사회조사 결과에 의하면, 정치와 행정에 대한 국민들의 불신은 매우 높다. 정치권력에 대한 국민들의 부정적 태도는 부정부패와 연관이 깊다. 같은 조사에서 한국에서 정상까지 오르려면 부패할 수밖에 없다는 의견에 동의한 응답자가 52%로, 반대한 응답자 27%에 비해 2배 가까이 많다(신광영, 2011). 국제 비교에서도 한국의 부패 수준은 국민경제력에 한참 미치지 못한다. 2010년 국제투명성기구가 조사한 부패인식지수(CPI)에서 한국은 5.4점(10점 만점 기준)으로 조사대상 178개국 중 39위였다. 그나마 2008년에 비해 점차 하락했다(중앙일보, 2010. 10. 27). 경제규모(GDP)에서는 2000

5 분배가 더 중요하다는 의견은 2009년 40%에서 2011년 57%로 늘어난 반면, 성장이 더 중요하다는 응답은 2009년 59%에서 2011년 39%로 20% 포인트나 감소했다(한국일보, 2011. 6. 10).

년대 초부터 경제협력개발기구 회원국들의 평균치를 상회하기 시작했으나, 부패 수준은 회원국 평균 수준에 현저히 미달하고 있다.

이와 같은 상황에서 '공정 사회'를 국정 아젠다로 내세우는 이명박 대통령의 2010년 8.15 경축사가 발표되었다. 이 대통령은 "공정한 사회는 출발과 과정에서 공평한 기회를 주되, 결과에 대해서는 스스로 책임을 지는 사회"이며, "우리 사회 모든 영역에서 공정한 사회 원칙이 확고히 준수되도록 최선을 다할 것"임을 강조했다(청와대 홈페이지, 2010. 8. 15). 그러나 그해 9월 정부가 실시한 여론조사에서 응답자의 70% 이상이 "우리 사회가 공정하지 않다"고 답했다. 응답자의 51%는 "정부가 공정사회 구현을 위해 노력하지 않고 있다"고 부정적인 반응을 보였다(연합뉴스, 2011. 10. 12). 이듬해인 2011년 광복절 기념식에서 이명박 대통령은 "공생발전" 정책을 표방하는 경축사를 발표했다.

3. 정의로운 나눔의 기준

1) 공정한 나눔의 보편적 기준

그러면 누구로부터 누구에게로 얼마만큼의 나눔이 이루어지는 것이 바람직한 것인가? 어떤 공동체이든 그 구성원들이 공유하는 공정한 나눔의 기준이 필요하다. 그러한 기준이 없는 경우에는 "만인의 만인에 의한 투쟁"까지도 발생할 우려가 있기 때문이다.

실제로 한국에서는 극심한 공공갈등이 발생하고 있다. 27개 경제

협력개발기구 회원국 가운데 4번째로 갈등이 심한 나라이며, 이러한 갈등으로 인해 일인당 GDP의 27%(약 5천 달러) 정도의 의사결정 비용을 부담하고 있다는 보고서가 있다(SERI, 2009). 일반 성인 10명 중 9명은 "우리사회에 갈등이 심각하다"고 응답한 조사결과가 있다(사회연구소, 2007). 행정전문가 대상 설문조사에서도 현재 갈등이 "심각"하며(86%), 향후 "더 심각하게 될 것"(56%)으로 조사되었다(라휘문, 2010). 이처럼 공공갈등이 심한 이유는 한국 사회에서 공정한 나눔 혹은 배분적 정의(distributive justice)에 대한 합의된 기준이 미비하기 때문이 아닌가하는 의구심을 불러일으킨다.

그러나 유감스럽게도 공정한 나눔 혹은 배분적 정의에 대한 보편적 기준은 존재하지 않는다. 고래로부터 다양한 기준들이 경쟁적으로 제시되어 왔을 뿐이다. 예로써, 결과(result)로서의 평등한 배분, 실적(merit)에 따른 배분, 필요(needs)에 따른 배분, 심지어 무작위(random)에 의한 배분 등을 들 수 있다.

논의 범위를 좁혀 자유주의 정치철학자들이 제시하는 배분적 정의 기준에 초점을 맞추어 보면, 이들 사이에서도 합의가 이루어지기 어렵다. 잘 알려진 것처럼, 존 롤스(Roles, 1971) 교수의 평등적 자유주의와 로버트 노직(Nozick, 1974) 교수의 자유지상주의 간에는 간격이 꽤 넓다. 다만, 롤스가 제시하는 세 가지 원칙은 노직에 비해 공론장에서의 담론 범위를 넓혀줄 수 있는 장점이 있다.

롤스가 제시하는 정의의 제1 원칙은 '평등한 자유의 원칙(즉, 모든 구성원들에게 자유가 평등하게 주어져야한다)'이다. 이어서 제2 원칙으로써 '공정한 기회균등의 원칙(즉, 모든 구성원들에게 기회가 균등하게 부여되어한다)'과 '차등의 원칙(즉, 사회적으로 가장 불리한 사람들에게 가장 많은 편익이 충족될 수 있는 경우에 한해 불평등이 허용될 수 있다)'을 차례로 제시한다. 그러나 이 경우에도 과연 어느 정도로 차등의 원칙이 허용될 것인가에 대해 무수한 논란이 제기될 수 있을 것이다. 예로써, 최근에 한국에서 가장 큰 사회적 쟁점 가운데 하나였던 '기초연금법' 제정에서 과연 '사회적으로 가장 불리한 사람들'을 위해 기회균등 원칙에 어느 정도의 예외(즉, 국민연금법 관련 불평등 적용)를 허용할 것인가에 대한 명확한 해답을 찾을 수는 없다.

2) 한국에서의 배분적 정의 기준

이상에서 간단히 살펴 본 것처럼, 나눔에 대한 보편적인 정의 기준은 존재하지 않는다. 정의로운 나눔에 대한 기준은 특정 사회에 배태되어 있는 문화와도 상관이 있다. 위에서 지적한 무작위에 의한 배분은 운명주의 문화가 지배적인 사회에서 잘 받아들여진다(Hood, 1998). 흥미로운 것은 아파트 분양에서 아이들이 다닐 학교 선정에 이르기까지 한국에서 무작위 방식이 다양하게 적용되고 잘 수용되고 있다는 점이다. 이와 같은 맥락에서, 보편타당한 정의 기준을 모색하기보다는 특정 사회에서 특정 시점에 구성원들 간에 '합의된 기준'을 찾는 것이 보다 현실적인 것으로 보인다. 1980년대 초에 실시된 한 경험적 연구에 의하면, 당시에 한국인들이 선호하는 배분적 정의 기준은 실적에 따른 배분을 원칙으로 하면서, 모든 국민에게 기본욕구(basic needs)를 충족시켜주는 것이었다(Jung and Siegel, 1983).

한 나라에서 합의된 배분적 정의의 기준은 대개 헌법에 명문화되어 있기 마련이다. 대한민국 헌법의 경우, '기본권' 및 '경제에 관한 조항'에 그 내용이 담겨 있다. 먼저, 자유권에 관한 보장이다. 제10조 및 제37조 제1항에서 "기본적 인권으로서의 자유권 및 자유의 포괄적 권리성을 재확인"한 것이 그것이다(성낙인, 2011: 450~2). 인신(제10조, 제12조 1항), 정신(제19조), 사생활(제17조)의 안전과 자유 사회경제적 안전과 자유로서 거주·이전(제14조), 직업(제15조), 재산권(제23조) 등을 자세하게 규정하고 있다. 이것은 롤스의 평등한 자유의 원칙에 부합하는 것으로 해석할 수 있다.

이어서 사회권에 대한 비교적 상세한 규정이 있다. 제34조 제1항에서 "모든 국민은 인간다운 생활을 할 권리를 가진다"고 규정하면서, 제2항(사회보장·사회복지), 제3항(여자), 제4항(노인 ·청소년), 제5항(생활능력 미소지자), 제6항(재해예방), 제35조(환경권: 쾌적한 주거생활)에서 국가의 역할을 상세하게 규정하고 있다. 이는 롤스의 "차등의 원칙"에 부합하는 것으로 해석할 수 있다.

또한, 경제에 관한 장(제9장 경제)을 두어 "자유민주주의 헌법에서는 드물게 '시장경제, 사유재산보장, 경제민주화 등 사회적 시장경제 질서로서의 성격'"을 규정하고 있다(헌재, 1996. 4.24; 성낙인, 2011: 265). 제119조 제1항("대한민국의 경제질서는 개인과 기업의 경제상의 자유와 창의를 존중함을 기본으로 한다") 및 제23조(재산권 보장)은 "시장경제질서 원리 천명"에 해당하는 것이다(성낙인, 2011: 281). 이는 롤스의 공정한 기회균등 원칙에 부합하는 것으로 해석할 수 있다.

그런데 제119조 제2항에서 "국가는 균형 있는 국민경제의 성장 및 안정과 적정한 소득의 분배를 유지하고, 시장의 지배와 경제력의 남용을 방지하며, 경제주체간의 조화를 통한 경제의 민주화를 위하여 경제에 관한 규제와 조정을 할 수 있다"고 규정하고 있다.[6] 이 조항은 롤스의 차등의 원칙에 부합하는 것으로 해석할 수 있다.

이와 같은 한국 헌법에서의 자유권, 사회권, 경제에 관한 장(특히 제119조)은 해석과 적용에 있어서 적지 않은 논란의 원천이 될 수 있다. 예로써, 자유권의 사회경제적 안전과 자유를 위한 재산권(제23조)에 관한 규정에서 "모든 국민의 재산권을 보장"하고 있으면서도, "그 내용과 한계는 법률로 정하며, 그 행사는 공공복리에 적합하여야 한다고 규정"함으로써 "법적 성격에 문제"를 내포하고 있다(성낙인, 2011: 660). 사회권과 관련해서 "모든 국민은 인간다운 생활을 할 권리를 가진다"(제34조 제1항)는 규정 또한 "매우 불확정적이고 추상적인 개념"인 것으로 이해되고 있다(성낙인, 2011: 718).

실제로 2012년에 한국사회과학협의회와 중앙선데이가 공동으로 주최한 '한국사회 대논쟁' 가운데 한 주제인 '87년 체제'에 대한 토론회에서도 헌법 제119조 제1항과 제2항 간의 우선순위를 놓고 격론이 벌어졌다(한국사회과학협의회·중앙선데이, 2012: 제3장). 1987년 민주주의 이행 이후 지금까지 구성된 여섯 번의 정부 시기마다 '제6공화국 헌법' 자체에 대한 비판과 더불어 개헌론이 제기되지 않은 적이 없었다. 한마디로 요약하면, 대한민국 헌법은 그 내용에서 나눔에 대한 정의 기준을 명확하게 제시하기 보다는 다양한 해석과 적용의 가능성만 열어놓은 채로 있는 것이다.

이와 같은 맥락에서 한국 사회가 지향해야할 바람직한 방향은 공

---

6 이전 헙법에서는 "사회정의의 실현을 위한 경제에 관한 규제와 조정"이었던 것을 "경제의 민주화를 실현하기 위한 규제와 조정"으로 표현을 바꾼 것이다. 그러나 "근본적으로 상이한 내용은 아니"며, "국민의 실질적 자유와 평등을 보장하려는 헌법적 결단의 표현"이라는 해석이 있다(성낙인, 2011: 270).

론장에서의 담론과 정치적 조정을 통해 그때그때 현실 경제사회의 상황이 반영된 나눔의 기준에 대한 합의를 이끌어 내는 것이다. 그렇게 함으로써 배분적 정의를 구현하고 갈등을 최소화할 수 있어야 하는 것이다.

4. 결론

이상에서 살펴 본 것처럼, 한국에서 나눔에 대한 사회적 관심이 높아지고 있다. 그러나 정의로운 나눔에 대한 보편적 기준은 존재하지 않는다. 더욱이 헌법을 비롯하여 한국 사회에서 합의된 나눔의 공정한 기준을 찾기가 여의치 않다. 이와 같은 상황에서 중요한 것이 정치의 적극적인 역할이다. 그때그때 한국이 처한 경제 및 사회적 상황에 부합하는 나눔의 기준을 사회적 합의를 통해 모색하도록 정치가 역할을 수행하는 것이다. 문제는 한국 정치가 이 역할을 제대로 해내지 못하고 있는 점이다. 회자 되는 것처럼, 한국에서는 갈등을 해결해야할 정치가 오히려 갈등을 더 유발하고 있다는 세평이 지나친 과장은 아닌 것 같다. 사회적 갈등은 줄이고, 통합을 증대시킬 수 있도록 제6공화국 헌법을 개정함으로써 소위 '87년 체제'를 극복해 나아가자는 주장이 설득력을 얻어가고 있는 이유이기도 하다(한국사회과학협의회, 2012).

끝으로 한 가지 더 지적할 것은 나눔의 문제는 기준의 설정과 그에 따라 정책을 수립하는 것으로서 해결되는 것이 아니라는 점이다. 나눔의 문제는 공공정책 가운데에서도 특히 좋은 거버넌스(good governance)

를 필요로 한다. 2012년 '학교급식' 비용 분담을 둘러싼 중앙정부와 지방자치단체 간의 갈등, 2013년 세 명의 복지공무원 자살, 2014년 '송파구 세 모녀 자살' 사건, 2014년 '6.4 지방선거'에서 '보육교사의 공무원화' 논쟁 등은 모두 공공서비스 전달체계와 관련된 문제들이요, 가두관료제(street-level bureaucracy)에 관한 문제들이다. 국가와 시민사회와 시장의 '경계를 넘어서는 협력'을 어떻게 이끌어 낼 것이며, 국가 역할의 수행을 위해 전통적인 관료제형 행정과 신공공관리(New Public management)형 행정을 어떻게 융합할 것인가 등 공정한 나눔을 실현하기 위한 좋은 거버넌스를 설계하는 문제 또한 매우 중요한 것이다.

참고문헌

권혁주, 2007, "한국행정에서 사회적 평등과 발전," 『한국행정학보』 41(3), 67~90.

김세원 외, 2011, 『페어 소사이어티』, 서울: 한국경제신문사.

서상목, 1981, '빈곤의 실태와 영세민 대책,' 한국개발연구원 연구보고서.

석현호 편, 1997, 『한국사회의 불평등과 공정성』, 서울: 나남.

성낙인, 2011, 『헌법학』 제11판, 파주: 법문사.

성시영·정용덕, 2012, "한국에서의 공정성 문제 제기 요인." 『사회과학연구』 23(2), 93~114.

신광영, 2011, "한국사회와 공정성: 비교사회학적인 관점에서," 한국사회과학협의회 정책세미나('공생발전 정책') 발표논문, 9월 26일.

안병영·정무권, 2007, "민주주의, 평등, 그리고 행정," 『한국행정학보』 41(3), 1~40.

정용덕, 1982, "한국에서의 배분적 정의와 공공정책," 『한국정치학회보』 16, 289~309.

정용덕, 2003, "미국의 국가 이념과 행정개혁," 『행정논총』 41(4), 1~22.

정용덕, 2011, "공정성과 정책이론," 한국정책학회 하계학술대회("정책학과 공정사회") 기조발표 논문, 6월 17일.

정용덕 외, 2014, 『현대국가의 행정학』, 파주: 법문사.

경제인문사회연구회 편, 2012, 『우리 사회는 공정한가』, 서울: 한국경제신문.

한국사회과학협의회·중앙선데이 편, 2012, 『한국 사회 대논쟁』, 서울: 메디치미디어.

한국사회과학협의회 편, 2013, 『융합연구』, 파주: 법문사.

황일청 편, 1992, 『한국 사회의 불평등과 형평』, 서울: 나남.

Foster, J. 1981, "Professional Models for Policy Analysis," *Administration & Society* 12(4), 379~97.

Jung. Y. 1982, "Income Redistribution in Korea: Causes of the Growing Concern," *Journal of East and West Studies* 11(1), 29~48.

Jung, Y. and G. Siegel, 1983, "Testing Perceptions of Distributive Justice in Korea," *Journal of Northeast Asian Studies* 2(2)(1983), 45~66.

Jung, Y. et al, 2010, "Symposium on Public Administration and Governance in a Time of Global Economic Turbulence: Searching for New Paradigms," *Korean Journal of Policy Studies* 25(1), 57~173.

Jung, Y., 2014, *The Korean State, Public Administration, and Development: Past, Pent, and Future Challenges*, Seoul: SNU Press.

Nozick, R., 1974, *Anarchy, State and Utopia*, NY: Basic Books.

Piketty, T., 2014, *Capital in the Twenty-First Century*, Cambridge, MA: Harvard University Press.

Rawls, J., 1971, *A Theory of Justice*, Cambridge, MA: Harvard University Press.

Rimlinger, G, 1971, *Welfare Policy and Industrialization in Europe, America, and Russia*, NY: John-Wiley and Sons.

Sandel, M., 2009, *Justice: What's the Right Thing to Do?* NY: Farrar, Straus and Giroux.

Wildavsky, A., 1982, "The Three Cultures: Explaining Anomalies in the American Welfare State," *The Public Interest* 69, 45~58.

이정우

배제에서 나눔으로

: 한국경제 패러다임의 전환

1. 머리말

1993년 세계은행은 한국을 포함한 동아시아 경제를 '기적'이라고 찬사를 보냈다(World Bank, 1993). 그 근거는 높은 경제성장률과 상대적으로 평등한 소득분배라는 두 마리의 토끼를 동시에 잡았다는 사실이었다. 그러나 불과 몇 년 뒤 한국경제는 아시아 금융위기의 일격을 맞으면서 급전직하 추락해서 세계은행의 찬사를 무색케 만들었다. 1998년 이후 한국경제는 성장률 하락, 경기후퇴, 취업난, 비정규직 양산, 소득 양극화라는 여러 가지 중병을 동시에 앓고 있다. 이후 15년이 지났지만 아직도 이 환자는 완치되지 못하고 있다.

〈표 1〉에서 보듯이 1960년대 초기 9%를 자랑하던 한국의 경제성장률은 1998년을 고비로 해서 확실히 떨어졌다. 김영삼 정부는 7.3%, 김대중 정부는 5.0%, 그리고 다 알다시피 그 뒤로 성장률은 더 떨어졌

다. 표에서 보듯 한국의 성장률은 뒤로 갈수록 낮아지는 경향을 보이는데, 이는 어떤 나라든 경제발전 수준이 높아짐에 따라 일어나는 자연스런 현상으로서 크게 문제삼을만한 것은 아니다. 실제로 문제가 되는 것은 1998년 이전에 비해 그 이후 성장률이 확실히 떨어졌다는 사실이다. 그러므로 1998년은 한국의 경제성장에서 분수령을 이루는 해라고 볼 수 있다.

공교롭게도 바로 이 시기에 진보정권이 출현했다. 김대중, 노무현 정부는 해방 후 처음으로 등장한 상대적 진보정부였는데, 두 정부의 성장률은 그 이전 정권에 비해 확실히 낮았다. 그것은 일종의 시간적 추세이므로 불가피한 면이 있다. 분배, 복지에 대해서 보자면 두 정부는 역대 정부와는 비교가 안 될 정도로 적극적으로 복지 제도를 확충하고 복지 예산을 증액시킨 점에서 진보정부의 성격을 드러냈다. 그럼에도 불구하고 외환위기 이후 밀어닥친 구조조정, 대량실업, 양극화의 태풍을 막는 데는 역부족이었다. 복지 확충에 상당한 성과를 올린 것은 사실이지만 진보정권에서 기대되는 눈에 띄는 분배 개선까지는 이르지 못했다는 점에서 진보정권으로서 다소 한계를 보였다고 평가해야 할 것이다.

〈표 1〉 역대 정권하 경제성장률(%)

정권	이승만	박정희	전두환	노태우	김영삼	김대중	노무현	이명박	박근혜
성격	극우	극우	극우	보수	보수	진보	진보	보수	보수
기간	1948~1960	1961~1979	1980~1987	1988~1993	1993~1998	1998~2003	2003~2008	2008~2013	2013~2018
성장률	4.7	9.1	8.7	8.3	7.3	5.0	4.3	2.9	

자료: 기획재정부

경제를 살리겠다는 공약을 내걸고 집권한 이명박 정부는 낙수(trickle-down) 가설, 즉 부자가 먼저 돈을 벌면 결국 밑으로 물이 흘러 나중에는 중산층, 서민들까지 좋아진다는 가설을 근거로 부자 감세 82조원을 밀어붙였고, 이른바 '전봇대 뽑기'로 상징되는 규제완화를 임기 내내 열심히 하는 등 친기업정책으로 일관했다.

이명박 정권은 보수정권답게 5년 내내 노조를 적대시하고 친기업적 정책을 앞세웠다. 아무리 그래도 대통령 직통전화 번호를 일부 기업인들에게만 알려주면서 사업을 하다가 애로가 있으면 언제든지 대통령에게 바로 전화하라고 말한 것은 균형을 잃은 편애로서 지나쳤다고 비난받아 마땅하다. 친기업을 해서 경제가 좋아진다면 그렇게라도 해야 할는지 모르지만 문제는 친기업 정책이 경제를 살리지 못한다는 사실이다. 미국 역사를 보더라도 쿨리지, 후버 등 대표적인 친기업 대통령의 경제적 성과는 역대 평균에 미달하는 정도가 아니고 경제를 망친 장본인으로 지탄의 대상이 되고 있다는 사실을 명심할 필요가 있다.

친기업적인 정책을 펼수록 경제가 살아나기는커녕 오히려 경제를 망친다는 것은 얼핏 기대와 상반되는 아주 역설적인 현상인데, 한국도 예외가 아니다. 경제를 살리겠다고 호언장담했던 이명박 정권의 성적은 초라하기 짝이 없다. 물론 2008년 가을에 밀어닥친 세계적 불황의 영향도 무시할 수 없지만 어쨌든 '월화수목금금금'을 모토로 5년간 부지런히 일한 대통령치고는 도무지 내세울만한 성과가 없다는 점은 참으로 역설적이며, 후세에 교훈을 준다고 하겠다.

원래 이명박 대통령의 대선 공약은 747이었다. 성장률 7%, 4만불 소득 달성, 그리하여 장기적으로는 7대 경제강국에 들어가겠다는 장밋빛 공약의 결말은 허무할 뿐이다. 이 중 어느 공약도 달성하지 못했을 뿐 아니라 국민들 사이에 정치 불신만 더 키운 셈이다. 물론 그 책임이 모두 이명박 정권에 돌아가는 것은 아니다. 책임의 일부는 이명박 정권의 잘못된 정책 선택에 있고, 또 일부 책임은 세계적 불황이란 불리한 환경에 있다. 이명박 정권의 임기 초인 2008년 가을에 닥친 미국 금융위기와 그 여파로서 나타난 세계적 불황은 747 공약의 싹을 아예 잘라버렸다.

그래서 747 공약은 슬그머니 무대 뒤로 사라졌고 그 대신 소리 없이 등장한 것이 '줄푸세' 정책이다. '줄푸세'(세금 줄이고, 규제 풀고, 사회기강 세운다)는 원래 2007년 대선 때 한나라당 박근혜 후보의 경제공약이었다. 그런데 결과적으로 이명박 대통령은 박근혜 후보의 줄푸세 공약을 임기 내내 충실히 집행한 셈이다. 그러니 이명박 정권의 경제철학 제공자는 박근혜 후보라고 해도 좋다.

줄푸세의 원조라 할 수 있는 박근혜 대통령은 5년 뒤 2012년 대선과정에서는 달라진 태도를 보였다. 줄푸세와 정반대되는 개념인 경제민주화와 복지국가를 내세웠는데, 문제는 당선 뒤 태도를 돌변해서 경제민주화와 복지국가에서 현저히 후퇴해버렸다는 사실이다. 느닷없이 정체불명의 '창조경제'를 들고 나오더니 2014년부터는 '규제는 암덩어리' 라고 극언할 정도로 규제완화를 강조하고 있어서 결국 원래 신봉하던 줄푸세 철학으로 회귀한 것으로 보인다. 다만 세월호 참사의 원인 중 중요한 하나의 요인이 이명박, 박근혜 정부의 무분별한 규제완화에 있다는 비판이 심각하게 제기되는 상황이므로 박근혜 정부가 앞으로 계속해서 규제완화를 국정의 중심과제로 삼으리라고 보기는 어렵다.

사실 줄푸세 철학은 시대착오적일 뿐 아니라 지극히 위험하기조차 하다. 작은 정부, 부자 감세, 규제완화, 친기업, 반노조의 역사적 뿌리는 백년 전 미국에서 찾을 수 있다. 1920년대 미국에서 연이어 집권한 세 명의 공화당 대통령(하딩, 쿨리지, 후버)은 12년 연속 재벌가문 출신의 앤드루 멜론을 재무장관으로 기용하면서 줄기차게 줄푸세 정책을 추진했는데, 그 결과는 다 알다시피 1929년 대공황이라는 파국이었다. 정말 어처구니없게도 1920년대 정책과 쌍둥이처럼 똑 같은 정책이 레이건, 부시 부자에 의해 답습되었고, 그 결과가 바로 2008년 미국 금융위기다. 두 차례 공화당의 대실패의 공통점은 줄푸세 정책을 썼다는 점, 그리고 그 결과 사상최대의 소득불평등을 야기했다는 점을 들 수 있다.

〈그림 1〉 미국 상위 10%의 소득점유율 추이: 1917~2006

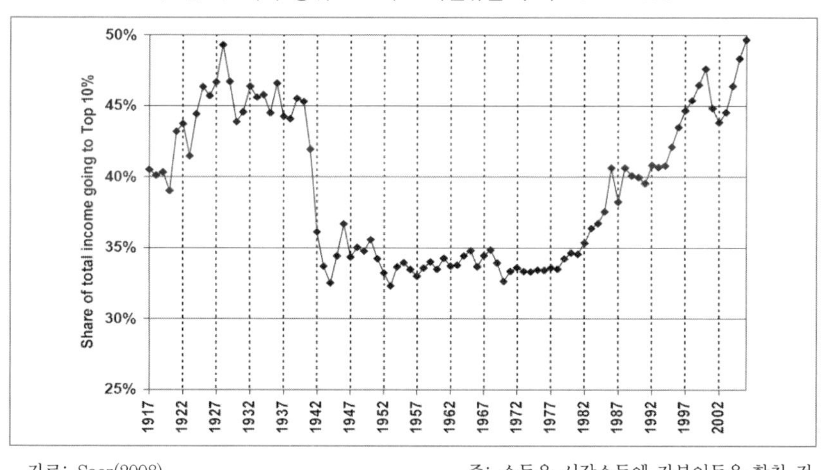

자료: Saez(2008)

주: 소득은 시장소득에 자본이득을 합친 것

〈그림 1〉에서 보듯이 20세기 미국에서 소득 불평등은 크게 보면 U자형 모양을 보인다. 1920년대 불평등이 사상 최악의 상태에 도달했

는데, 이것은 상위 10%의 부자들이 국민소득의 1/2을 가져갔다는 것을 의미한다. 이 비율은 그 뒤 뉴딜, 2차대전을 통해 낮아졌고, 2차대전 뒤에는 오랫동안 1/3 수준에 머물러 있었다. 이 시기가 바로 우리가 뒤에서 볼 '자본주의 황금기(the golden age of capitalism)'로서 비교적 노사 화합이 달성되고, 복지국가가 발달했으며 포용적 성장이 이루어진 시기다. 이때는 경제성장률이 사상유례없이 높았을 뿐 아니라 소득분배도 비교적 양호해서 성장과 분배의 두 마리의 토끼를 잡았던 시기라고 말할 수 있다.

그러나 다 알다시피 30년 지속되었던 자본주의 황금기는 1980년 레이건의 등장 이후 급속히 무너졌다. 레이건과 부시 父子의 줄푸세 정책으로 소득불평등은 다시 악화일로를 걸었다. 줄푸세 정책 30년 만에 드디어 상위 10%의 소득 몫은 1920년대 말처럼 1/2 수준에 도달했는데, 이 순간 2008년 미국 금융위기가 발발했다. 그래서 2008년 위기는 단순히 월가에 대한 지나친 규제완화 뿐만 아니라 소득불평등의 심화라는 배경을 갖고 있다고 보아야 한다.

그렇다면 미국 역사에서 줄푸세 철학은 경제를 망치고 민중을 도탄에 빠뜨린다는 사실이 두 차례나 증명됐다고 할 수 있다. 그것도 아주 대규모로, 그리고 파국적으로. 그럼에도 불구하고 이런 위험한 철학을 가진 대통령이 연이어 등장하는 것이 한국의 현실이다. 앞으로 몇 년은 한국경제의 흥망이 달린 중요한 시기이므로 박근혜 정부가 어서 빨리 줄푸세 철학을 청산하지 않으면 안 된다.

물론 경제성장은 중요하고 필요하다. 우리나라에서는 흔히 진보 진영은 분배를 중시하고, 보수 진영은 성장을 중시한다는 인식이 있다. 그래서 진보 진영보다는 보수 진영이 집권할 때 경제성장을 더 잘 할 것이라는 인식이 있으나 실상은 전혀 그렇지 않다. 미국의 2차 대전 후 경험을 보더라도 공화당 대통령들보다 민주당 대통령들이 더 높은 경제성장을 달성하고, 소득분배도 더 잘 개선한 것이 밝혀지고 있다(Bartels, 2010). 미국만 그런 게 아니고 한국에서도 보수보다는 진보가 집권할 때 경제성장을 더 잘할 가능성이 농후하다. 다만 진보가 추구하는 경제성장은 보수의 경제성장과는 방향과 내용이 다르다는 사실이 중요하다. 보수는 가진 자 중심의 낙수효과를 신봉하는 반면 진보에서는 그것과 반대되는 경제철학, 즉 성장과 분배의 동행, 혹은 포용적 성장을 내세울 수 있다.

보수파는 성장과 분배는 상충 관계라고 주장하지만 사실 성장과 분배는 동행하는 관계다. 상식적으로 생각하더라도 분배가 잘 되는 것이 시장에서 상품에 대한 구매력의 저변을 넓히므로 경기가 호전되고, 성장률이 높아질 것이라고 기대할 수 있지 않은가. 최근 경제학의 연구 동향을 보더라도 그런 가설이 지지받고 있다. 현실에 눈을 돌려 보더라도 분배가 평등한 북유럽 국가들이 현재 진행중인 세계적 불황 속에서도 비교적 초연하게 건실한 성장을 유지하고 있다는 사실도 하나의 증거가 될 수 있다. 그 반면 북유럽보다 상대적으로 불평등한 분배를 가진 남유럽 국가들이 경제위기에 빠진 사실이라든가, 미국, 일본 등의 경제가 현재 고전을 면치 못하고 있다는 사실은 강력한 반증이 된다.

이런 사실을 바탕으로 우리도 이제 발상을 전환하여 성장을 보는 새로운 관점을 가져야 한다. 지금 한국은 양호한 분배가 고도성장을 가져올 수 있도록 경제를 재설계해야 할 역사적 전환기에 서 있다. 우리의 머리를 오랜 동안 지배하던 보수파의 낡은 경제철학으로는 배를 띄울 수 없다. 배를 띄울 수 없는 정도가 아니고, 배가 침몰할 지경이다. 이제 우리가 저성장을 탈출하여 다시 배를 띄우기 위해서는 과거의 배제적 경제철학을 포기하고 나눔의 경제철학으로 전환하는 것이 첫걸음이다. 지금의 경제 난국을 타개하는 방법은 포용적 성장이며, 그것을 달성하는 수단은 경제민주화와 복지국가의 확립임을 인식할 필요가 있다.

이 글은 그런 목적에서 쓴 글이다. 아래에서는 한국경제가 1997년 금융위기 이후 완전히 다른 경제 패러다임을 채택하게 됐다는 점, 그 결과 저성장, 양극화가 자리 잡게 됐다는 점, 이를 극복하기 위해서 우리가 추구해야 하는 방향은 줄푸세나 규제완화가 아니고 포용적 성장이라는 점, 결국 나라의 경제철학을 배제에서 나눔으로 바꾸지 않고는 현재의 난국을 타개하기 어렵다는 점을 강조하고자 한다.

2. 문제의 출발: 1997년 금융위기

1997년말 아시아 여러 나라를 강타한 금융위기는 한국에도 가혹한 결과를 가져왔다. 환율 폭등, 실업대란, 취업대란, 대규모 구조조정, 경제 침체와 저성장, 비정규직 양산, 양극화 심화 등 부정적 영향은 오래 갔고, 회복하기 어려운 깊은 상처를 남겼다. 저성장에 대해서는 위에서 이미 언급했으므로 여기서는 양극화에 대해서만 보기로 하자.

〈그림 2〉 한국 소득분배의 변화

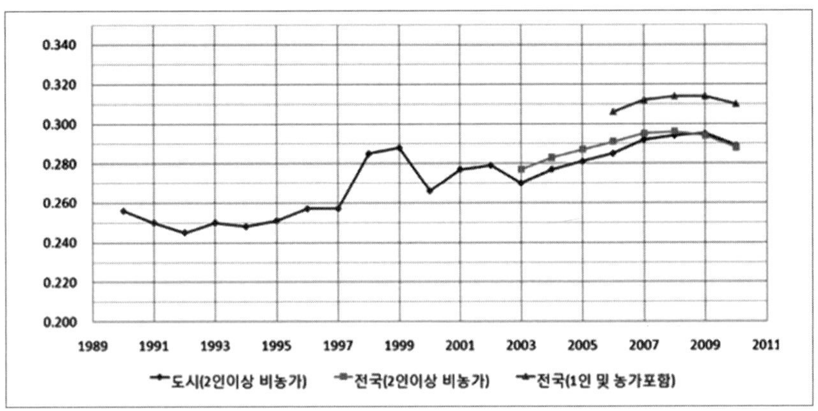

지난 15년간 양극화 심화는 여러 측면에서 발견된다. 우선 소득분배의 악화다.

〈그림 2〉에서 보듯이 한국의 소득분배는 1998년 이전과 이후로 확연히 갈라진다. 지니계수는 1998년을 경계로 해서 0.04 포인트 정도 상승했는데, 그 뒤 낮아지지 않고 있다. 물론 여기서 나타난 지니계수는 상당히 낮아서 한국의 소득분배를 지나치게 호의적으로 평가하고 있다고 할 수 있고, 다른 자료를 갖고 추계한 연구 결과를 보면 이보다 훨씬 높은 지니계수가 나타나고 있다. 여기서 한국의 정확한 지니계수가 얼마인가를 밝혀보자는 것은 아니고, 변화 추세를 보자는 것이다. 우리는 소득분배에서 나타난 1998년 이전과 이후의 변화에 주목하지 않을 수 없다.

또 다른 통계자료로서 노동과 자본 사이의 상대적 분배율을 보자. 원래 불황이 닥치면 노동의 발언권이 제한되고 자본이 우위에 서기 때문에 노동분배율이 하락한다는 가설이 있지만 한국도 예외가 아니다. 1998년 이후 자본은 확실히 노동에 대해 상대적 우위를 차지한 것으로 보인다. 그 증거는 여러 가지에서 드러나는데, 임금의 정체 현상, 비정규직의 대폭 증가, 노동조합의 세력 약화, 자본 수익률과 이윤의 고공행진 등이다.

〈표 2〉에서 노동분배율은 1970년대에는 40%라는 아주 낮은 수준에 머물고 있었고, 1980년대 이후 상당히 빠른 속도로 상승하고 있었다. 1987년 민주항쟁과 정치적 민주화는 노동운동에 불을 질러 1988~1989년 2년 연속 엄청난 규모의 파업이 일어났다. 임금이 빠른 속도로 상승했고, 노동분배율은 당연히 상승했다. 그리하여 아시아 금융위기가 발발한 1997년에 노동분배율은 62%로 정점에 도달했다.

〈표 2〉 노동분배율과 임금패리티

	노동분배율 (1)	노동자 수/취업자 수 (2)	임금 패리티 (3)
1970	39.5	38.9	101.5
1975	39.6	40.6	97.5
1980	50.1	47.3	105.9
1985	50.3	54.2	93.0
1990	57.8	58.8	98.3
1995	61.0	62.6	97.6
1997	62.0	62.7	99.0
2000	55.2	63.1	87.5
2005	60.6	66.4	91.3
2010	59.1	71.2	83.0
2012	60.3	77.4	77.9

자료: 한국은행, 국민계정, 통계청, 고용노동부, 고용노동통계

그러나 금융위기 이후 모든 것이 급변했다. 대규모 정리해고가 일어났고, 실업률은 8%로 치솟았다. 회사마다 감원, 정리해고, 구조조정이 유행처럼 번졌다. 노동의 힘은 약화할 대로 약화한 반면 자본은 1988~89 대파업 때 잃었던 힘의 우위를 10년 만에 되찾았다. 그리하여 장기적 추세로 상승하고 있던 노동분배율은 1998년 이후 상승을 멈추었다. 선진국에서 노동분배율이 장기적으로 상승 경향을 보이며 대체로 그 상한선은 80% 정도라는 점을 생각하면 한국의 노동분배율이 60%에서 20년 동안 고정되어 있다는 점은 매우 특이하며, 의미심장하다.

더구나 이 기간 동안 취업자 중 노동자의 비율은 계속 상승해왔다는 점을 생각하면 노동의 상대적 지위는 실질적으로 후퇴했다는 결론에 도달하게 된다. 그것은 〈표 2〉에 나와 있는 임금 패리티(국민경제에서 차지하는 노동자의 상대적 처우를 나타내는 지표)에서 명백히 드러난다. 임금 패리티는 1970~80년대에 100을 능가한 시절이 있었고, 대체로 100 부근에 있었다. 이는 국민경제 전체에서 노동자는 대개 평균 정도의 대우를 받고 있었다고 해석할 수 있다. 그러나 이 값은 1998년을 고비로 급격히 하락하고 있다. 2000년대 초반 약간 반전하긴 했으나 장기하강 추세를 막지 못하고 2012년에는 78까지 떨어져버렸는데, 이는 통계 작성 이후 최저치다.

양극화 현상은 노동자 내부에서도 발견된다. 개략적으로 말해서 한국 노동자의 절반이 정규직이고, 나머지 절반이 비정규직이다. 다시 개략적으로 말해서 비정규직 노동자는 정규직 노동자의 절반의 보수를 받고 있다. 하는 일은 비슷한데도 절반의 보수를 받음은 심한 차별이다. 차별은 보수에 그치지 않는다. 비정규직은 사회보험의 보호 밖에 내쳐져 있다. 승진, 승격의 가능성도 희박하다. 금년은 이 기업, 내년은 저 기업으로 전전해야 하고, 그러니 이 기업의 기술을 습득할 유인을 느끼지 못한다. 이는 현장 실습을 통한 생산성 향상에 결정적 걸림돌이 되고 있다. 물론 전 세계적으로 비정규직 노동자가 증가하고 있는 것은 사실이다. 그러나 한국만큼 많은 비정규직은 어느 나라에도 없으며, 한국만큼 심한 차별을 받는 비정규직도 세계적으로 드물다.

비정규직 증가의 명백한 결과는 임금 불평등 상승이다. 노동자들 사이의 임금 불평등은 〈표 3〉에서 보듯이 1980~1995년 기간 꾸준히 하락하고 있었다. 그러나 임금 불평등을 측정하는 지니계수의 값은 1995년 0.278을 저점으로 반전하여 최근에는 0.328로 높아졌다. 임금 분배에서 상위 9분위 대 하위 1분위 사이의 격차를 나타내는 배수도 1980년 5.12배에서 1995년 3.67배로 꾸준히 하락하고 있었으나 그 뒤 상승으로 돌아서서 최근에는 4.63으로 높아졌다.

〈표 3〉 한국의 임금불평등

	지니 계수	노동소득불평등도 (9분위/1분위 배수)
1980	0.375	5.12
1985	0.350	4.60
1990	0.307	3.96
1995	0.278	3.67
2000	0.305	4.08
2005	0.323	4.49
2010	0.328	4.63

자료: 한국노동연구원, 노동통계, 2013

임금 불평등의 상승 경향은 직업별 임금격차에서도 발견된다. 생산직 노동자의 임금을 기준(=100)으로 한 각 직종의 상대적 임금을 계산해보면 〈표 4〉에서 보듯이 과거 1976년이 직업별 임금격차가 가장 컸던 해였고, 그 뒤에는 꾸준히 임금격차가 하락하고 있었다. 그러나 임금격차의 평준화 추세도 1998년을 고비로 사라지고 그 뒤로는 임금격차가 다시 확대되는 현상이 나타나고 있다.

〈표 4〉 직업별 임금격차

	관리직	전문기술	사무직	판매직	서비스직	생산직
1971	359	250	204	118	90	100
1976	474	292	222	112	103	100
1980	395	246	162	89	100	100
1985	340	234	153	136	99	100
1990	256	173	120	98	87	100
1995	218	147	113	89		100
2000	209	152	111	85	87	100
2005	228	152	152	96	82	100
2012	241	141	134	109	77	100

자료: 노동부, 〈직종별 임금실태조사보고서〉, 1971~95
노동부, 〈임금구조기본통계조사〉, 2000~

그리하여 한국의 임금불평등도는 국제적으로 비교할 때 상당히 높은 편에 속하는 것으로 나타난다. 〈표 5〉가 보여주는 것은 OECD 주요 국가의 임금불평등도인데 여기서 임금 분포로 봐서 9분위대 하위 1분위의 임금격차 배수는 OECD 평균이 3.3배 정도인데, 한국은 4가 넘는다. 더구나 이런 추세는 최근에 올수록 더 심해져서 2011년에는 4.9배에 달하고 있다. 한국의 임금불평등이 심하다는 사실에서 우리는 저임금을 받는 노동자가 많을 것이라는 추측을 할 수 있는데, 실제로 통계를 보면 그런 추측이 뒷받침된다. 중위 임금의 2/3 이하의 임금을 받는 노동자들을 저임금노동자라고 정의할 때, 한국은 OECD 평균(약 16%)에 비해 상당히 높은 비율(약 25%)의 저임금 노동자가 존재한다.

〈표 5〉 임금불평등의 국제비교

	임금불평등도(9분위/1분위 배수)		저임금 비율(%)	
	2001	2011	2001	2011
Australia	3.12	3.31	13.9	16.9
Canada	3.69	3.67	22.0	20.3
Finland	2.45	2.58	4.6	9.3
Germany	3.01	3.33	16.7	18.8
Israel	5.37	4.91	24.7	22.1
Japan	2.96	2.97	14.6	14.4
Netherlands	2.79	2.90	12.7	–
Spain	–	3.34	16.3	15.3
UK	–	3.80	20.7	20.6
USA	3.53	3.61	23.8	25.1
OECD 평균	3.35	3.32	16.9	16.1
한국	4.09	4.91	24.2	25.1

자료: 고용노동부, 고용노동통계, 2013
주: 저임금이란 중위임금 2/3 이하를 받는 경우를 말함.

저임금을 줄이고 노동자의 처우를 개선하는 대표적 정책이 최저임금제다. 한국에서 최저임금제는 아주 늦게 1987년에 와서 비로소 도입됐다. 도입 후 10년간은 유명무실한 존재로 머물렀으나 1998년 김대중 정부 이후 매년 빠른 속도로 상승하기 시작해서 원래의 목표로 했던 저임금 노동자 보호 기능을 조금씩 수행하기 시작하고 있다.

〈표 6〉에서 보듯이 최저임금의 인상 정도는 정권에 따라 크게 차이가 난다. 보수적 정권이라 할 수 있는 김영삼, 이명박 정부에서 최저임금의 상승률은 아주 낮다. 그 반면 진보 정권이라 할 수 있는 김대중, 노무현 정부에서는 상당히 빠른 속도로 상승해왔다.

〈표 6〉 정권별 최저임금 인상률

정권	김영삼 (1993~1998)	김대중 (1998~2003)	노무현 (2003~2008)	이명박 (2008~2012)
최저임금 상승률(명목) (1)	8.1	9.0	10.6	5.0
평균 인플레율 (2)	5.0	3.5	2.9	3.6
최저임금 상승률(실질) (3)=(1)-(2)	3.1	5.5	7.7	1.4

자료: 연합뉴스, 2012.7.3

정권의 성격에 따라 최저임금 정책이 달라진다는 것은 다른 나라에서도 나타나는 현상이다. 브라질의 룰라가 대통령이 되면 최저임금의 실질 수준을 두 배로 올리겠다고 공약했고, 그는 공약을 지켰다. 미국에서도 공화당 대통령 때는 최저임금의 실질 수준이 거의 정체하는 데 반해 민주당 대통령 때는 눈에 띄게 상승 경향을 보인다고 한다(Massey, 2007).

미국에서 최근 최저임금을 대폭 인상한 대통령은 클린턴과 오바마다. 오바마는 2014년 초 다시 최저임금 인상 문제를 들고 나왔다. 공화당이 장악한 의회가 최저임금 인상에 협조를 해주지 않으니 우선 정부 부문에서 일하는 저임금 노동자들의 임금을 대폭 인상하겠다고 선언했다. 미국에서 최저임금을 인상해야 한다는 여론이 국민 사이에서는 압도적으로 높은데도 불구하고 최저임금은 장기간 정체를 벗어나지 못하고 있다. 오바마 집권 이후 거듭 인상된 이후에도 여전히 실질 수준으로 따질 때 1960년대 수준에도 미치지 못한다고 한다 (Bartels, 2008). 한국에서도 비슷한 현상이 나타나고 있어서 최저임금은 정부의 성격에 따라 크게 영향을 받는다는 사실을 알 수 있다.

〈표 7〉 총수요 구성의 변화

연도	1986	1996	2006	2013
민간소비지출	55	60	53	51
자본형성	28	39	26	25
수출	38	23	36	52
정부지출	16	20	19	19

자료: http://kosis.kr

이상에서 본 바와 같이 1998년 금융위기 이후 한국경제의 체질은 근본적으로 달라졌다. 1987년 민주화 대투쟁과 그 직후 두 해에 걸친 노동자 대파업 투쟁으로 일시적으로 높아졌던 노동의 힘이 임금 상승, 노동분배율 상승을 가져왔으나 1997년 외환위기의 발발은 세상을 완전히 뒤집어놓았다. 구조조정, 정리해고, 대량실업의 태풍이 불어닥침으로써 노동의 힘은 결정적으로 약해졌고, 노동과 자본 사이에 힘의 균형은 자본에 유리한 쪽으로 바뀌었다. 꾸준히 상승하던 노동분배율은 상승을 멈추고, 하락으로 돌아섰다. 노동자 내부에서도 비정규직이 급증하고, 정규직과의 차별이 증가했다. 이 모든 현상은 내수시장에서 소비수요를 제한하는 요인으로 작용했다. 〈표 7〉에서 보듯이 국민소득의 총수요 구성 요인 중에서 소비지출의 비중은 꾸준한 상승 움직임을 보이고 있었으나 1997년 위기를 고비로 다시 크게 떨어졌다. 금융위기 이전에 비해 총수요 중 소비지출이 차지하는 비중은 10% 포인트 정도 낮아졌다.

기업은 국내시장에서 부족한 상품 수요를 해외시장에서 찾았고, 수출의 비중이 급속히 늘어났다. 수출의 주역인 대기업은 더욱 승승장구하는 반면 내수 주역인 중소기업은 날로 쇠퇴의 길을 걸었다. 그리하여 대기업과 중소기업 사이의 경제력 격차는 더욱 벌어졌다. 외환위기 이후 경제 전체에 걸쳐 양극화가 심화됐지만 대기업, 중소기업 사이의 양극화도 더 심해졌다. 소득 양극화, 서울과 지방의 양극화, 산업간 양극화, 노동의 양극화와 더불어 대기업과 중소기업간의 양극화 현상도 한국 경제가 풀어야할 어려운 숙제로 우리 앞에 놓여 있다.

3. 배제의 경제

한국 경제를 논할 때 다른 나라에서 찾아보기 어려운 두 가지 원리가 깊이 뿌리를 내리고 있다. 이 두 가지 원리가 한국 경제를 배제와 박탈의 경제로 만들고 있다. 하나는 시장맹신주의이고, 다른 하나는 성장지상주의다. 첫째 시장맹신주의에 대해 보자면, 이것은 1997년 외환위기 이후 미국과 IMF의 압력 때문에 한국에 도입됐으므로 약 15년의 역사를 가진다. 재계, 언론은 물론이고 학계, 심지어 시장과 대척의 위치에 있는 관료들 사이에서도 이 사고방식은 널리 퍼져 있다. 보수언론은 이틀이 멀다 하고 시장의 중요성, 시장의 신화를 강조하는 사설 또는 칼럼을 쓰고 있고, 조금만 자기 생각과 다르면 '반시장적'이란 딱지를 붙여 공격을 퍼붓는다. 이런 공격은 상당히 치명적이었는데, 2008년 미국 금융위기가 시장만능주의 때문에 발발한 것이라는 것이 알려지면서 공격의 설득력이 많이 떨어진 상태다.

또 하나는 성장지상주의라고 부를 수 있는 바 이는 1960년대 박정희의 개발독재에 그 연원을 갖고 있으므로 훨씬 긴 역사를 갖고 있다. 무려 50년의 역사를 가지고 있으며 이 역시 시장맹신주의와 겹치는 광범위한 지지층을 갖고 있으며, 일반 국민들도 부지불식간에 이 사상에 경도되어 있다. 과거부터 분배, 환경, 인권 등 성장을 대체할만한 인류 보편의 가치를 들고 나온 여러 주장이 재야 학계에서 제기되어 왔으나 그 어느 것도 성장지상주의의 광풍 앞에서는 무력할 수밖에 없었다. 이제 우리는 시장맹신과 성장지상이라고 사는 두 가지 극단적 사고방식이 과연 옳은가, 과연 세계 보편적 사고방식이라 할 수 있는가 하는 문제를 근본적으로 재검토할 단계다.

1) 시장맹신주의

어느 나라든 경제체제는 기본적으로 자원의 배분, 재화·서비스의 생산, 소득의 분배 및 사회의 재생산 등의 기능을 담당하는데, 이 중 시장이 어느 기능을 어떻게, 얼마만큼 담당하고 있느냐 하는 문제는 나라에 따라 정도의 차이가 있다. 모든 나라에서 정부와 시장이 역할을 분담하고 있는데, 경제 전체에서 그 둘 사이의 비율, 그리고 몇몇 구체적 영역에서의 역할 분담의 차이는 그 사회의 역사와 가치관에 따라 다르다. 그러나 그 비율의 차이에도 불구하고 자본주의체제를 유지하는 한 시장경제라는 기본적 사실은 변하지 않는다.

예를 들어 미국에서는 의료서비스의 많은 부분을 민간기업이 담당하지만, 영국에서는 NHS(National Health Service)라고 해서 국가가 거의 전적으로 담당한다. 의료에 관한 한 영국은 미국과 정반대로 분류되는 것이 타당하다. 의료에 관한 한 영국은 거의 사회주의라고 불러도 좋은데, 그럼에도 불구하고 영국을 가리켜 反시장경제라는 주장은 찾아볼 수 없다. 오히려 '영미형 자본주의'라는, 즉 영국과 미국을 한데 뭉뚱그려 시장을 중시하는 대표적 국가로 영국을 꼽고 있다.

사회주의체제가 붕괴한 지금 지구상의 어느 곳에도 시장을 완전히 배척하거나 모든 것을 시장에 의존해 해결하는 국가는 없다. 시장경제는 일의적으로 정의되지 않으며, 매우 다양한 유형을 갖고 있다. 방금 보았듯이 미국형과 유럽형이 다르고, 일본형이 또 다르다. 유럽형이라고 해서 다 같은 것도 아니어서 스웨덴 등의 북유럽형과 독일 등의 대륙형, 이태리 등의 남유럽형이 각각 서로 다른 유형의 제도와 경제운용 원리를 채택하고 있다. 다 알다시피 최근 재정위기에 봉착한 유럽국가들은 남유럽에 속한다. 이들은 북구에 비해 훨씬 약한 복지국가를 갖고 있으며, 가족 중시의 연고주의, 그리고 탈세와 부패가 특징이다.

사회주의에서 전환한 중국, 러시아, 동유럽도 불완전하나마 새로운 형태의 시장경제를 실험하고 있다. 각국은 금융시스템, 산업-금융관계, 정부 개입의 정도, 노사관계, 기술혁신시스템 등에서 역사적 경험이나 사회경제환경에 따라 다양한 형태의 제도를 발전시키고 있지만 시장경제를 근간으로 한다는 점에서는 본질적 차이가 없다.

흔히 시장경제의 전형으로 언급되는 미국은 ESOP이라는 노동자의 소유참여 제도를 통해 성공한 수많은 기업의 사례를 보여주고 있다. 미국의 초우량기업들에서 노동자가 경영에 적극 참가하니 미국은 시장경제가 아니라고 주장할 수는 없다. 결국 네덜란드나 스웨덴, 독일 같은 나라들이 채택하고 있는 경제체제는 '非시장경제' 또는 '反시장경제'가 아니라 '사회적' 시장경제 또는 '조정된' 시장경제이고, 미국은 그와 다른 '주주 중심' 시장경제, 혹은 '자유' 시장경제를 운영하고 있을 뿐이다. 시장경제적 요소, 비시장적 요소가 혼재된 정도에서만 차이가 있을 뿐 근간이 시장경제라는 사실은 의심의 여지가 없다.

한국은 어떤가. 한국경제에서는 박정희식 개발독재의 유산이라 할 수 있는 관치경제, 관치금융의 폐단을 극복하는 것이 중요한 과제 중 하나다. 국민의 정부가 내세웠던 국정목표가 '민주주의와 시장경제의 병행발전'이었는데, 참여정부도 그 정신을 계승, 발전시키려고 노력했지만 다만 한 가지 차이는 미국이 강요한 과도한 시장만능주의, 민영화, 구조조정에 대한 맹신은 거부한 차이가 있다. 우리는 관치경제라는 하나의 극단과 시장만능주의라는 또 하나의 극단 사이에서 방황하고 있는 특수한 경제체제를 갖고 있다. 이 둘을 어떻게 효과적으로 극복하느냐 하는 것이 한국 경제 최대의 과제라 해도 과언이 아니다.

한국의 시장경제는 다른 나라에 비해 정부의 역할, 혹은 공공 영역이 현저히 협소한 특징이 발견된다. 특히 노동, 복지, 보육, 교육, 보건의료 등 공공서비스 분야는 공공의 영역이 다른 선진국에 비해 월등히 협소하다. 거의 모든 것이 시장에 맡겨지고 있는데, 부자들은 별로 불편할 게 없지만 서민과 경제적 약자들은 하루하루 살아가기가 어렵다. 자본주의라고 해서 다 이런 것은 아니다. 다른 나라는 상황이 많이 다르다. 공공서비스 분야에서 일하는 사람의 숫자가 전체 취업자에서 차지하는 비중이 한국의 경우 5%인데, 스웨덴은 30%나 된다. 스웨덴은 워낙 우리와 거리가 먼 사민주의 모델이라서 한국과 비교하기 어렵다 치고, 시장만능주의에 가까운 경제 모델로 간주되고 있는 미국의 예를 보더라도 이 비율이 15%나 된다. 그러니 한국에서 과도한 시장 의존이 어느 정도인지를 짐작할 수 있다.

취업자의 10% 정도가 다른 나라에 비해 부족하여 공공서비스가 취약하고 불편한 반면 우리나라의 영세 자영업 부문에는 다른 나라에 비해 10% 이상의 과잉인력이 몰려 있다. 이들 자영업자들은 과당 경쟁으로 수익을 올릴 수 없고 겨우 생존을 위한 치열한 경쟁에 내몰리고 있는데, 장기적으로는 이들 과잉인력이 부족한 공공서비스 분야로 이전할 때 우리의 고용구조도 정상적이 될 것이다. 물론 이것은 하루아침에 가능한 일이 아니고, 장기적 인력수급 계획과 철저한 준비를 필요로 한다.

특히 1997년 외환위기 이후 미국과 IMF의 권고에 따라 우리가 급속한 구조조정과 위기 해소를 위해 노력하는 과정에서 지나치게 미국형 주주중심 모델을 도입한 게 아닌가 반성할 필요가 있다. 주주중심 모델은 매년 열리는 주주총회에서 기업 가치를 평가하여 실적이 나쁜 경영진은 인정사정 없이 도태시키는 적자생존의 철학과 무한경쟁을 신성시하는 특징을 갖고 있다. 이런 상황에서 경영자들은 장기적 관점에서 투자를 생각할 여유를 가질 수 없는 것이 당연하다. 그러므로 월가 자본주의는 단기 업적주의의 함정에 빠지기 쉬운 단점이 있고, 그 반면 독일, 일본 등 소위 관계형 자본주의는 자본의 성격이 보다 참을성이 있고(patient capital), 장기적 관점을 갖는다는 차이가 있다. 다만 독일, 일본조차 최근에는 미국의 영향을 많이 받아서 자본의 참을성이 상당히 줄어들고 있기는 하다.

한국 경제가 오랫동안 세계 최고의 투자율을 자랑해온 것도 어떻게 보면 장기적 관점에서 모험 투자를 가능케 한 관계형 자본주의 모델을 채택하고 있었기 때문에 가능했다고 하겠는데, 최근 몇 년간은 그런 모델이 급속히 쇠퇴하면서 그 자리를 영미형 단기 실적주의가 급속히 대체해가는 것으로 보인다. 그러므로 현재의 저투자, 저성장 기조의 일부 원인이 이런 현상에서 찾을 수 있을 것이며, 이것은 우리가 시장맹신주의를 경계해야 하는 또 하나의 이유가 된다.

단기 실적주의의 폐단은 기업뿐 아니라 노동계에서도 발견된다. 노조 지도자들도 자신의 임기 중에 어떤 성과를 내기를 바라며 행동하는데, 그 결과는 임금 인상의 극대화, 고용조정에 대한 극단적 저항으로 나타나는 경향이 있다. 노조의 경우에도 기업과 상생하며 장기적 관점에서 고용과 임금을 극대화한다는 여유 있는 사고방식을 찾아보기 어렵다.

노사 쌍방이 단기 실적주의의 함정에 빠진 결과는 국민경제의 건전한 발전을 위해 바람직하지 않은 결과를 가져온다. 각자는 주어진 조건 속에서 최선의 전략을 구사하고 있으나 그 결과의 합계는 오히려 최악에 가까운 역설적인 결과, 즉 용의자의 딜레마(prisoners' dilemma)와 같은 상황이 벌어지고 있는 것이다. 이런 한계를 극복하고 상생의 길(win-win)로 가기 위해서도 우리가 지나친 시장만능주의의 함정에 빠지지 않는 주의가 요망된다. 노사간 사회적 대화, 사회협약의 필요성은 아무리 강조해도 지나치지 않은데, 이를 실천하려면 먼저 편협한 시장맹신주의의 틀을 벗어나야 한다.

2) 성장지상주의

또 하나 한국경제를 둘러싼 논쟁에서 단골 메뉴로 등장하는 것이 최근의 저성장 기조에 대한 비판, 특히 상대적으로 진보적 정권이라 할 수 있는 김대중 정부 및 참여정부가 지나치게 좌파적 정책에 몰입하여 성장잠재력을 훼손했다는 비판이다. 그들이 제출하는 좌파적 정책의 증거는 매우 박약한데, 기껏해야 복지 확충, 과거사 정리, 사학법 등 정부가 오래 밀린 숙제를 당연히 한 데 대한 엉뚱한 시비걸기의 성격이 강하다.

역대 정부는 항상 경제성장의 극대화를 국정의 기본목표로 내걸었고, 지금까지 한국의 성장률은 국제적으로 아주 높은 편이다. 세계 전체의 경제성장률이 1970년대, 1980년대, 1990년대 각각 7.3%, 4.0%, 2.5%인데, 위의 〈표 1〉에서 보았듯이 우리의 경제 성적표는 박정희 정권 9.1%, 전두환 정권 8.7%, 노태우 정권 8.3%, 김영삼 정권 7.1%, 김대중 정권 4.2%다. 즉, 지금까지 한국의 경제성장률은 항상 세계의 평균을 웃돌았다. 초기일수록 성장률이 높았고, 뒤로 갈수록 성장률이 떨어진 것은 경제성장에서 발생하는 일종의 자연스런 노쇠 현상으로서 한국뿐만 아니라 세계 공통의 현상이다. 학계와 언론은 걸핏하면 '경제위기' 운운하며 비관론을 양산해 냈지만 한국경제의 실적은 그런 비관론을 비웃어왔다.

역대 정권이 성장률 극대화에 매진해왔고, 조금만 성장률이 떨어져도 장관을 문책하면서 성장률 제고를 독려해왔기 때문에 우리나라의 경제성장률은 높고, 우리나라 사람들의 성장률에 대한 감각 역시 대단히 기준이 높다. 조금만 성장률이 낮아져도 우리 국민은 좀체

참지 못하는 것이다. 이런 국민적 조급성의 토대 위에서 '경제위기', '국정파탄' 같은 극단적 표현이 우리에게는 조금도 낯설지 않다. 그러나 외국의 관찰자들은 걸핏하면 등장하는 한국 경제의 '위기론'을 좀처럼 이해하기 어려울 것이다.

우리가 50년간 성장지상주의에 경도되어 오로지 성장만을 위해 매진해 오는 바람에 소홀히 한 측면이 적지 않다. 과거에는 주로 자유, 인권, 환경, 물가안정, 균형발전 등의 가치가 무시되었다면 최근에 와서는 분배가 주로 논의된다. 보수적 인사들은 항상 성장과 분배의 상충을 전제로 하여 주장을 펴는데, 실은 이 전제 자체가 옳지 않다. 세계적으로 낙수효과의 성립 근거는 아주 박약하고, 분배의 개선을 통한 성장, 또는 동반성장의 사례는 많다. 경제이론적으로도 성장과 분배가 양립, 동행할 수 있음이 최근 연구에서 속속 밝혀지고 있다. 특히나 지금처럼 양극화가 우리 사회를 위협하고 있는 상황에서 분배, 복지를 무시하고 성장만으로 양극화를 해결할 수 있다는 보수 일각의 사고방식은 옳지 않고, 오히려 위험하기조차 하다.

오히려 지금이야말로 50년 성장지상주의를 반성하고, 제대로 된 나라를 만들어 가야 할 때다. 우리가 선진국이라 부르는 나라들이 보편적으로 존중하는 중요한 가치들–인권, 자유, 환경, 복지, 평등, 연대 등–을 우리도 이제는 소중히 여기면서 시간이 지나면 성장만으로 이 모든 문제가 해결될 것이라는 막연한 낙관을 버려야 한다. 50년 우리 머리를 지배해온 '선성장후분배'의 철학을 이제는 폐기하지 않으면 안 된다. 분배와 성장이 같이 갈 수 있고, 같이 가야 한다는 것, 분배를 통한 성장이 얼마든지 가능하다는 세계 보편적 인식을 가져야 한다. 언제까지 성장에만 매달려 인류 보편의 가치들을 뒷마당에 방치

할 것인가? 양극화가 날로 심해지는 한국의 상황은 우리에게 인식 변환을 재촉하고 있다.

4. 나눔의 경제: 포용적 성장

자본주의라고 해서 반드시 배제와 박탈의 경제를 택해야 한다는 법은 없다. 한국 자본주의는 특별히 공공 영역이 취약하고, 시장에 모든 것을 맡기고 있을 뿐 아니라, 성장지상주의에 함몰하여 최소한의 복지조차 외면하는 특징을 갖고 있어서 서민, 약자들이 살아가기가 이렇게 힘든 것이다. 특히 1998년 이후에는 시장만능주의까지 가세하면서 도처에 양극화가 심해지고, 우리의 일상은 배제와 박탈로 점철되고 있다.

그러나 배제와 박탈이 아닌 나눔과 포용의 경제로 가서 성공한 사례는 많다. 최근의 예를 들자면 브라질의 룰라를 빼놓을 수 없다. 룰라 대통령이 두 차례 연임해서 8년 임기를 마쳤는데, 퇴임 때 국민 지지율이 물경 87%였다. 룰라는 노동자당 후보로 대선에 출마해 세 차례 고배를 마신 끝에 2002년 대선에서 마침내 승리하여 대통령이 됐다. 그러나 하원에서 노동자당의 의석은 18% 밖에 안 돼 좌파 정책을 추진하기가 어려웠다. 좌우 타협적 정책을 추진할 수밖에 없는 정치구도 속에서 룰라는 대화와 소통을 통해 좌우를 뛰어넘는 유연한 경제, 외교정책을 구사했다. 부시 미국 대통령은 룰라와 만나 이야기를 나누어본 뒤 '와우, 당신은 꼭 공화당 사람 같군요' 라고 감탄했다는 유명한 일화가 있다.

브라질에서 좌파 대통령이 등장하자 외국자본이 브라질을 떠나고 증시가 곤두박질쳤으나 룰라는 외채를 상환하고 긴축정책을 펴 국제사회의 신임을 얻고 좌파 우려를 불식시켰다. 그래서 일부 좌파로부터는 신자유주의 추종자란 비난을 받기도 했다. 그는 좌우를 포용하는 실용적 태도를 견지했지만 그렇다고 좌파적 견지를 버린 건 아니었다. 2003년 1월 대통령으로서 처음 주재한 각료회의에서 룰라는 '사람들의 배고픔을 면하게 해주는 것이 모든 정책의 최우선'이라고 말했고 그 약속을 지켰다.

룰라의 대표적 복지정책이 보우사 파밀리아(Bolsa Familia)라고 하는 가족수당 제도다. 이 제도는 아이들이 학교에 가고 예방주사를 맞는 것을 조건으로 아이 한 명당 매달 22헤알(약 14,000원)을 지원해주는 제도다. 우리 눈으로 보면 약소한 금액에 불과하지만 이 제도의 효과는 상당히 컸다. 전국의 1,100만 가구가 이 제도의 혜택을 받았고, 룰라 집권 8년 동안 빈곤율이 30%에서 19%로 감소하고 소득불평등이 눈에 띄게 줄어든 것도 상당 부분 이 제도에 기인한다.

이런 개선을 가져온 또 하나의 공로자가 최저임금 인상이다. 그는 2002년 대선에서 자신이 대통령이 되면 4년 동안 최저임금을 두 배로 올리겠다는 공약을 내세웠는데, 집권 8년 동안 실제로 최저임금을 두 배 이상 대폭 인상했다. 2002년 월 200헤알이던 최저임금은 2103년 510헤알로 올랐다.

룰라의 정책은 포용적 성장의 표본이라 할만하다. 저임금 노동자와 서민들의 소득을 높여서 상품시장에서 새로운 수요를 창출시켜 경제성장을 촉진하는 모델이 바로 포용적 성장(inclusive growth)이다. 그런 점에서 포용적 성장은 낙수효과와는 반대 개념이라 할 수 있다.

실제로 낙수효과는 많이들 이야기하지만 실제로 어떤 나라에서도 타당성이 입증된 적이 없다. 그 반면 포용적 성장은 룰라의 정책, 그리고 미국 민주당의 뉴딜을 비롯한 전통적 경제정책, 북구의 건실한 성장 등에서 성공사례를 찾을 수 있다.

사실 루즈벨트 대통령이 추진한 뉴딜의 요체는 TVA 같은 공공사업이 아니고, 대기업의 횡포를 규제하고 노조의 권리를 인정하는 '규제의 제도화'와 AFDC, 연금, 의료보험 등 각종 사회보험제도의 도입과 같은 '복지의 제도화'에 있었다(박경로, 2012). 대공황이라는 미증유의 위기를 타개하는 데 가장 큰 요인은 2차대전 발발로 인한 군비지출을 비롯한 정부지출의 급증이었지만 뉴딜 역시 어느 정도 기여한 것으로 평가된다. 한국에서는 2012년 대선에서 경제민주화와 복지국가가 주요 쟁점이 됐는데, 이는 바꾸어 말하면 규제의 제도화(경제민주화), 그리고 복지의 제도화(복지국가)라고 할 수 있다. 즉, 2012년 대선의 주요 쟁점은 한국판 뉴딜을 어떻게 할 것인가 라는 것이었다고 해석해도 좋다. 문제는 박근혜 대통령이 뉴딜을 할 생각이 없다는 점이다.

포용적 성장의 성공적 외국 사례를 참고하여 우리도 우리 실정에 맞는 포용적 성장 모델을 정립하여 현재 고착 상태에 빠져드는 저성장과 양극화의 늪을 탈출하지 않으면 안 된다. 지금 우리에게 절실히 필요한 것은 낙수효과와 반대되는 포용적 성장의 개념이다. 포용적 성장은 분배와 성장이 동행하는 개념이다. 아랫목이 뜨거워지면 윗목도 언젠가 따뜻해지겠지라는 낙수효과와는 반대로 아랫목과 윗목을 함께 따뜻하게 데우는 정책이다. 부채에 기반을 두고 소비지출을 확대하는 부채의존적 성장이 아니고 임금 소득이 증가하도록 해서 거기서 소비지출이 자연스럽게 생성되도록 하는 정책이다. 그러므로 표용적 성장의 핵심 내용은 밑으로부터의 수요를 창출하기 위해 소득분배를 개선하고, 복지를 확충하며, 지나치게 낮은 최저임금을 단계적으로 인상하는 것 등을 포함한다.

노동자들의 임금을 올리고, 분배를 개선하는 것이 경제성장을 촉진할 수 있다. 이것을 가리켜 소득주도 성장(income-led growth) 혹은 임금주도 성장(wage-led growth)이라 부른다. 1945~1973년까지를 이른바 '자본주의 황금기'(the golden age of capitalism)라고 부르는데, 이때는 노동-자본 간에 계급화해가 이루어지고 쌍방이 극단적 주장을 자제한 채 경제의 선순환을 이룬 시기다. 임금이 빠른 속도로 상승해서 상품시장에 수요를 제공할 수 있었다. 그리하여 소득-분배-소비의 선순환이 이루어졌다(Marglin and Schor, 1990).

〈표 8〉 주요 국가의 경제성장률(%)

나라	1950~60	1960~73	1973~81
캐나다	4.0	5.6	2.8
프랑스	4.5	5.6	2.6
서독	7.8	4.5	2.0
이태리	5.8	5.2	2.4
일본	10.9	10.4	3.6
영국	2.3	3.1	0.5
미국	3.3	4.2	2.3
가중 평균	4.4	5.5	2.3

자료: Pierson, 2006, p. 134

이 시기에 선진자본주의 국가들은 비교적 안정적 고성장을 했고, 자본주의는 큰 위기 징후를 보이지 않은 채 순풍에 돛단 듯 순조로운 항해를 계속할 수 있었다. 〈표 8〉에서 보듯이 자본주의 선진국들은 '자본주의 황금기'인 1950년대에는 4%대의 성장, 1960년대에는 5%대의 성장을 했는데, 이는 자본주의 역사상 전무후무한 기록이다.

경제이론에서 임금은 두 측면을 갖는다. 자본의 입장에서 보면 임금은 비용이고, 최소화 대상이다. 그러나 다른 한편 임금은 소비지출의 원천이며, 자본이 만들어낸 제품에 대한 가장 큰 구매력의 원천이기도 하다. 그런 면에서 임금을 무조건 최소화하려는 것은 단견이며, 오히려 고임금과 고성장이 선순환을 이루던 자본주의 황금기를 교훈으로 삼을만하다.

또한 이 시기는 복지국가의 황금기였다는 점도 언급될 필요가 있다. 정부의 사회지출이 대폭 증가해서 소득분배가 개선되고 노동자들이 실직 등의 위협으로부터 보호받던 안정적 시기였다. 〈표 9〉에서 보듯이 선진국에서 사회지출이 GDP에서 차지하는 비중은 1960~75년 사이에 괄목할만한 상승을 보였고 일반적으로 이때를 복지국가의 완성기라고 평가한다.

〈표 9〉 주요 국가의 정부 사회지출 대 GDP 비율(%)

나라	1960	1975
캐나다	11.2	20.1
프랑스	14.4	26.3
서독	17.1	27.8
이태리	13.7	20.6
일본	7.6	13.7
영국	12.4	19.6
미국	9.9	18.7
가중 평균	12.3	21.9

자료: Pierson, 2006, p.131

한국은 사회지출의 비중이 아직 10%에 머물고 있어서 선진국의 1960년 수준에도 미달이다. 그런데도 우리 주위에는 과잉복지를 걱정하고, 복지를 포퓰리즘과 등치시키는 보수적 관점이 활개를 치고 있는데, 이런 생각이야말로 나라의 두통거리가 아닐 수 없다. 우리는 선진자본주의국가에서 복지 확대-소비 활성화-경제성장-완전고용이라는 경제의 선순환이 성립 가능하다는 점을 증명한 시기가 바로 자본주의(복지국가) 황금기였다는 점을 주목할 필요가 있다. 한국은 아직 복지국가의 근처에도 못 갔으면서도 복지 이야기만 나오면 무조건 '포퓰리즘' 운운하는 근거 없는 반복지 논리가 팽배한 나라이므로 이 점은 더욱 강조될 필요가 있다.

30년 가까이 진행되던 자본주의 황금기, 복지국가 황금기는 1970년대 들어 한풀 꺾였고, 1980년대 레이건, 대처의 등장 이후 경제정책 기조가 근본적으로 변화하면서 종말을 고했다. 1970년대에 닥친 두 차례의 석유위기는 고성장, 완전고용 기조에 타격을 가했고, 세계적 스태그플레이션을 일으켰다. 더욱 결정적으로는 1979~1980년 이후 영국에 대처 총리, 미국에 레이건, 부시 정권이 들어서서 줄푸세로 요약할 수 있는 시장만능주의 정책을 채택하면서 자본주의 경제의 선순환구조는 깨어지고, 그 대신 저성장, 부채 증가, 저축여력 감소(0에 가까운 저축률)란 악순환이 자리 잡게 되었다.

그리하여 미국에서는 1970년대초 이래 40년간 노동자들의 실질임금이 정체 혹은 후퇴하는 사상 유례 없는 사태가 벌어지고 있다. 그리하여 아들의 임금이 아버지의 임금보다 낮다고 하는 사상초유의 현상이 일어나고 있다. 노동자들이 낮은 임금으로 부족한 소득을 대출에서 메우기 때문에 가계부채가 급증하였고, 이번 금융위기 과정에서 많은 가구가 파산 지경에 이르렀다. 말하자면 저성장을 탈출해 보려는 몸부림에서 부채주도 성장(debt-driven growth)에 의존했으나 그 것이 명백한 한계에 도달한 것이다.

한국 역시 수출주도적 성장, 부채주도적(debt-driven growth) 성장에 지나칠 정도로 의존해왔다. 전자는 현재와 같은 세계 불황기에는 위험하고 불안정하다는 단점이 있다. 후자는 이미 1,000조원을 돌파한 가계부채에서 보듯 언제 터질지 모르는 시한폭탄 같은 형국이다. 우리가 미국 금융위기의 사례를 타산지석으로 삼아 우리의 성장 패러다임을 근본적으로 바꾸지 않으면 머지않은 장래에 시한폭탄이 터질지도 모른다. 그러므로 우리의 성장패턴을 부채주도, 수출주도에서 소득(임금)주도, 내수주도의 방향으로 전환해야 한다. 즉, 포용적 성장으로 전환해야 한다.

포용적 성장은 이미 여러 나라에서 지지받고 있다. 2012년 OECD 각료이사회 성명서에서도 회원국의 새로운 경제 기조로 채택했다(2012. 5. 23 프랑스 파리). 2010년 중국의 후진타오 주석도 사회적 양극화가 극심하게 진행되는 중국의 사회경제적 상황을 개선하기 위해 '포용적 성장' 기조를 천명한 바 있다(2010. 9. 16).

포용적 성장 개념이 등장한 배경은 그 동안 양극화를 심화시키는 불균형 성장의 폐해가 누적되어 온 상황이다. 1990년대 이후 선성장 후분배론을 정당화하는 소위 낙수(trickle-down)효과가 소멸하고 고용 없는 성장, 분배 없는 성장의 패턴이 심화돼 왔다. 이로 인한 사회적 양극화의 확대 및 성장잠재력의 훼손은 더 이상 과거의 성장 패러다임에 의존할 수 없게 만들고 있다. 1% 대 99% 사회 극복방안으로 분배와 복지의 강화를 통해 성장이 촉진되고, 동시에 성장의 과실이

폭넓게 분배되는 포용적 성장을 핵심 전략으로 추진하는 경향이 세계적으로 나타나고 있다.

요컨대 포용적 성장이란 그간 신우파의 득세에 따른 선성장후분배론에 가로막혀 희생된 분배와 복지를 강화하여 수요기반과 구매력기반을 확충하고, 이에 기초하여 투자와 고용을 증진하려는 전략이다. 이 과정에서 성장과 분배의 역동적 선순환이 일어나고 노사간, 계층간, 지역간 동반성장이 일어나도록 정책기조를 마련해야 한다. 2008년 런던시장에 당선된 보리스 존슨이 제시한, 실질적 필요에 맞춘 최저임금 책정을 위한 생활임금(living wage) 개념도 포용적 성장에 조응하는 새로운 사고방식이라 할 수 있다.

포용적 성장은 종래의 성장패러다임과 같이 대기업과 상류 집단만을 위한 성장이 아니라 모두를 위한 성장, 좋은 일자리를 많이 창출하는 성장, 지속가능한 성장, 성장과 분배가 선순환하고 사회통합에 이바지하는 성장이다. 그리하여 성장의 과실이 서민, 중산층, 중소기업, 소상공인에게 보다 많이 돌아가도록 분배체계를 개선할 필요가 있다.

그런 점에서 한국에서 2012년 대선 때 쟁점이었던 중소기업 및 골목상권 살리기, 경제민주화 역시 포용적 성장의 중요한 내용을 차지한다. 또한 사람에 대한 투자와 수요기반 확대라는 관점에서 복지의 양적·질적 확대에 주안점을 둔다. 최근 서울시가 중점을 두는 사업 즉, 사회적 경제의 확충이란 방향도 시장경제의 충격에서 공동체와 시민사회를 지키기 위한 노력으로 크게 보면 포용적 성장 모델에 포함된다.

이상의 논의를 요약할 때 포용적 성장이란 경제민주화의 실현과 소위 '갑을' 관계의 혁파, 보편적 복지의 확대 및 강화, 일자리 중심의 경제·산업정책 재편, 비정규직에 대한 임금 및 처우 차별 철폐, 최저임금의 인상, 사회적 경제의 확대 등을 포함하는 대단히 폭 넓은 개념이다. 이것은 성장 패러다임의 근본적 변경이다. 이를 통해 종래의 낙수효과와는 반대로 서민, 중산층 등 밑으로부터의 수요 창출을 통해 경기를 활성화시키고, 일자리 창출, 경제성장을 가져옴과 동시에 경제적 양극화를 완화시키려는 다목적 전략이다.

지금 박근혜 정부가 들어선 지 1년 반이 지났는데, 정부의 어느 정책결정자도 경제를 꾸려갈 방향을 명확히 제시하지 않고 있다. 다만 한 가지 확실한 것은 경제민주화와 복지국가에 대한 대통령의 의지는 확실히 후퇴했다는 사실이다. 경제민주화와 복지국가 대신 등장한 것이 창조경제라는 정체불명의 개념인데, 이는 좋은 말이긴 하지만 귀걸이 코걸이식 개념이라서 정책의 방향을 가늠하기 어렵다. 자칫 잘못하면 김대중 정부 때의 벤처기업 무분별 지원으로 인한 벤처대란이 재연될 수도 있다. 벤처대란의 거품 붕괴가 그 뒤 얼마나 우리 경제에 큰 주름을 남겼는가를 생각하면 창조경제에 대한 접근도 대단히 신중하지 않으면 안 된다. 요술방망이 같은 이상한 개념에 현혹되지 말고 포용적 성장이란 개념을 확립하고, 그 방향으로 매진하는 것이 필요한 시점이다.

창조경제 이후 새로 등장한 박근혜 정부의 정책 방향은 규제완화다. 2014년 들어 대통령은 기회 있을 때마다 규제완화를 통한 일자리 창출을 주장한다. 대통령은 심지어 '규제는 암덩어리'란 말까지 했다. 이것은 전형적인 줄푸세의 천명이며, 대선 때 공약했던 경제민주화와 복지국가를 외면하고 줄푸세란 틀린 방향으로 경제를 끌고

가겠다는 신호탄이다. 바로 그 순간에 세월호 참사가 벌어졌다. 다 알다시피 세월호 참사의 원인은 중첩다기하지만 그 중에 무시할 수 없는 하나의 요인이 이명박, 박근혜 정부의 무분별한 규제완화였다는 사실이 드러난 이상 이제 규제완화가 박근혜 정부의 주요 국정 방향이 되기는 어려워 보인다. 그 아까운 꽃다운 생명을 바다에 송두리째 수장하고도 정신을 못 차리고 또 다시 규제완화를 부르짖을 무신경한 사람이 설마 있겠는가.

5. 맺음말

과거 군사독재 시절에 가능했던 정부 주도적, 수량 위주의 성장은 세계화, 민주화 사회에서 더 이상 불가능할 뿐만 아니라 많은 비효율의 온상이 되기 쉽다. 외환위기 이후 우리가 취해온 시장만능주의+성장지상주의 경제철학은 더 이상 성장도 달성하기 어렵거니와 양극화 문제 해결은 더욱 요원하다. 경제철학을 바꾸지 않은 채 우선 손쉬운 성장 수단으로 채택한 것이 수출주도적, 부채주도적 성장이었으나 그것도 명백한 한계가 있다. 그 결과 나타난 대기업/중소기업 간, 그리고 계층간 양극화가 심각할 뿐 아니라 가계부채가 감당하기 어려운 수준으로 커졌고, 이런 모델로는 더 이상 성장과 일자리 창출이 가능하지 않다는 사실이 분명해지고 있다. 이명박 정부가 신봉한 낙수효과는 성립하지 않는다는 것은 거의 증명됐다고 할 수 있다. 그렇다면 이제는 대안적 성장모델을 찾아야 한다. 그것이 포용적 성장이며, 구체적 방법으로는 경제민주화와 복지국가 건설이 될 것이다.

1997년 외환위기 이후 우리 경제의 패러다임은 근본적으로 바뀌었다. 오랜 역사를 가진 관치경제의 해악이 여전히 남아 있는 상태에서 시장만능주의가 횡행하여 약자와 빈자는 살아가기 힘든 정글자본주의가 돼버렸다. 그간 모든 부문에서 초래된 양극화도 상당부분 정글 자본주의가 가져온 배제와 박탈에 의한 결과인 동시에 이것이 다시 성장을 가로막는 요인이 되고 있으므로 저성장과 양극화 문제가 동시에 얽혀 있는 상태다.

한국 경제는 현재 저성장과 양극화라는 상호 악순환의 고리에 빠져 있는 것으로 보인다. 수출의존 경제, 부채의존 경제는 이제 한계에 도달했다. 수출지향적인 대기업만 나홀로 높은 성장을 보이지만 내수기반의 중소기업과 중소상권은 깊은 침체에 빠져 있고, 대기업과 중소기업 간의 격차는 날로 커진다. 내수가 얼어붙어 경제가 살아날 기미가 보이지 않는다. 저임금 노동자 층은 두텁고, 정규직과 비정규직의 차별 등 고질병은 날로 깊어만 간다. 가계부채는 1천조원을 초과해서 언제 터질지 모르는 시한폭탄 같은 형국이다.

사실 저성장과 양극화는 한국만의 문제는 아니다. 2008년 이후 몇 년이 흘렀지만 아직도 세계적으로 저성장 기조가 자리 잡고 있고, 양극화가 심해지고 있다. 소득불평등이 심해지는 것이 세계 보편적 현상이며, 불평등이 축소한 나라는 손으로 꼽을 정도로 드문 것이 사실이다(OECD, Growing Unequal, 2009). 불평등 심화의 원인으로는 기술혁신과 digital divide, 세계화, 제도 및 정책 등이 거론되고 있다. 이 중에서도 최근 주목 받는 것은 제도 및 정책이다(Krugman, 2009; Stiglitz, 2012). 폴 크루그만과 조셉 스티글리츠는 미국에서 레이건 이후 공화당 정권이 과거에 볼 수 없었던 비타협적인 태도와 부자, 대기업 위주의 정책을 고집하는 것이 최근 불평등 심화와 경제위기의 가장 큰 원인이라고 주장하고 있다.

모든 일에는 결과가 중요하지만 과정도 못지않게 중요하다. 왜냐하면 과정 속에는 여러 결과를 도출할 수 있는 무형의 힘이 내재되어 있어서 책임의 소재를 분명하게 하고, 결과에 승복하게 하기 때문이다. 정부 자체가 투명하지 않고는 사회시스템의 투명성을 제고시키려는 노력을 애당초 할 수 없기 때문에 정부는 시대착오적인 권위주의를 청산하고 소통과 사회적 대화의 주체로 새롭게 태어나야 한다.

역사적으로 여러 나라는 여러 이유로 인하여 정치적, 경제적 난국을 맞이하기도 하는데, 문제를 슬기롭게 극복하는 경우가 있는가 하면, 파국으로 치닫는 경우도 있다(Acemoglu and Robinson, 2010). 결국 중요한 것은 포용적 경제정책이며, 그것을 가능케 하는 전제조건이 포용적 정치라는 점에서 포용적 정치과 경제, 그것이 일의 성패를 결정짓는 관건이다. 우리가 지향하는 포용적 성장도 포용적 정치경제 체제 하에서만 가능할 것이다.

발상의 전환이 필요하다. 우리에게 필요한 것은 배제와 박탈의 경제가 아니라 나눔과 포용의 경제다. 경제 전체에 만연한 탈구, 분절, 배제, 차별의 상황에서는 자본주의의 황금기에서 관찰되는 경제의 선순환은 이루어지지 않는다. 아무리 우리나라의 해외의존도가 높다 하더라도 세계적 불황 속에서는 한계가 있으므로 내수의 확대가 요구되고 있는데, 현재의 한국경제는 낙수효과 신화 속에서 박탈과 배제의 원리가 지배하고 있어서 내수시장이 좀처럼 살아나지 않는다. 종래의 수출주도형, 부채의존형 성장은 조종을 울리고 있다. 내수침체에 따른 장기불황은 성장, 고용, 분배에 빨간 불을 켜고 있다. 더 이상 낡은 경제 패러다임이 작동하지 않고 있으므로 하루 빨리 새로운 경제 패러다임으로 전환해야 한다.

지금 우리가 해야 할 일은 국민의 잠재적 역량을 최대한 발휘하여 저성장과 양극화라는 두 가지 난제를 해결하는 일이다. 이를 위해서는 무엇보다 대통령의 경제철학과 국정 방향 전환이 중요하다. 세월호 참사 이후 국가개조와 관료개혁 이야기가 무성한데, 국가개조도 관료개혁도 필요하지만 가장 중요한 것은 국정 방향을 제대로 잡는 것이다. 잘못된 '줄푸세' 경제철학을 폐기하고 시대가 요구하는 포용적 성장으로 대체하는 것이 무엇보다 우선적으로 요구된다.

이렇게 함으로써 비로소 우리는 칼 폴라니가 말하는 '경제가 사회를 집어삼키는' 비극을 막을 수 있고, 사람들이 안심하고 살아갈 수 있는 나라를 만들 수 있다. 세월호 사고는 전대미문의 대참사이자 나라의 큰 비극이지만 정부가 뒤늦게나마 대오각성하여 국정 방향을 전환한다면 그나마 한 가닥 위안을 삼을 수도 있을 것이다. 이런 엄청난 비극을 당하고도 깨닫는 게 없고 고치는 게 없다면 그런 정부는 더 이상 존재할 가치가 없다.

참고문헌

박경로, 2012, "공정경쟁과 복지의 제도화: 미국의 경우"『황해문화』2012년 가을호.

이원덕 외, 2004, 『노사관계와 국가경쟁력』 대통령자문 정책기획위원회, 나남.

이정우, 2004, "한국경제의 미래와 도전 : 국가경쟁력 강화 방안,"『경제학연구』8월호, 한국경제학회.

한국노동연구원, 2004, 『세계 각국의 사회협약』.

Acemoglu, D. and Robinson, S., 2012, *Why Nations Fail: The Origins of Power,*

Prosperity and Poverty, Random House Inc.(최완규 역, 『국가는 왜 실패하는가?』, 시공사, 2012).

Bartels, Larry M., 2010, *Unequal Democracy : The Political Economy of the New Gilded Age,* Princeton University Press(위선주 역, 『불평등 민주주의』, 21세기북스).

Krugman, Paul, 2007, *The Conscience of a Liberal*(예상한 옮김, 『미래를 말하다』, 현대경제연구원, 2008).

Marglin, Stephen A. and Juliet B. Schor(eds), 1990, *The Golden Age of Capitalism: Reinterpreting the Postwar Experience,* Oxford University Press.

Massey, Douglas S., 2007, *Categorically Unequal: The American Stratification System,* Russell Sage Foundation.

OECD, 2009, *Growing Unequal: Income Distribution and Poverty in OECD Countries,*

Pierson, Christopher, 2006, *Beyond the Welfare State: the New Political Economy of Welfare,* Polity.

Polanyi, Karl, 2009, *The Great Transformation*(홍기빈 옮김, 『거대한 전환』, 코기토총서).

Sperling, Gene, 2005, *The Pro-Growth Progressive,* Simon & Schuster(홍종학 역, 『성장친화형 진보』, 미들 하우스, 2009).

Stiglitz, Joseph E., 2012, *The Price of Inequality,* Norton(이순희 옮김, 『불평등의 대가』, 열린책들, 2013).

World Bank, 1993, *The East Asian Miracle: Economic Growth and Public Policy,* Oxford University Press.

이종욱

가치 창출형 나눔과 한국의 상생협력*

: 물에서 돌이 된 한국인의 나눔 불통

1. 서론

기업간 거래를 통한 부가가치 배분은 시장경제 원리에 기반 한 '상생협력형 가치창출 나눔 경영'(상생경영)의 실천이다. 한국의 기업 생태계가 세계에서 처음으로 시도하고 있는 상생협력은 기업간 협력의 수준과 질을 혁신하여 지속적 글로벌 경쟁우위를 창출하고, 이를 통해 더 많은 부가가치를 창출하여 나눔을 실천하려는 경영혁신이다.

아담 스미스가 '보이지 않는 손'에 의한 나눔의 자원배분 이론을 제시하기 이전에 『도덕감정론』에서 경제적 배분의 기초로서 사회적·인문학적 관점에서 '공감'을 강조하게 되는데, 공감은 상생협력 출발점이다. 따라서 상생협력은 시장경제를 형성하기 위한 기초 지식 기

* 본 연구는 사회과학협의회가 주최(2014.5.30. 연세대학교)하는 '나눔'이란 세미나에서 발표하기 위해 준비된 원고로, 2005년부터 진행해 온 상생협력에 대한 연구로서 상생협력연구회, 전국경제인연합회 중소기업협력센터, 한국중소기업학회, 한국경영학회 등에서 출간된 자료들의 리뷰 논문임.

반이라 할 수 있다.

참여정부 후반기에 전경련 및 정부가 경제의 양극화 및 대·중소기업 양극화 해소를 위해 추진해 온 상생협력은 MB 정부 전반기에는 중단되었다가 집권 후반기에 동반성장으로 바뀌었다. 대통령의 업적을 내기 위한 정부 주도의 동반성장이 강조되면서 중소기업중앙회가 3不 해소를 요구하고, 2012년 대선에서는 이론적 틀 없이 각자의 이익을 위해 주창되는 경제 민주화의 찬반논쟁이 심화되면서, 차기 정부에서도 초기부터 상생협력은 중요한 이슈가 될 것으로 전망되었다.

상생협력에서는 시작과 함께 상생협력의 패러다임에 대한 공유지식을 도출하는데 중점을 두고 추진하여, 기업간 거래에서 중장기적 협력을 통해 '가치창출 나눔'을 창출하는 것을 목적으로 하는 상생협력은 그 동안 적지 않은 성과를 이루어 냈다. 정권이 바뀌어도 지속적으로 상생협력을 추진해 온 포스코, 동서발전, 삼성전기 등을 통해 가시적 성과가 나타나고 있다.

2010년 9.28 MB 정부 대책회의에서 발표된 기업 사례는 포스코가 상생협력을 지속적으로 추진하여 이루어낸 성과물이다. 그러나 정권 업적의 차별화를 위해, 상생협력은 동반성장으로 바뀌고 '기업 프렌드리'를 강조한 MB 정부에서 대기업들이 적극적으로 참여하게 된다[1]. 특히 삼성전자는 『이건희에세이』(1999)의 '상생의 공동체를 꿈꾸며'를 실천하기 위해, 상생협력에 적극적으로 참여하면서, 한국형 강소기업 선정과 육성을 통해 기업의 상생협력 생태계를 변화시키는

1 대기업의 상생협력 추진 사례에 대한 연구는 전경련협력센터의 홈페이지 참조.

데 크게 기여해 가고 있다(김기찬, 2014). 많아야 300~400개 부품으로 이루어진 전자제품과 달리, 자동차는 2만 개 이상의 부품으로 이루어져 있어, 현대·기아차도 상생협력을 통한 동반성장을 기업의 중요한 성장 전략으로 실행하고 있다(이종욱, 2014a).

상생협력이 투입요소이고 동반성장은 산출물 요소로 구성된 상생협력 패러다임은 '진정한 동반성장을 위해서는 상호이익에 바탕을 둔 상생협력', 즉 가치창출형 나눔의 협력을 강조되고 있다. 그러나 MB 정권의 6.3지방선거 대패 이후 단기적 업적 쌓기가 강화되면서, 동반성장도 추진되어 장기적 관점에서 추진되어야 할 과제가 단기적 관점에서 과시적 성과를 내려고 하다 보니, 부작용이 적지 않다. 이에 부응하기 위한 MB 정부의 업적을 홍보하려는 동반성장 패러다임을 제시하는 학자들도 덩달아서 상생경영 연구 문헌에 대한 충분한 이해 없이, 오히려 상생협력을 기반으로 한 상생경영을 참여 정부의 업적으로 간주하여 왜곡된 지식을 전달하였다.

기업의 생태계 경쟁력 강화를 통해 고용을 창출하고, 국가의 성장 잠재력 확충에 기여할 수 있는 학술적 기여를 추진해야 하는 학자들은 정권에 이용되는 관변 학자가 되어서는 안 된다. 정권 창출에 기여하는 학자들도 문헌 연구를 통해 다른 학자들의 연구물, 기업들에 대한 사례 연구, 기존 정책 등을 제대로 이해하여, 정권 업적이 아니라 세금을 낸 국민들과 국가의 미래를 위해 기여하는 정책이 되도록 노력해야 대통령들의 공약 사업으로 인한 자원분배의 비효율을 줄여 나갈 수 있다.

투입요소와 성과요소가 구분되어 있지 않은 동반성장에서 강조된 초과이익 공유제도는 학계 및 재계에서 많은 비판을 받으면서도 동반성장의 패러다임에서 어떤 개념으로 이해되어야 하는지, 아직도 결론을 내지 못하고 있다.

그러나 동반성장을 주장하는 학자들과 달리 상생협력연구회는 과거, 현재 및 미래의 한국경제 성장잠재력 확대를 위해서는 상생경영과 동반성장의 진정한 취지를 계승 발전시켜 나갈 수 있도록 지속적인 연구를 진행해 오고 있다.

기업은 상생경영의 원리를 떠나서 존재할 수 없으며, 특히 제조업은 공급사슬이 길어서 상생협력형 나눔의 이해관계자도 많다. 기업의 본질은 나눔의 철학을 기반으로 성립되므로, 앞으로 누가 정권을 잡더라도, 제조업 그리고 제조업 기반 서비스산업에서 상생경영은 한국경제를 이끌고 갈 중요한 전략이 될 것이다.

그러나 기업간 거래에서 상생협력형 나눔의 비율에는 갑을 관계가 나타날 수밖에 없고 이를 해결하려고 정부가 나서야 한다고 전제하게 되면, 갈등 관계가 나타나게 된다. 나눔의 비율에서 갈등관계를 물의 문화와 돌의 문화로 풀어갈 것인가? 나눔 비율에 따른 빈부의 격차 발생을 고려한다면 단기적 해법이 아니라, 기업 차원의 역량(혁신성, 생산성, 핵심 부품 등) 차이, 국가 차원의 사회복지, 소비자 차원의 선택 등의 다차원성 그리고 단기와 장기를 동시에 고려하여 경제적·사회적·인문학적으로 풀어갈 수밖에 없다. 이를테면, 현재 한국의 노사관계, 납품단가 등을 경제적·사회적(지역 공동체)·제도적 문제로 풀지 않고 정치가 개입하게 되면, 해법을 찾기 어렵다.

본 연구는 서론을 포함해 다섯 개의 절로 구성되는데, 2절에서는 어려운 기업에게 도움을 주는 나눔을 분석하기 위해 중소기업의 애로요인과 대기업의 경제적 가치 나눔을 설명하게 된다. 3절은 기업간 나눔의 철학 기본이 되는 상생협력의 전개와 도전을 설명하고, 4절에서는 상생경영에서 나눔은 어떻게 이루어지고 있는지를 분석한다. 마지막으로 가치창출을 위한 상생경영의 나눔의 과제를 제시하려고 한다.

2. 중소기업의 애로요인과 대기업의 경제적 가치 나눔

1) 중소기업 애로요인

중소기업중앙회는 중소기업 애로요인을 종합적으로 조사하여 월간으로 발표하고 있다. 그 자료를 요약·정리한 〈표 1〉을 보면, 지난 2002~2010년 사이에 중소기업의 지속적 애로요인이 무엇이며, 그 요인이 어떻게 변화해 가고 있는지를 식별할 수 있다.

각 년도에 걸쳐 중소기업의 주된 애로요인은 내수부진이다. 여기에 수출부진 요인까지 합하면 그 비중이 약 75%에 이르러, '판로'에 가장 큰 애로를 겪고 있음을 알 수 있다. 2004년부터는 중국, 인도 등 신흥 공업국가의 부상과 함께 원자재가격 상승이 중소기업 애로요인으로 나타나지만, 이는 중소기업 스스로 해결하기 어려운 애로요인이다.

〈표 1〉 중소기업의 애로요인 (단위 : %)

구 분	2002	2003	2004	2005	2006	2007	2008	2009	2010
내수부진	42.7	60.7	63.4	62.2	60.6	58.6	59.2	63.9	58.6
수출부진	17.1	23.0	19.7	20.7	20.0	18.4	17.9	22.5	18.3
판매대금 회수지연	27.7	32.6	34.7	36.5	34.6	34.3	34.5	36.7	33.0
자금조달 곤란	21.0	27.1	33.3	31.1	27.8	27.2	31.7	31.1	27.0
업체 간 과당경쟁	40.8	40.9	37.9	43.0	44.0	44.8	36.4	37.3	39.2
인력확보 곤란	49.5	31.7	18.1	19.4	20.2	18.2	13.9	12.5	17.3
인건비 상승	39.7	41.3	34.5	35.1	34.6	38.1	36.2	27.3	30.2
물류비 상승 및 운송난	15.6	20.0	21.1	22.2	22.3	22.3	31.7	17.6	14.9
기술경쟁력 약화	5.3	5.5	5.2	6.0	5.5	5.6	4.9	4.5	4.3
제품단가 하락	27.2	29.9	28.5	33.3	34.6	34.6	26.2	27.5	26.4
원자재가격 상승	26.8	32.1	55.0	40.7	38.1	40.0	68.1	44.2	46.2
설비노후 및 부족	10.1	9.0	7.9	10.0	9.8	9.2	8.0	7.5	8.9
계절적 비수기	0.0	0.0	0.0	0.0	13.5	15.4	13.8	16.0	22.1
환율불안정	0.0	0.0	0.0	0.0	21.9	18.4	21.2	19.3	14.4

자료: 중소기업중앙회, 『월간 중소기업전망보고서』, 각 호.

2) 대기업의 경제적 가치 나눔

한국경제의 2013년 경제적 성과를 보면, 100대 기업에서 늘어난 직원 수는 모두 1만 7,700명이다. 그런데 이중 삼성전자와 현대차, 두 기업에서 늘어난 직원 수만 8,400명이다. 신규 취업의 47%가 상위 두 기업이다. 그리고 지난해 12월 결산법인 494개사의 순이익은 모두 61조 7,000억 원이었고, 이중 삼성전자의 순이익 비중이 무려 49%, 현대차와 기아차 두 회사의 비중 21%, 나머지 491개 회사의 이익을 다 합쳐서 30%이다.

한국경제를 떠받치고 있는 2개 기업이 성장하면서 창출하는 부가 가치가 어떻게 나누어지고 있는가를 보면, 대기업이 잘 되면 협력사, 국가, 주주 등의 분배 받는 금액도 커진다는 것을 알 수 있다. 삼성 전자의 성장은 자연스럽게 삼성전자 이해관계자 배분의 금액도 증가 시키는데 기여하게 된다. 〈표 2〉를 보면, 매출이 증가하면서, 협력 사의 매출 규모도 증가하게 된다.

〈표 2〉 경제적 가치의 분배

항목	2009년	2010년	2011년	2012년
매출액 (십억)	138,994	154,630	165,002	201,104
인건비 (%)	8.1	9.3	9.5	9.0
조세공과금 (%)	2.3	2.6	2.8	3.7
구매비용 (%)	81.4	76.5	78.2	74.1
사회공헌비용(기부금) (%)	0.1	0.2	0.2	0.1
이자비용 (%)	0.4	0.4	0.4	0.3
배당/자사수준매입 (%)	0.9	1.0	0.5	0.6
유보이익 (%)	6.7	10.0	8.4	12.1

자료: 삼성전자 지속성장 보고서 각 연도

매출규모가 증가하니, 〈표 3〉에서 협력업체에게 돌아가는 몫이 더 많아지며, 임직원, 정부, 지역사회, 채권자, 주주, 대투자도 많아진다. 대기업 성장의 가장 큰 수혜, 소위 낙수효과는 협력사와 정부로, 이 두 주체에 지급되는 경제적 가치는 지속적으로 증가하고 있다.

〈표 3〉 경제적 가치의 비중

이해관계자	항목	2009년	2010년	2011년	2012년
임직원	인건비	8.1	9.3	9.5	9.0
정부	조세공과금	2.3	2.6	2.8	3.7
협력사	구매비용	81.4	76.5	78.2	74.1
지역사회	사회공헌비용 (기부금)	0.1	0.2	0.2	0.1
채권자	이자비용	0.4	0.4	0.4	0.3
주주	배당/자사수준매입	0.9	1.0	0.5	0.6
재투자	유보이익	6.7	10.0	8.4	12.1
분배된 경제적 가치		100.0	100.0	100.0	100.0

경제적 가치 분배를 경제주체별로 나누어 보면, 협력사의 분배 몫이 가장 많다. 2012년에는 재투자를 위한 사내유보가 12.1%이며 인건비 비중은 9.0%로, 2009년 이후 경제적 가치에서 두 가지 요소의 비중이 처음으로 20%를 넘어섰다.

삼성전자의 매출액이 증가하면, 협력업체의 매출액도 증가하지만, 삼성전자의 이익률만큼 협력사의 이익률이 증가한다는 보장은 없다. 그러나 삼성전자의 성장으로 협력업체의 이익규모는 증가하게 된다.

현대·기아차의 성장으로 인한 국민경제의 수혜자를 보는데 유용한 지표가 바로 현대·기아차가 창출한 경제적 가치의 나눔 자료이다. 〈표 4〉와 〈표 5〉는 상이한 회계기준으로 양사간 직접적 비교는 불가능하지만, 〈표 4〉를 보면, 2010년에 현대자동차가 창출한 경제적 가치는 협력회사 63%, 임직원 12.4%, 회사 15.8%, 정부 6.5%, 주주 및 투자자 2.1%로 배분되었다. 즉, 현대차 1대를 판매하면 판매금액의 63%가 협력회사로 배분되는 것이다. 2012년에는 협력회사 배분 비율 62%, 임직원 13%, 회사 17.8%, 정부 5.3%, 주주 및 투자회사 1.7%로 배분되어, 현대차의 경제적 가치 창출 중 협력회사로 배분되는 비율이 가장 높은 것을 알 수 있다.

〈표 5〉의 2010년 기아자동차 경제적 가치 배분을 보면 협력회사 81.5%, 임직원 13.9%, 회사 2.72%, 주주 및 투자 1.72%, 정부 0.13%이다. 기아자동차 1대를 판매하면, 판매 금액의 81.5%가 협력회사로 배분된다. 2010년 대비 2012년에는 창출된 경제적 가치 중 협력회사 배분 비율이 79.6%로 감소하지만, 그래도 여전히 가치의 가장 큰 몫은 협력사가 차지하고 있는 것을 알 수 있다.

〈표 4〉 현대차 경제적 가치 나눔

(단위: 억 원, %)

	2010	2011	2012
협력회사	231,740 63.0	265,910 62.2	267,750 62.0
임직원	45,750 12.4	53,880 12.6	56,310 13.0
주주 및 투자자	7,675 2.1	7,667 1.8	7,235 1.7
정부	23,800 6.5	27,790 6.5	22,821 5.3
지역사회	674 0.2	752 0.2	742 0.2
회사	57,971 15.8	71,741 16.8	76,762 17.8
총액 (매출액)	367,610	427,740	431,620

〈표 5〉 기아차 경제적 가치 나눔

(단위: 억 원, %)

	2010	2011	2012
협력회사	291,846 80.7	349,351 80.1	381,972 79.6
임직원	33,356 9.2	37,644 8.6	42,455 8.8
주주 및 투자자	4,885 1.4	4,347 1.0	4,200 0.9
정부	2,996 0.8	5,617 1.3	10,228 2.1
지역사회	135 0.0	211 0.0	221 0.0
회사	28,362 7.8	39,193 9.0	40,921 8.5
창출된 총가치 (매출액+기타수익)	361,550	436,363	479,998

자료: 현대차 지속성장 보고서(단독 회계 기준),
기아차 지속성장 보고서(연결 회계 기준)
현대차와 기아차는 회계기준이 상이하여 양사간 직접적 비교는 불가능함

자동차산업은 20,000여개의 부품을 공급하는 협력사들로 구성되므로, 현대·기아차의 경제적 가치 나눔에서도 협력사 배분 비율이

가장 높은 것이다. 현대·기아차의 비약적 성장과 더불어, 협력사로 배분되는 가치가 크게 증가하면서 협력사의 시가 총액도 크게 변화한다. 〈그림 1〉에서 2001년 말, 1,410개 상장사 총액은 308조 원이고, 그 중 상장된 46개 협력사 시가 총액은 1.5조원이었는데, 2012년 말에는 1,963개 상장사의 시가 총액이 1,263조 원, 상장된 65개 협력사 시가 총액은 13.2조 원으로 8.8배 증가한 것을 볼 수 있다.

〈그림 1〉 협력사의 시가총액 변화와 동반성장 결과

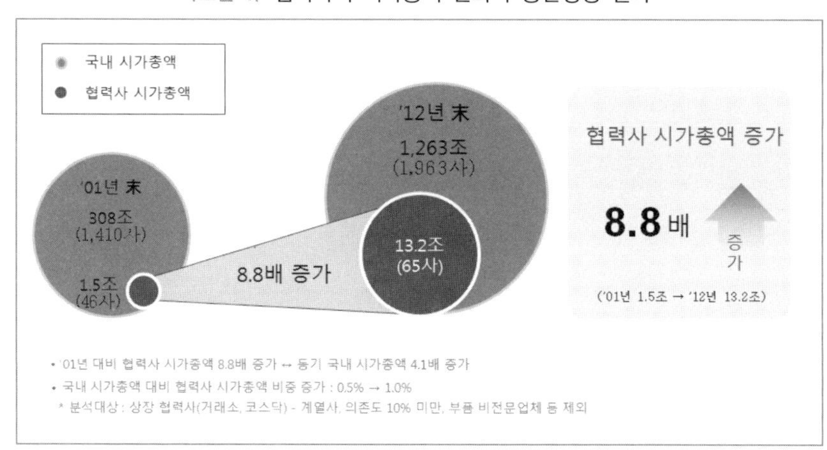

3) 기업간 거래에서 나눔 형태의 국제간 비교

기업간 거래에서 나눔의 형태는 하도급거래이며, 이는 공정거래법의 규제대상이다. 상생협력과 동반성장을 추진한 결과, 기업간 하도급 거래형태가 얼마나 개선되고 있는가는 제조업 선진국과 국제적으로 비교해 보면, 2005년부터 추진한 상생협력의 성과를 더 잘 볼 수 있다.

전경련 중소기업협력센터가 발표한 『한국·미국·일본·독일 주요 기업의 하도급 거래 형태 실태조사 -한·미·일·독의 매출액 기준 500대 기업 조사 결과를 중심으로-』(2013.11)에 따르면, 그 개선된 수준이 선진국의 대기업과 중소기업의 거래관계 수준을 넘어 섰다.

〈그림 2〉의 원자재 가격 상승시 납품대금 인상과 하도급 납품대금 지급기일을 보면, 원자재 가격이 상승할 때 협력사의 요청에 따라는 납품 대금 인상은 한국의 주요 대기업 중 85.5%(134개사 중 115개사)가 실시하고 있지만, 미·일·독 평균은 63.7%로 한국보다 훨씬 낮다. 국가별로 비율을 보면, 미국은 51.0%, 일본은 67.0%, 독일 73.0%로 80% 이상 되는 국가가 없다.

〈그림 2〉 원자재 가격 상승 시 납품대금인상과 하도급 납품대급 지급기일

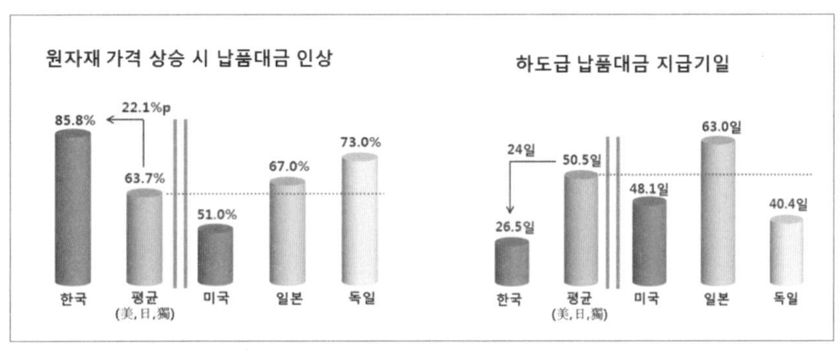

원자재 가격상승에 따라 납품대금을 인상하는 기업 중 협력사가 요구한 금액을 50% 이상 반영하는 기업도 한국이 65.2%(75사/115사)로 가장 많고, 독일은 53.4%(39사/73사), 일본 43.3%(29사/67사), 미국은 29.4%(15사/51사)로서, 한국과 큰 격차를 보이고 있다. 또한 납품대금 지급기일을 보면, 한국은 평균 26.5일이며, 미·일·독 평균은 50.5

일로 한국 보다 2배 이상 길다. 주요국 중에서는 납품대금 지급기일이 가장 앞선 독일 기업도 한국보다 긴 40.4일이고, 미국은 48.1일, 일본은 63일로 주요국 평균보다 10일 이상 뒤처지고 있다.

우월적 지위를 이용해 일방적으로 납품단가를 인하한 경험이 있다고 응답한 기업은 한국 41.0%, 독일 95.0%, 미국 88.0%, 일본 88.0% 등으로, 한국은 주요국 평균 90.3%의 절반 수준이다. 가격경쟁 심화와 소비자 수요변화 등으로 판매가격을 인하해야 할 경우, 한국기업이 주요국의 기업에 비해 가장 공정한 방법으로 납품단가를 조정하는 것으로 나타났다. 일방적인 납품단가 인하의 주요 행위유형을 5가지로 나누어 기업비율을 보면, 한국에서 납품단가를 일방적으로 인하하는 기업이 가장 낮다는 것을 알 수 있다. 〈그림 3〉에서 (유형 1)을 보면, 유사제품을 공급하는 복수의 협력사에 대해 일률적인 비율로 납품단가를 인하한 경험이 있는 기업은 독일 68.0%, 미국 65.0%, 일본 40.0% 등으로 주요국 평균 57.7%으로, 주요국 평균은 한국 19.4% 보다 3배가량 더 높아, 한국 기업 보다 주요국에서 납품단가 인하가 더 많다는 것을 알 수 있다.

〈그림 3〉의 (유형 2)를 보면 거래중단, 물량 감축 등을 내세워 납품단가를 인하한 경험이 있는 기업은 독일 68.0%, 미국 65.0%, 일본 40.0% 등 주요국 평균 39.3%로, 이는 한국 9.7% 보다 4배가량 더 높다. (유형 3)의 경우, 원자재 가격이 인상 됐음에도 납품단가 인하한 경험이 있는 기업은 독일과 미국 동일하게 49.0%, 일본 27.0% 등 주요국 평균 41.7%로, 이는 한국 8.2% 보다 약 5.1배 더 높다.

〈그림 3〉 주요 행위유형별 납품단가 인하 경험 비율

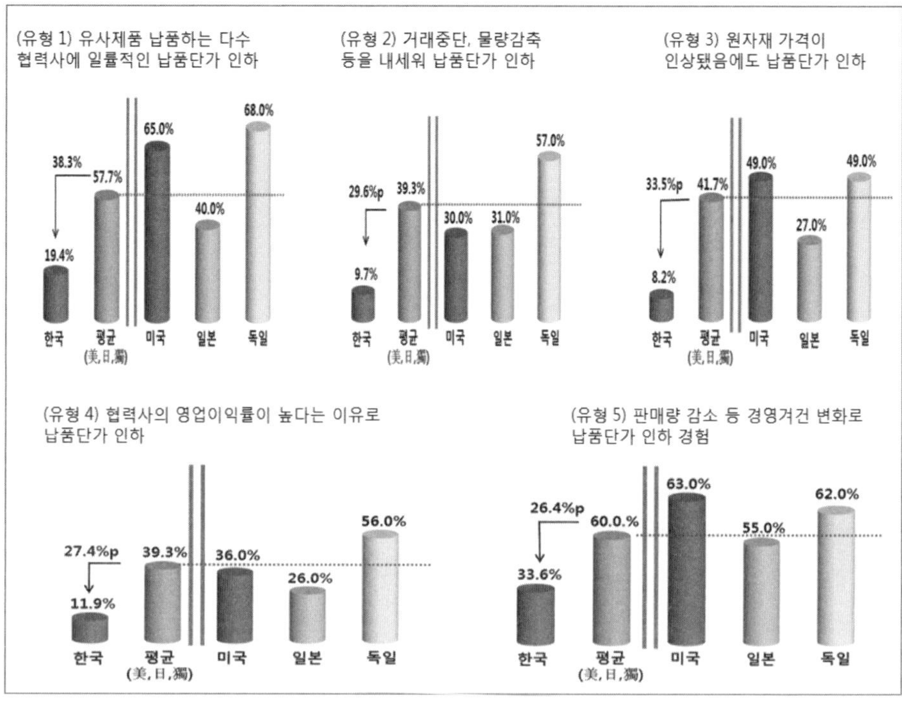

(유형 4)는 협력사의 영업이익률이 높다는 이유로 납품단가 인하 경험이 있는 기업은 독일 56.0%, 미국 36.0%, 일본 26.0% 등 주요국 평균 39.3%로, 이는 한국 11.9% 보다 약 3.3배 더 높다. (유형 5)에서도 판매량 감소, 가격경쟁 심화 등 경영여건 변화로 협력사의 납품단가 인하 경험이 있는 기업은 미국 63.0%, 독일 62.0%, 일본 55.0% 등 주요국 평균 60.0%로, 이는 한국 33.6% 보다 약 2배 더 높다.

한국 대기업의 글로벌 경쟁력이 향상되는 상황에서, 2005년부터 추진된 상생협력, 2012년부터 실행 된 동반성장지수 평가를 통해, 한국 대기업의 하도급 거래 조건이 미·일·독의 대기업 거래조건 보다 더 낫다. 이는 동반성장지수 평가가 하도급 거래조건 개선에 중점을 두는데서 이 보다 더 높은 목표, 즉 협력 기업의 경쟁력향상 정도를 평가하는 것으로 전환이 필요하다는 것을 시사한다.

3. 나눔의 상생협력 전개와 현황[2]

IMF 이후(98년 이후) 경제에서 양극화[3] 그리고 대·중소기업 양극화[4]의 진행이 심화를 해소하기 위해, 노무현 대통령은 2005년 1월 3일 신년사에서 대기업과 중소기업간의 심화된 격차를 '더 이상 외면할 수 없는 시급한 과제'라 지적하고, 2월 25일 국회 국정연설에서도 대기업과 중소기업간 양극화 해소의 필요성을 재천명[5]하였다. 그 동안

---

2 이 절의 주요 내용은 이종욱(2012)를 요약 정리하여 보완한 것임.

3 경제의 양극화는 수출과 내수의 양극화, 산업간 양극화, 소득과 고용의 양극화 등으로 나타나고, 경제환경 과정에서의 대응력 격차, 경제구조적인 원인, 경기 침체 등의 경기순환적인 원인으로 진단하게 됨(산업자원부, 2005).

4 그 동안 대·중소기업의 관계는 대기업이 힘의 우위를 가지는 수직적· 일방적 관계였으며, 그 결과 대기업들이 부당한 방법으로 성과는 대기업이 차지하고 비용은 중소기업에 전가하고 있음. 납품계약 임의변경, 세부기술자료 요구, 과당경쟁 유도 등 대기업의 우월적 지위 남용행위로 인하여 유망중소기업이 제대로 성장하기도 전에 시장에서 도태되는 사례도 빈발. 그 로 인해 ① 대기업의 단기수익성 위주의 경영과 구조조정, ② 중소기업의 과당경쟁 및 혁신 역량 취약, ③ 대기업의 우월한 시장지배력 남용으로 인해 대기업의 성장이 중소기업의 성장으로 연결되는 적하효과(trickle-down effect)가 나타나지 않음(산업자원부, 2005).

5 2월 25일 국회 국정연설에서 "대기업과 중소기업, 첨단산업과 전통산업, 수출과 내수, 대형할인점과 재래시장간의 경쟁력 격차, 계층간의 소득격차가 날로 벌어지고 있습니다. 이러한 양극화 문제를 해결해야 합니다. 이제는 경제가 좋아진다는 말뜻도 달라져야 합니다. 경기가 풀려도 여전히 많은 사람들이 고통 받는 이 문제를 풀지 않고는 우리 경제가 좋아졌다고 말할 수 없을 것입니다".

대기업과 중소기업간의 관계에 있어서는 대기업과 중소기업간 공정거래 측면이 강조되어 왔으나, '**진정한 동반성장을 위해서는 상호이익에 바탕을 둔 상생협력'이** 중요하다는 인식이 강조되기 시작하였다(산업자원부, 2005)[6].

대·중소기업간 양극화 해소를 위한 노력의 일환으로 참여정부는 대통령 주재로 2005년 5월 16일 「대·중소기업 상생협력 대책회의」를 개최하고, 이 자리에서 산업자원부는 대·중소기업 상생협력을 위한 「3대 목표 9대 정책과제」를 보고하게 된다[7]. 김기찬·이종욱이 약 1년 동안 연구해 온 상생경영을 이론화 한 보고서가 2006년 5월 24일에 청와대 회의에서 발표되고, 학자들이 발표한 상생협력 패러다임에 대통령과 정부 부처가 공감을 하게 되고 정부는 상생협력법을 만들게 된다. 이 보고서는 김기찬 외(2006a)의 논문으로 게재되고, 2006년 상생협력 국제컨프런스를 통해 국내외 학자들의 상생협력에 관련 이론들이 결합되어 상생협력연구회(2006)[8]는 『상생경영』을 출간하게 된다. 상생협력은 참여정부의 업적이 아니라 왜 한국경제에 필요한 패러다임인가를 인식하여 추진하게 되었다.

MB 정부에서 동반성장은 한국경제에 왜 필요한가에 대한 심도 있는 논의나 고민 없이, 민심을 얻기 위한 인기 영합주의로 시작된다. 2010년 6.2 지방선거 대패 이후 정부 주도로 2010년 9.28대책으로

---

6 이에 대한 구체적 논의는 이종욱(2012) 참조.

7 정부 주도의 상생협력이 공기업 주도의 중소기업 지원에서는 납품기업들이 감탄하는 결과가 나타나 한 공기업의 농촌 자매마을 과잉생산 농산물을 납품 중소기업들이 나서서 구매해 주게 됨.

8 윤석철·이종욱·김기찬·송창석·임일·김수욱·찰스 파인·존 폴 맥더피·후지모토 다카히로가 저자로 참여하여 2006년 12월에 출간됨.

시작되고, 이는 2011년 8.15 경축사에서 공생발전으로 연결된다. 동반성장은 민간주도로 추진된다고 발표했지만, 동반성장위원회가 주도적 역할을 하고 있다.

그러나 MB 정부 출범과 함께 초기 2년 반 동안 MB 정부의 업적으로서 중견기업 육성이 강조되고 정부 주도의 상생경영이 중단되면서, 상생경영은 지속적으로 발전할 수 있는 모멘텀을 잃었다. 다행히 세 개의 기업-포스코, 동서발전, 삼성전기 등-의 지속적인 상생경영 추진으로 상생경영이 유지되었지만 상생협력연구회는 활성화되지 못하였으며, 그래도 상생협력 이론을 발전시키려는 노력을 지속하게 된다.

상생협력의 왜곡된 정보를 주고 있는 이장우(2011a, 2011b)가 제시하는 동반성장 패러다임은 상생협력과 비슷해 보이지만, 두 가지 용어에는 근본적인 차이가 있다. MB 정부가 9.28 청와대 회의에서 발표한 동반성장전략의 기본틀을 MB 정부의 업적으로 만들기 위해 참여정부의 상생협력과 차별화 하기 위한 연구이다. 참여정부의 상생협력은 '**진정한 동반성장을 위해서는 상호이익에 바탕을 둔 상생협력**'이 중요하다는 인식에서 출발하면서도 산출물 요소로 동반성장을 강조하게 되면서, 대기업은 중소기업에 시혜를 베풀어야 한다는 것을 부각시키려고 노력하게 된다. 그 결과, 〈그림 4〉에서 보는 바와 같이 동반성장은 투입요소와 산출물 요소의 관계를 명확히 하지 않았고, 동반성장을 원조라고 주창하는 학자들의 동반성장 이론을 지속적으로 발전시키려는 노력이 없다.

이장우(2011b)에서 제시하고 정부가 주도하는 동반성장 모델은 상생협력을 지속적으로 해 오지 않은 참여 기업들에게는 큰 혼란을 주고 있다. 동반성장을 위해, 어떤 요소를 어떻게 투입해야 하는가에 대한 답을 주지 못하고 있다. 그러다 보니, 대기업의 동반성장 담당자와 인터뷰 해 보면, 동반성장 어떻게 하는 것인가를 맨 먼저 묻는다. 왜냐하면 동반성장에서 투입요소와 산출요소가 구분되어 있지 않기 때문이다. 동반성장에 참여하는 기업이 어떻게 하는 것이 동반성장이냐고 물으면, 기업 활동의 기본이 되는 투입요소와 산출물 요소를 나누어 설명하지 못한다.

〈그림 4〉 투입-산출 요소에서 동반성장의 혼동과 상생협력의 명시성

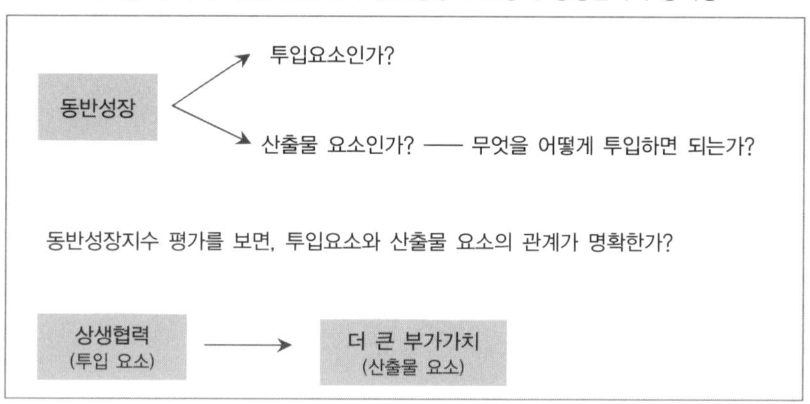

동반성장의 취지는 상생협력이 경제양극화와 대·중소기업 양극화를 해소하기 위해 추진된 취지와 다를 것이 없지만, 동반성장이 기업과 전문가들에게 혼돈을 주는 이유가 있다.[9] 기업의 비즈니스가 행해지는 시장경제 원리의 기본을 고려하지 않고 있다. 시장경제에 바탕을 둔 기업 활동에서 승자와 패자는 엄연한 현실로서 사업에 성공하는 사람도 있지만 실패하는 기업인이 더 많은 상황에서, 이장우

9 이에 대한 더 구체적 논의는 이종욱(2012) 참조.

는 『패자없는 게임의 룰 동반성장』(미래인)(2011a)이란 제목을 선택하였다. 제임스 무어의 「경쟁의 종말」에서는 경쟁이 더 치열해지고 있다는 것을 역설적으로 표현한 제목이라고 설명하고 있고, 이는 경쟁의 차원이 기업 범위를 넘어 기업 생태계로 확장되었다는 것을 강조하고 있지만, 이장우의 저술 속에는 책 제목이 역설의 표현이라는 설명이 없다.

4. 상생경영과 나눔 차등화[10]

1) 상생경영의 기본틀과 주요 결론

한 기업의 생태계는 상생협력의 투입요소를 통해 기업간 관계를 구축하고 있으므로, 상생협력을 기초로 한 상생경영의 기본틀은 어떤 가정 하에서 어떤 결론을 얻게 되는가를 간략히 정리할 필요가 있다.

첫째, 아담 스미스(1723~90)는 『국부론』(1776) '보이지 않는 손'에 의한 시장경제 자원배분 원리를 제시하기 7년 전에 『도덕감정론』(1759)을 통해 사회구성원간 공감의 중요성을 강조하게 된다. 아담 스미스의 '보이지 않는 손'는 뉴턴(1642~1727)의 만유인력의 법칙에서 아이디어를 얻었다고 볼 수 있고, 조화와 통합을 가정한 것이다. 만유인력의 법칙의 관점에서 보면 공감은 상호 협력의 출발점이며, 이러한

10 이 절의 상생협력의 주요 내용은 상생협력 연구회(2006ba,b,c), 김기찬 외(2006), 이종욱(2012), 이종욱(2014 a) 등을 요약 정리하여 보완한 것임.

공감을 가진 사람들이 시장경제에 참여하게 되면 상호 이익의 관점에서 시장을 보게 된다. 시장경제의 상호이익 관점은 동물의 왕국·게임인 몽테스큐적 자연상태, 즉 '나 살고 너 죽고' 관점이 아니라 상호통합, 즉 '나 살고 너 살고'의 관점이다. 이는 돌의 문화가 아니라 물의 문화 관점이다.

시장경제는 상호협력을 통한 상생협력의 철학에서 시작되었고[11], 그렇게 되어야 번성하게 되며, 이런 관점을 가장 잘 반영한 것이 생태계 개념이라 할 수 있다. 기업생태계, 산업 생태계 등은 '보이지 않는 손'에 강조되는 조화, 공감을 기초로 성립되며, 이들이 시장경제 생태계의 구성요소이다.

둘째, 협력은 실패의 역사라는 전제하에, Barnard(1938)는 구성원의 협력이 기본인 조직이론의 핵심요소로 세 가지-의사소통, 기여하려는 의지, 목적- 요소를 강조하게 된다. 조직의 목적을 달성하기 위해 기여하려는 동기가 중요하므로, 상생협력의 파트너들은 서로에 기여하려는 의지가 강해야 한다.

셋째, 상생협력의 기본 목표는 미래 큰 부가가치를 만들어 내어 참여자들의 경쟁력이 크게 향상될 수 있게 하는 것이므로, 그러한 목표를 실현하는 데 서로 협력하여 기여하려는 능력이 있는 파트너들이 모여들도록 개방된 협력 조직이 되어야 한다. 큰 성과를 내기 위해 참여자들은 선별적이 되어야 하며, 이러한 협력에 지속적인 참여자 지위를 유지하려면 협력사들도 스스로 지속적으로 핵심 역량을

11 아담 스미스의 '보이지 않는 손'과 만유인력의 법칙의 관계, 몽테스큐적 관점에 대한 논의는 이종욱(2006) 참조.

향상시켜 나가야 한다.

넷째, 대·중소기업 양극화를 해소하기 위해, 대기업들은 미래에 더 큰 파이를 창출할 수 있는 공동 개발 영역을 발굴하여, 능력있는 중소기업이 적극적으로 참여할 수 있도록 하면서 개발할 수 있는 역량을 지원해 주고, 공동개발 성과를 기여도에 따라 공유할 수 있도록 해 주어야 한다.

다섯째, 〈그림 5〉는 2007년 대·중소기업 상생협력 국제컨퍼런스에서 2009년 노벨 경제학상을 수상한 O. Williamson이 상생협력연구회가 제시한 상생경영 패러다임을 계약체계와 거버넌스 관계에서 포지션 한 것이다. 상생협력은 거버넌스에서는 혼합계약의 신뢰 관계이면서 계약체계에서도 혼합계약이므로, 기업간거래에서 가장 달성하기 어려운 영역에 위치해 있다.

〈그림 5〉 O. Williamson(2007)의 상생경영과 기업간 거래관계

			계약체계		
			시장	혼합계약	내부조직
거버넌스	시장				
	혼합계약	위압적			
		온정적			
		신뢰적		상생경영	
	위계조직				

여섯째, 협력 기업은 산업별, 역량별, 그리고 공급체인별 특성에 걸맞은 차별적 상생협력 파트너가 될 수 있으며, 모든 기업이 질적으로 동일한 관계를 유지할 수 없다.

2) 기업생태계

상생협력 패러다임의 출발점인 기업간 거래에서 공급자 협상력은 〈그림 6〉에서 시장에서 기업의 경쟁력을 결정하는 요소 중 하나에 불과하다. 시장경제에서 공급자 협상력은 미시이론 및 경영전략에서 가장 기본적 요소이지만, 산업 내 경쟁지위를 결정하는 다섯 가지 요소를 동일한 크기로 보면 기업의 경쟁력 결정에 1/5에 불과하다.

〈그림 6〉 마이클 포터의 산업내 경쟁 지위를 결정하는 다섯 가지 요인

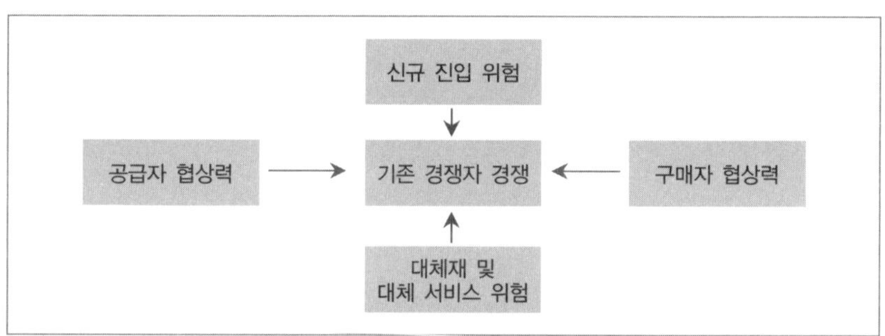

〈그림 7〉 기업생태계와 상생협력 역할

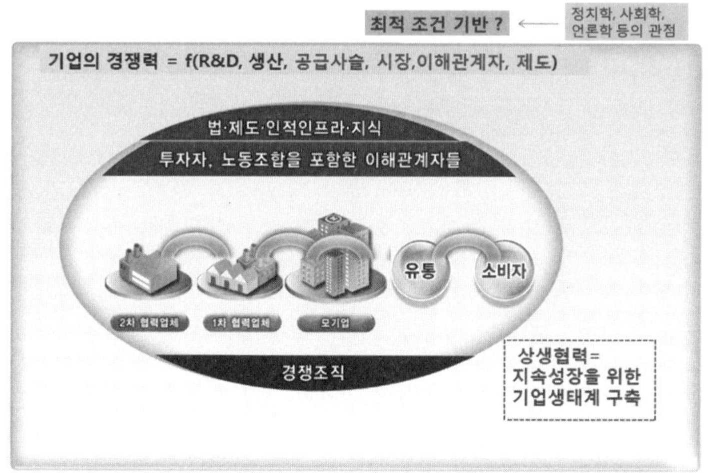

〈그림 7〉은 무어(1998)에서 제시된 기업생태계 구성요인에 대한 패러다임으로, 기업생태계 경쟁력은 기업간 거래뿐만 아니라 유통구조, 소비자, 이해관계자들, 법·제도·인적인프라·지식, 경쟁조직 등 다원적 요인들로 결정된다는 것을 보여주고 있다.

기업생태계의 강조는 경쟁개념의 변화를 의미한다. 기업의 경쟁개념도 개별 기업간 경쟁에서 각 기업의 시스템 경쟁에서 기업의 생태계간 경쟁으로 바뀌었다는 것을 설명하고 있다. 개별 기업간 경쟁에서는 부품업체의 역할이 부각되지 못한다. 이는 생산요소의 가격이 싸서 기업 자체내(in-house)에서 많은 부품을 만들 수 있게 되는 단계라 할 수 있다.

기업생태계 경쟁에서는 경쟁력 없는 협력업체는 퇴출 되고 경쟁력 있는 새로운 진입자가 끊임없이 유입될 수 있는 열린 혁신(open innovation) 구조가 정착될 수밖에 없다. 열린 혁신의 구조속에서 글로벌 시장에서 경쟁력 있는 기업들이 글로벌 리더 기업의 생태계에 자유롭게 진입해 올 수 있으며, 그런 생태계가 경쟁력 있게 지속적으로 유지될 수 있도록 하는 능력이 바로 기업생태계의 동태성 및 진화력의 경쟁력이 된다.

기업생태계의 경쟁력은 역동적으로 변화해야 하므로, 〈그림 8〉에서 강조하는 바와 같이 기업생태계의 지속적인 업그레이드가 필요하게 된다.

〈그림 8〉 기업생태계의 업그레이드와 상생협력의 관점

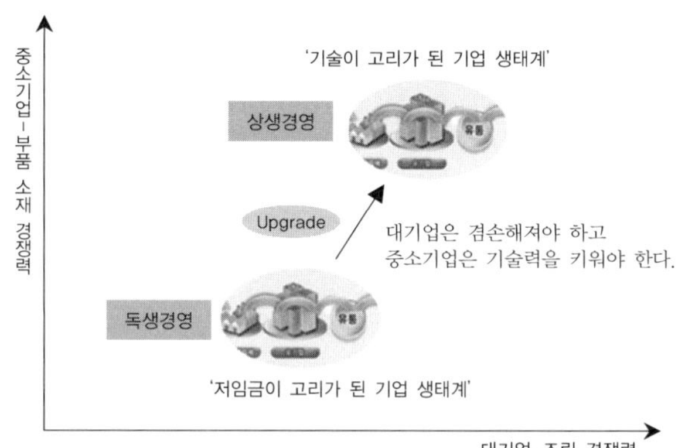

	대·중소기업의 기존 협력	대·중소기업의 상생협력
철학	몽테뉴적 가치관	사회통합적 가치관
협력 관계	몽테뉴적 협력 ('나 살고 너 죽고' 유형의 협력)	공생협력 ('나도 살고 너도 살고' 유형의 협력)

지속적인 기업생태계 업그레이드 능력이 바로 그 기업생태계 경쟁력의 핵심역량이 된다. 국가의 경쟁우위가 변화하게 되면 '저임금의 고리로 연결된 기업생태계'는 경쟁력을 잃게 되므로, 글로벌 리더가 되기 위한 대기업의 조립 경쟁력에는 중소기업의 부품-소재 경쟁력이 결합될 수 있는 '기술이 고리가 된 기업생태계'로 전환되어야 한다.

저임금이 기반되는 저부가가치의 기업생태계에서는 기업 스스로 저임금을 유지하는 능력이 중요하므로 독생경영이 될 수 있지만, 기술이 중시되는 고부가가치의 기업생태계에서는 필요한 부품을 개발하고 제조하는데 상당한 시간이 소요되므로 조립업체와의 정보 교환이 중요한 상생협력이 연결고리의 경쟁력을 결정하게 된다. '저임금의 고리로 연결된 기업 생태계'에서는 연결고리의 경쟁력이 결정적인 요소가 아니지만, '기술이 고리된 기업생태계'에서는 연결고리가 경쟁력의 중요한 요소가 된다. 핵심 기술을 가진 부품업체를 얼마나 빨리, 얼마나 저비용으로 연결할 수 있느냐는 첨단기술 그리고 그러한 기술 개발에 상당한 시간이 소요되는 상황에서 연결고리에서 경쟁력이 결정된다 할 수 있다.[12]

대기업의 조립 경쟁력의 업그레이들 위해 기업생태계가 진화하려면, 새로운 차원의 생태계 참여자들의 가치관도 바뀌어야 한다. 가치관은 바로 프레임 효과를 결정하는 기본요소이다. 〈그림 8〉에서 '저임금이 고리가 된 기업생태계' 참여자들의 협력관계는 몽테뉴적 협력('나 살고 너 죽고'유형의 협력관계)으로 이러한 협력의 참여자들의 철학은 몽테뉴적 가치관(한 사람의 이익은 다른 사람의 이익에 손해를 끼쳐야 이루어질 수 있으므로, 이런 행위로는 현세에는 구원을 받을 수 없고 자연법에 따라 죽어서 구원을 받을 수 있다는 것)이 될 수밖에 없다.

그러나 '기술이 고리가 된 기업생태계'의 참여자들의 협력관계는 몽테뉴적 협력관계에서 공생협력('나도 살고 너도 살고' 유형의 협력관계)으로 바뀌어야 한다. 이러한 협력관계에 부합되는 철학은 사회통합적 가치관이다. 한국의 경제발전이 이루어지면서 기업의 생태계 경쟁력은 공생협력 관계와 사회통합적 가치관을 필요로 하지만, 대기업 및 중소기업은 기존의 대·중소기업 협력관계인 몽테뉴적 협력관계와 몽테뉴적 가치관에서 쉽게 벗어나지 못하고, 새로운 생태계 경쟁력에

12 김기찬(2012)에서 부전전자의 얇은 스피커 개발 능력이 삼성전자의 스마트 폰 두께를 결정하는 데 결정적 역할을 했으며, 삼성전자는 애플의 아이폰보다 더 얇은 갤럭시 폰을 만들 수 있게 되었음.

맞는 변화가 시도되고 있는 상황이다.

상생협력연구회(2006)가 제안한 상생협력 프레임에서는 상생협력 파트너들이 프레임을 변화시켜야 한다는 것을 강조해 왔지만, 아쉽게도 동반성장에서는 철학의 변화가 전혀 강조되지 않고 단기에 성과 지향주의로 나아갔다. 동반성장을 강조한 관료, 정치, 학자들도 동반성장에 필요한 철학의 변화를 인지하여 그 변화를 강조하지 못하는 상황으로 보면, 한국의 기업간 거래의 파트너 사이 관계에서 가치관 변화는 상당한 시간이 필요할 것이다.

3) 역량별 차별화의 상생협력과 나눔의 차등화

김기찬 외(2006a), 상생협력연구회(2006b)가 상생경영 모델에 대한 연구의 협력업체에 대한 서베이 조사에서 〈그림 9〉와 같은 결과를 얻게 되었다. 기업의 L형, A형, J형은 그림의 형태를 기준으로 나눈 것이다.[13] L형 협력기업은 가격경쟁을 하는 기업 수가 많은 시장구조에 직면해 있으며, 이런 기업은 거래의 공정성을 가장 중요한 요소로 평가하고 공동개발에는 낮은 점수를 주고 있다.

또한 〈그림 10〉에서 협력 기업의 역량에 따라 영업이익률도 크게 다르게 나타난다.

이를 통해, 기업간 거래에는 대기업 생산 제품에 부품을 공급하는 협력사들의 역량에 따른 '상생협력형 가치창출 나눔'의 차별화가 이루어지고 있지만, 나눔의 황금 비율이 없다는 것을 알 수 있다. 협력

13 각 유형에 대한 구체적 논의는 이종욱·김기찬·송창석·박지윤(2009) 참조

사의 역량에 따른 기여도와 교섭력에 의해 나눔의 비율이 차등화 되고 있어, 협력사가 차별화, 즉 상대적 평등을 돌의 문화 관점으로 볼 것인가 물의 문화 관점에서 볼 것인가에 따라 사회적 분위기는 달라진다.

〈그림 9〉 협력 기업의 거래 요소별 상대적 중요도와 역량 차이

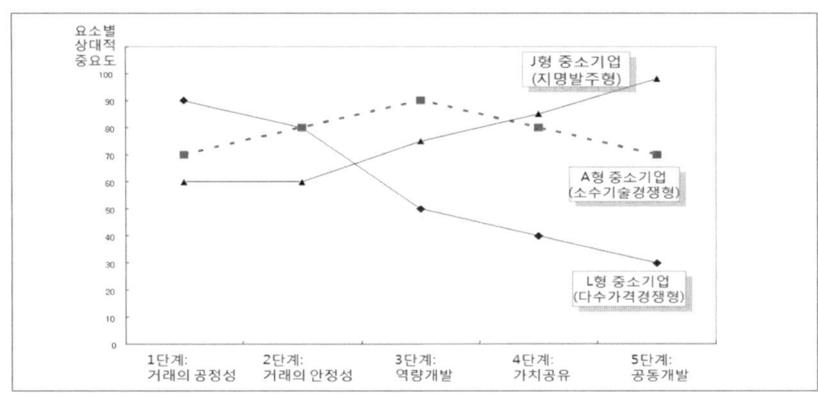

자료: 김기찬 외(2006a)

〈그림 10〉 협력업체 유형별 평균 이익률

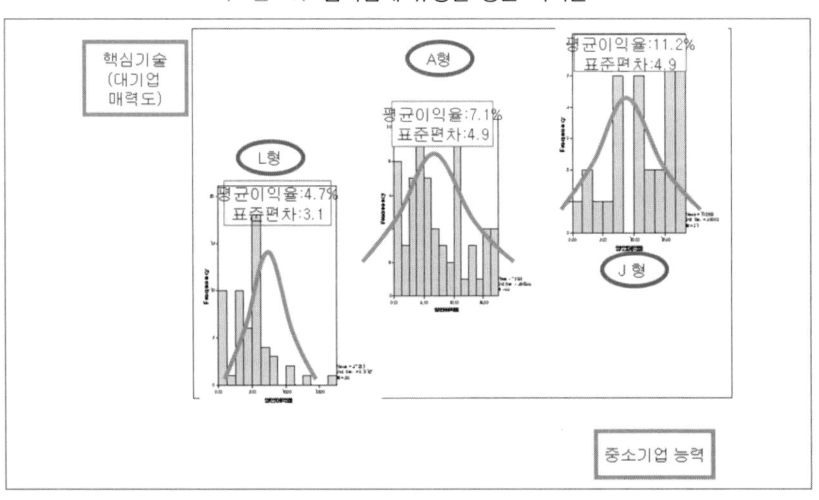

자료: 김기찬 외(2006a)

협력업체들이 완성품 업체와 거래에서 중시하는 요소들의 상대적 중요도가 다르게 나타났다. 다양한 기업의 구매 담당자와의 면담을 통해, 협력업체도 기술 역량에 따라 〈표 6〉과 같이 서로 다르게 나누어지고 있으며, 그에 따라 '나눔'의 크기도 달라지는 게 당연하다.

〈표 6〉 완성품 업체의 협력업체 역량별 차별화

A사	핵심업체	협업업체	일반업체	–	J형 15%, A형 20%가 협력업체 모임 자격
	(J형)	(A형)	(L형)		
B사	전략그룹	협력군	거래군	대사군	
	(J형)	(A형)	일반 부품	거래중지 예상그룹	
식품회사	A등급	B등급	C등급	D등급	

각 기업들이 스스로 구분하여 사용하는 핵심업체, 전략그룹, A 등급은 J형이며, 협업업체, 협력군, B 등급은 A형이고, 일반업체, 거래군, C 등급은 L형에 해당된다. 어떤 기업은 대사군, D 등급으로 거래 중지 예상그룹을 분류하고 있지만, 기술의 변화에 따라가지 못하면, J형, A형, L형 기업도 협력업체에서 탈락할 수 있다.

상생경영 패러다임의 기초인 생태계 이론에 따르면, 기업생태계에서 퇴출되지 않는 기업의 능력을 교섭력으로 설명하고 있다.[14] 교섭력은 〈그림 11〉로 정의된다. 교섭력의 차이가 바로 상대적 수익 및 역량의 차이가 된다.

14 아래 논의는 무어(1998) 참조.

〈그림 11〉 기업 생태계내 교섭력과 수익률

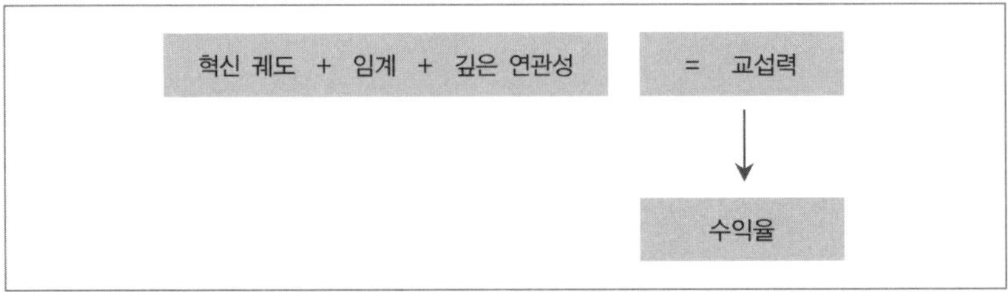

자료: 제임스 무어(1998)

4) 역량별 나눔의 차등화에 기반한 상생경영의 패러다임

김기찬 외(2006a)보다 상생협력연구회(2006b)에서 더 완성된 상생경영 패러다임을 제시하게 되므로, 상생경영 제대로 이해하기 위해 상생협력연구회(2006b)의 내용을 간략히 요약한다.[15]

2006년에 한국에서 제시된 상생경영 모형과 가장 유사한 패러다임은 Porter and Kramer(2011)의 'Creating Shared Value CSV'이란 공유가치 창출 모형이며, 동반성장은 상생경영의 공정거래가 강조되는 1단계 실천 운동이라 평가할 수 있다.

① 경쟁력 진화의 단계

김기찬 외(2006a), 상생협력연구회(2006a)에서는 경제성장 단계와 경쟁력 진화 단계를 〈그림 12〉와 같이 가정하게 된다.

15 상생협력연구회(2006, 2007, 2008, 2009)에서는 설명이 너무 축약적으로 되어 있어, 처음 읽는 독자들이 어려움을 느끼게 될 것이므로, 본 글에서는 그 내용을 좀 더 상세하게 설명하게 되므로 기존 연구물과 같이 읽으면 더 도움이 될 수 있음.

〈그림 12〉 국가경쟁력 진화와 성장단계별 선도적 중소기업 유형 변화

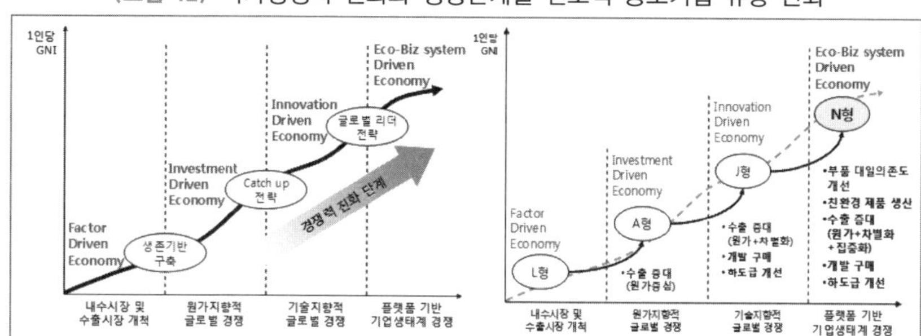

자료: 김기찬 외(2006), 상생협력연구회(2006a)

마이클 포터의 다이아몬드 모형에 쇠퇴하는 경제인 '부 주도 경제(wealth-driven economy)'를 '기업생태계 주도 경제'로 대체하여 새로운 차원을 추가한 것이다. 요소주도경제(factor=driven economy)에서 기업은 내수시장 및 수출시장 개척하여 기업 생존 기반을 구축하게 된다.

생존 기반이 구축 되면, 투자주도 경제(investment-driven economy)로 진화하게 되면 기업도 원가지향적인 글로벌 경쟁으로 진화해야 한다. 따라잡기(catch up) 전략이 가능하게 되려면, 혁신주도 경제(innonvation-driven economy)로 진화해야 하고, 기업의 경쟁력은 기술지향적인 글로벌 경쟁을 감동해 낼 수 있어야 한다.

따라 잡을 선도 기업이 없게 되면 글로벌 리더전략[16]으로 나가야 하며, 글로벌 리더는 자체적으로 필요한 다양한 생산요소들을 확보해야 하므로, 생산요소주도 경제-투자주도경제-혁신주도 경제에서 확보된 요소들이 모두 필요하게 된다. 이러한 다양한 요소들의 연결고리를 경쟁력 있게 만드는 보이지 않는 추진력이 상생협력이다. 따

16 스마트 폰에서 세계시장의 주도권을 두고 삼성과 애플의 2011년부터 시작된 특허 분쟁은 리더로 나가는 기업이 직면하는 현실을 잘 보여 준다고 할 수 있음.

라서 상생협력은 바로 '기업생태계 주도경제'를 만들어 가는 핵심 수단이라는 것을 강조하게 된다.

김기찬 외(2006a), 상생협력연구회(2006a, b)에서는 기업생태계의 협력업체 유형으로 L, A, J형이 설명되지만, 상생협력연구회(2008), 이종욱·김기찬·송창석·박지윤(2009)에서는 N형 기업이 더 추가된다. 한 국가가 생태계 주도 경제에서 글로벌 리더가 되려면, 네트워크 기반의 다양한 역량을 가진 기업 중 N 형이 주요 구성원으로 나타나야 한다는 것이 강조되고 있다.

② 상생협력의 이론적 틀

상생협력의 이론적 틀은 〈그림 13〉으로 요약될 수 있다. 상생협력의 이론적 틀은 기업생태계 이론에 기반을 두고 대·중소기업 사이의 공급체인의 연결고리 경쟁력을 유지, 관리 및 지속적으로 업그레이드 하는 이론에 중점을 두고 있다.

기존 조직이론은 대기업, 중소기업의 기업 단위에 중점을 두고 있지만, 공급사슬의 '보이지 않는(invisible)' 연결고리 경쟁력에는 관심을 두지 않았다. 반면 상생협력의 이론적 틀은 '보이지 않는 연결고리의 조직'의 경쟁력 결정요인에 중점을 두고 있다. 상생협력의 공급사슬 경쟁력은 협력업체의 핵심 역량이 강조되는 부품경쟁력, 대·중소기업간 협력관계에서 시너지효과가 나타나게 하는 신뢰가 강조되는 연결경쟁력, 기업 생태계 밖에서 경쟁력 있는 요소가 끊임없이 유입될 수 있는 개방된 시스템의 지속적 혁신의 경쟁력의 세 가지 요소로 구성되어 있다.

〈그림 13〉 대·중소기업 상생협력 이론적 틀

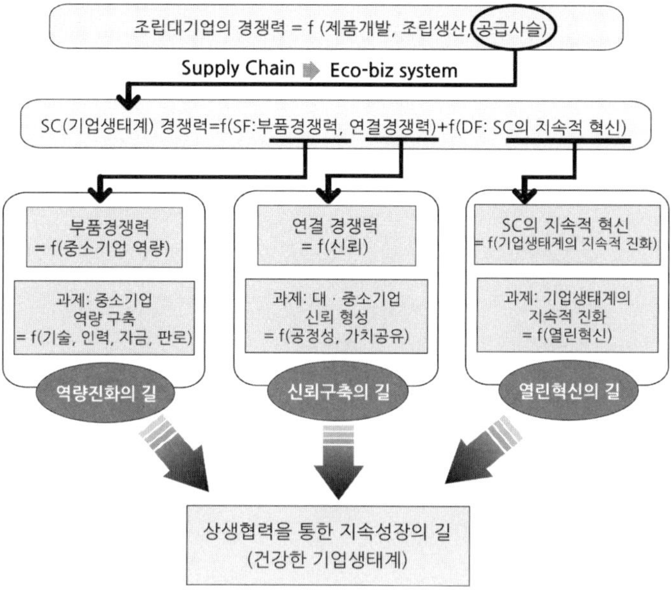

조립대기업의 경쟁력 = f (제품개발, 조립생산, 공급사슬)

Supply Chain ➡ Eco-biz system

SC(기업생태계) 경쟁력=f(SF:부품경쟁력, 연결경쟁력)+f(DF: SC의 지속적 혁신)

부품경쟁력
= f(중소기업 역량)

과제: 중소기업
역량 구축
= f(기술, 인력, 자금, 판로)

역량진화의 길

연결 경쟁력
= f(신뢰)

과제: 대 · 중소기업
신뢰 형성
= f(공정성, 가치공유)

신뢰구축의 길

SC의 지속적 혁신
= f(기업생태계의 지속적 진화)

과제: 기업생태계의
지속적 진화
= f(열린혁신)

열린혁신의 길

상생협력을 통한 지속성장의 길
(건강한 기업생태계)

성공적 기업생태계 모델이 구축되어 가는 과정에서 세 가지 길은 공급사슬을 통해 기업의 경쟁력을 결정하는 QCD-RT(Quality-Cost-Delivery, Response, Technology)을 개선시킨다. 성공적인 상생협력 생태계에 있는 협력업체는 조립업체의 변화 상황을 적시에 반응하여 필요로 하는 기술을 이용해, 적시에 적절한 품질을 적절한 가격으로 부품을 공급할 수 있게 된다.

상생협력의 세 가지 길 중 연결경쟁력의 결정요인인 신뢰는 쉽게 형성되지 않는다. 이미 학자들의 연구에서 잘 알려진 바와 같이 신뢰 형성에도 다양한 수준이 있고, 보이지 않는 신뢰는 기업간 거래기간, 외부 평판, 역량 등을 통해 다각적으로 평가할 수 있지만, 사람과 사람의 관계에서 형성되는 신뢰는 정확하게 평가하기 어렵다.

상생협력은 장기적 관점에서 추진되게 되므로, 〈그림 14〉에서 대기업-중소기업간 연결경쟁력에서 신뢰구축의 길은 5단계로 나누는 패러다임이 제시되고 있다.[17] 이 패러다임의 결정요인은 횡축의 시간의 지평인 장기적 관점과 종축의 능력의 지평인 비전공유 정도이다. 단기적 관점에서는 거래 안정성 및 거래 공정성이 가장 강조되지만, 장기적 관점에서 거래 안정성과 거래 공정성은 비전을 공유하고 공영할 수 있는 기술개발의 파트너 수준이 되어야 한다. 신뢰의 4단계, 5단계에 이를 수 있는 협력업체는 많지 않을 것이므로, 협력업체는 자신들의 부품경쟁력 수준에 걸 맞는 신뢰수준에 만족해야 한다. 이를테면, 시장에서 대량 구매가 가능한 상품 성격의 부품을 공급하는 협력업체가 비전을 공유하고 공영하는 기술개발을 하는 협력업체의 신뢰를 얻는 것은 구조적으로 불가능하다.

〈그림 14〉 5단계로 본 신뢰구축의 길

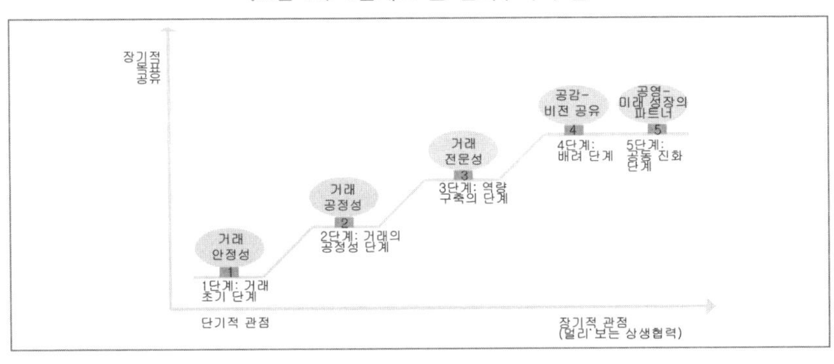

---

17 신뢰구축의 5단계에서 각 단계별 조립 대기업과 협력업체 중소기업의 역할에 대한 논의는 이종욱(2012), 김기찬·이종욱·송창석·박지윤(2009) 참조. 각 단계에 요구되는 대기업과 중소기업의 역할이 있고, 각 주체의 합리적 행동 모습이 있고, 정부 정책이 공조할 수 있는 영역도 명확하여, 이러한 역할이 조화롭게 이루어지면 단계별 신뢰가 구축될 수 있음.

한국에서 전경련, 정부 등이 중심이 되어 2004년부터 추진되고 있는 상생협력 기반의 상생경영은 Porter & Kramer(2011)의 '공유가치 창출(creating shared value)'보다 앞서 실행되고 있는 패러다임이라 할 수 있다.[18] 한국의 상생협력이론이 제시되었을 때, 아무 반응도 없었던 한국경영학계가 CSV 논문이 발표되고 나서는 기업 활동은 '기업의 사회적 책임(Corporate Social Resposibity, CSR)' 패러다임에서 CSV로 변화해야 한다는 것을 강조하고 있다. 노벨상이 강조되는 시점에서, 학문의 사대주의는 안타까운 현실이다.

CSV는 상생경영 패러다임과 기업생태계 경쟁력 강화에 중점을 두고 있지만, 상생경영과 달리 성과를 어떻게 이루어낼 것인가에 대한 'How'에 대한 논의는 없고 목적만 강조하고 있다. CSV는 상생경영과 달리 기업과 공동체 사이의 신뢰구축의 과정이나 투입 요소 등에 대한 논의가 없다.

---

18 이 내용은 이종욱(2012)를 인용한 것으로, 2004년부터 한국에서 추진해 온 상생경영의 본질은 CSV인데, 한국에서 기업 경영의 CSV의 본질을 먼저 파악하여 경영혁신을 진행 왔지만, 개념화에서 상생경영은 CSV를 인용해야 하는 상황이 되었다. 한국적 상황에서 필요한 지식이 세계적으로 기업이 수요하는 경영혁신 키워드가 될 수 있으므로, 학자들도 한국 기업, 한국 사회, 한국 정치에서 필요한 지식들을 정권 업적을 넘어 지속적으로 연구하는 전통의 창출이 필요하다. 자연과학에서는 그러한 변화가 일어나고 있어, 한국 사회의 미래를 위해 바람직한 방향이라 할 수 있다.
더구나 CSV 모형이 문제점이 지적되지 않고 한국의 선도적 경영학자들에게 의해 무분별하게 수용되고 있지만 경제학의 관점에서 보면, CSV는 이행 메커니즘이 전혀 디자인 되어 있지 않은 철학적 모형이라 할 수 있으며, 성공한 기업도 그리고 실행하는 기업도 없어서 많은 시행착오가 필요한 모형이다. 이 모형을 따르다가 성공하거나 추락하는 기업이 되는 운명에서 성공하는 기업이 되기 위해, 한국의 국내 및 글로벌 기업에 맞는 모형으로 수정된 실행 모형이 필요함.

5. 가치창출형 나눔의 상생경영 과제

상생경영은 산업의 기업간 연계 관계에서 가치 나눔을 갈등이 아닌 조화로서 해결하는 연결고리를 찾으려고 한다. 물론 상생경영도 공동 가치창출의 목적과 방법에 대한 논의는 구체적이지만, 지금까지 인류가 해결하지 못한 가치창출 나눔의 황금비율을 제시하지 못한다.

상생경영은 『이건희 에세이』(1999)에서 강조하는 '상생의 공동체'와 마찬가지로 소위 돌의 문화가 아닌 물의 문화 관점에서 기업간 그리고 사회 구성원간 관계의 조화를 이루어 내는 한국의 발전을 위한 필수적 요소라는 것을 강조한 것이라 할 수 있다. 기업의 현장 방문과 사례연구를 기반으로 상생경영의 패러다임을 구축하게 된다. 상생협력연구회는 산업간 공급사슬의 구조상 차이를 인식하게 되어 산업별 특성에 맞는 상생경영의 구축 그리고 참여정부, MB 정부의 업적이 아닌 국가 성장 잠재력 확대에 기여하는 상생경영의 역할을 강조하였다. 상생경영은 가치창출을 통한 나눔 철학을 기본으로 하여 추진되어야 지속적으로 성과를 낼 수 있지만, 이러한 경영이 지속적으로 추진되기 위해서는 이를 위한 기반구축 과제가 적지 않다.[19]

19 여기서 논의되는 주요 내용은 참고문헌에서 제시 된 이종욱의 기존 연구, 김기찬 외 공동연구 결과를 요약·보완한 것임.

〈그림 15〉 상생협력 파급의 대상 및 소외그룹

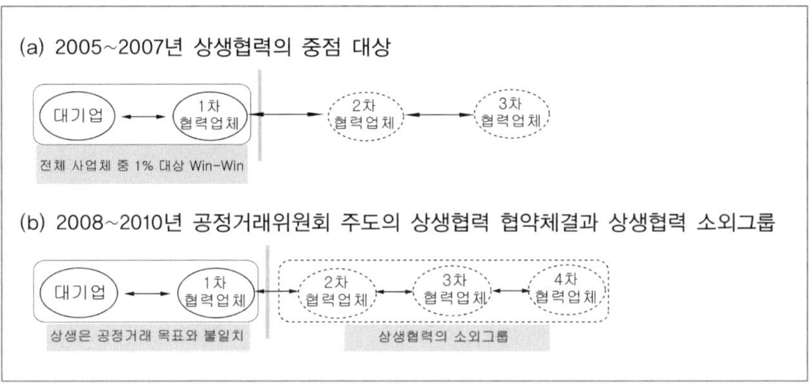

1) 상생협력의 나눔 확산 단계 및 다양한 확산 모형

〈그림 15〉와 같이 지금까지 상생협력 확산은 완성품 업체와 1차 협력업체간 거래에 중점을 두고 있고, 2차, 3차, 4차 기업은 상생협력의 소외그룹이라 할 수 있다. 지금까지 상생협력 확산을 시도한 기업의 사례로 비추어 보면, 확산에도 다양한 모형이 나타나야 한다는 것을 보여주고 있다.

상생협력 확산은 2개의 기간으로 나누어 볼 수 있는데, 첫 기간은 〈그림 15〉(a)로서 참여 정부의 2005~2007년 사이이며, 이 기간에는 완성품 업체와 1차 협력업체간 기업간 거래에서 상생협력을 확산하는데 중점을 두었지만 그 성과는 도입단계라 할 수 있다. 왜냐하면 정부의 강요 및 요청에도 불구하고, 참여정부의 반기업정서로 인해 상생협력에 적극적으로 참여하는 기업들이 적었기 때문이다.

〈그림 15〉(b)에서 2008~2010년 MB 정부의 초반기에 공정거래위원회 주도로 상생협력 협약식이 추진되었는데 이러한 협약은 공정

거래에 위반되는 행위이다. 왜냐하면 이 협약이 기업간 거래에서 경쟁 보다 카르텔을 만들도록 하였기 때문이다. 더구나 공정거래 주도의 강요된 상생협력 협약은 이미 2005년부터 추진해 오고 있던 완성품 업체와 협력업체간 기업간 거래 상생협력을 공정거래위원회 업적으로 전환시킨 것에 불과하며, 새롭게 달성된 업적이 없다고 할 수 있다.

두 번째 기간은 MB 정부의 2010~2012년 사이에 완성품 업체와 1차 협력간 기업간 거래에서 상생협력 확산이며, 그 성과는 상생협력 확산의 도약단계라 할 수 있다. 포스코, 삼성전자, 동서발전 등이 1차 협력업체를 넘어 2차, 3차 협력업체로 상생협력의 확산을 추진하여 성과도 나타나고 있다.

어떤 산업에서는 2차 또는 3차 협력업체로 가면, 조립업체에 대한 의존비율이 20~30% 미만으로 하락하여, 협력업체의 사슬로 보기 어려운 산업이나 기업도 있어, 협력업체의 파급효과 연결고리의 성과를 적절한 범위에서 끊는 것도 중요하다.

산업별 협력업체 공급사슬의 차이만큼, 대기업들의 동반성장 추진 내용을 보면, 각 산업의 특성에 따라 강조점이 다르다(이종욱, 2012). 산업별 협력업체의 수명을 비교해 보아도, 산업별 특성을 다르게 고려할 수 있는 신축적인 상생협력 모형이 구축되어야 한다.

2) 상생협력 진화 역량과 '나눔'의 다양성

상생협력 체계가 실행되는 과정에서 세 가지 길은 상생협력 참여자들의 '몽테뉴적 가치관에서 사회통합적 가치관'으로 철학이 변화하려는 노력과 함께 산업 특성 및 기업의 경쟁우위 정도에 따라 그 정의 및 범위에서 큰 차이가 발생할 수 있다. 〈그림 16〉에서 상생협력의 실행은 상생협력의 공통요인에서 산업별 특이요인과 기업별 시장 특성 요인을 고려되어 이루어지므로 '나눔'의 상대적 차이로 인한 '나눔'의 다양성을 가져오게 된다.

〈그림 16〉 상생협력의 실행과 산업별 및 기업별 다양성

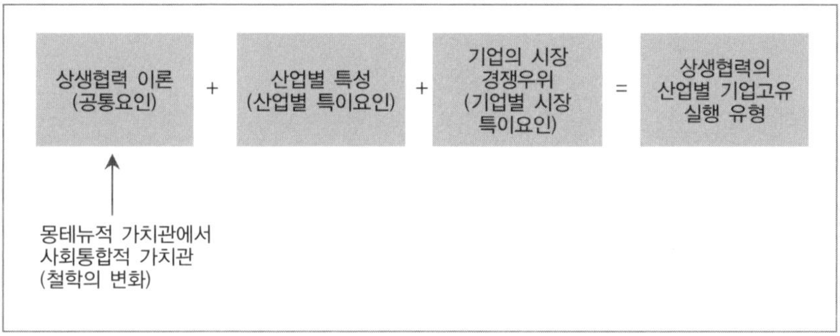

상생협력 이론 (공통요인)	+	산업별 특성 (산업별 특이요인)	+	기업의 시장 경쟁우위 (기업별 시장 특이요인)	=	상생협력의 산업별 기업고유 실행 유형
↑ 몽테뉴적 가치관에서 사회통합적 가치관 (철학의 변화)						

상생협력 이론의 공통요인(common factor)에 산업 특성(industry-specific) 및 기업 특성(firm-specific) 요인으로 인한 상생협력의 수준, 범위, 실행 방법, 속도 등에서 발생되는 차이는 자본주의 근간인 시장경제에서 발생되는 현실로서 피할 수 없다. 상생협력 산업별 기업고유 실행 유형이 다양하게 되므로 공통요인을 제외하면 일관된 기준이 적용될 수 없다. 그 대신 각 기업이 추진하는 상생협력 체계 속에는 각 기업의 내규에 위반되지 않는 준법 기준이 실행되고 있어야 한다. 이는 보이지 않는 대중소기업간 거래에서 형성되어 있는 '암묵적 계약(implicit contract)'이라 할 수 있다.

기업간 거래의 상생협력에서 암묵적 계약의 중요성은 그룹 몰입에서도 발견할 수 있다. 기업생태계에 속한 기업간 상생협력의 성과 극대화는 그룹의 혁신을 극대화 하는 것이므로, 이는 그룹 몰입(flow)을 극대화 하는 메커니즘과 같이 작용할 것이다. 그룹 혁신에서는 참여하는 사람들이 '암묵적 지식(implicit knowledge)'을 공유해야 하지만 공유하는 지식이 너무 많거나 유대관계가 너무 깊으면 혁신의 가능성을 잃게 된다는 모순을 안게 된다(키스 소여, 2007).

대중소기업간 거래에서 가장 이슈화가 되는 납품단가 인하, 기술탈취, 물량 취소 등 그리고 중소기업중앙회가 주장하는 3불(불합리, 불공정, 불균형)을 해소하기 위해, 협력 기업의 합리적 생산활동에 큰 타격을 주는 영역에 대해서는 대기업도 상생협력의 성공을 위해 준법정신에 기반한 명확한 가이드라인을 가지고 있어야 한다. 기업의 생태계 구조도 경쟁우위의 중요한 요소이므로, 기업간 거래의 모든 조건을 명시할 수 없지만, 완제품 생산 대기업은 협력 기업에게 기업간 거래에서 암묵적 계약의 가이드 라인이 있다는 확신을 주어야 한다.

협력사의 R&D 역량은 산업 마다 차이가 있다. 이를테면, 자동차 협력사의 경우 모기업의 차세대 자동차에 대한 정보가 없으며, 즉 부품 수요자의 수요 정보가 없으면 연구개발 자체가 의미가 없으며, 웬만한 규모가 아니면 비용과 인력 부담으로 인해 차세대 자동차 생산에 필요한 부품의 연구개발이 불가능하다. 이러한 산업의 특성상, 정부 지원 R&D도 산업의 특성이 잘 반영될 수 있도록 민간주도의 R&D에 정부가 매칭펀드를 적극적으로 지원하는 것이 더 효과적이다.

3) 상생협력 성공을 위한 '국가적 나눔'의 제도 기반 구축

① 국가성장 잠재력 확충을 위한 대중소기업 상생, 노-노상생, 정부-기업 상생, 국민-기업간 상생의 '국가적 나눔' 환경 조성

상생협력은 기업의 생태계 경쟁력 구축을 위해 필수적 요소이지만, 상생협력이 얼마 잘 이루어질 것인가는 기업간 노력의 범위를 넘어선 '국가적 나눔'의 체계에 달려 있다. '상생협력 성공을 위한 최적 제도 기반 구축'이 국가성장 잠재력 확충을 위해 중요한 과제이지만, 대통령의 임기 중 자신만의 업적으로서 공약 사업에 집중하다 보니, 지속되어야 할 국가적 과제가 등한시 되고 있다.

첫째, 〈그림 17〉[20]에서 기업의 생태계 경쟁력 우위를 지속적으로

〈그림 17〉 국가성장잠재력 확대 위한 상생협력 생태계확산과 경제주체별 역할

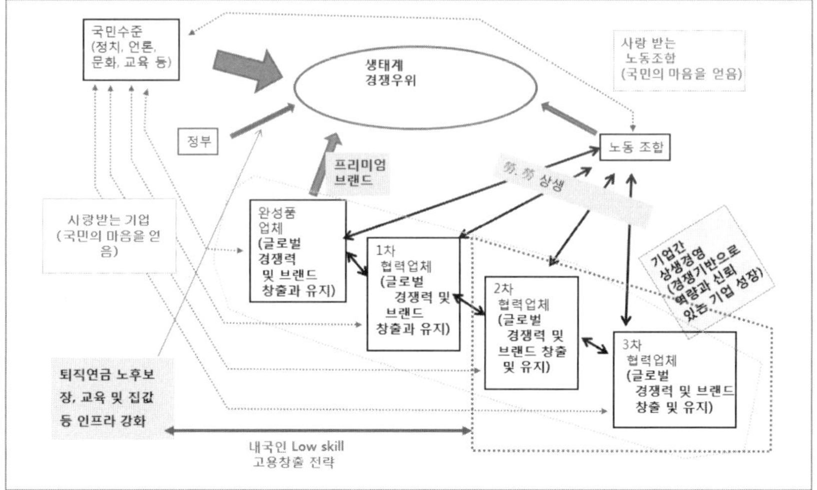

20 2013년 자동차산업의 경쟁력 강화를 위한 KAP 세미나에서 발표된 이종욱의 자료에서 제시된 내용임.

유지하려면, 완성품 업체는 프리미엄 제품으로 글로벌 경쟁력을 갖는 최고의 질을 갖는 상품과 브랜드를 가지고 고부가가치 창출할 수 있어야 하며, 현실적으로 기업의 생태계 경쟁력은 기업이 영향력을 미칠 수 있는 기업과 소비자간 상생, 완성품 업체와 협력업체간 상생, 협력업체간 상생을 잘 하여 국민에게서 사랑받는 기업이 되도록 노력해야 한다.

상생 메커니즘은 기업과 소비자간 상생, 조립업체 근로자도 협력업체 근로자 임금이 합리적이며 적절한 수준으로 지급될 수 있는 납품단가가 책정될 수 있도록 하는 노·노 상생, 국민과 근로자간 상생, 완성품 업체와 협력업체간 상생, 협력업체간 상생, 정치 및 정부가 주도하는 국가 복지제도와 기업간 상생 등으로 다양하다.

그러나 물론 모든 상생메커니즘이 잘 작용하는 것은 현실적으로 불가능하고, 이론적 기대치에 불과하다. 상생메커니즘을 제도적으로 디자인할 수 있는 막강한 권한을 가진 정치가 포퓰리즘을 지양하고 국가 경제의 지속적 경쟁력 우위를 유지하기 위해 기업생태계 육성에서 선도적 기능을 한다면, 상생의 이론적 기대치도 실현될 수 있다.

특히 〈그림 17〉에서 강조하고 있는 것이 사람의 타고난 능력에는 차이가 있어, 교육을 통해서도 그러한 차이가 보완될 수 없어, 자본주의 체계의 어떤 국가에서나 근로자는 크게 고숙련 근로자, 중급숙련 근로자, 저숙련 근로자로 나뉜다. 저숙련 기술자에게 어떻게 일자리를 마련해 줄 것인가는 OECD 국가들의 소득재분배 정책의 핵심과제 중 하나이다. 그것을 해결할 수 있는 메커니즘 중 하나가 바로 제조업에서 2차, 3차 협력업체의 경쟁력을 유지하는 것이다.

그러나 정부 및 정치가 주도하는 복지제도의 도움 없이 2차, 3차 협력업체의 저임금과 저숙련 부문에서 한국경제의 경쟁력이 유지될 수 없다는 것이다. 완성품 업체에서 1차, 2차, 3차, 4차 협력업체의 공급사슬의 존재하는 이유가 바로 협력업체에 주게 되면 생산비가 10% 이상 저렴해지고, 전문성 축적으로 생산성이 향상될 수 있다. 이러한 생산비 인하 효과로 인해 1차, 2차, 3차, 4차 협력업체간 상생을 잘 유지하려면, 협력업체간 임금 격차를 인정할 수밖에 없다.

타고난 능력의 차이로 인해 저숙련 부문에서 열심히 일하는 근로자들도 근로기간 동안 중산층의 의식주를 누리고 자녀에게 훌륭한 교육 기회를 줄 수 있고, 퇴직 이후 중산층 수준을 유지할 수 있도록 해야 한다. 이 과제는 근로자의 생산성에 의존하여 시장경쟁을 하는 기업의 힘으로는 해결할 수 없다. 정부가 세금을 통해 소득재분배 기능을 통해서 해결하는 것이 가장 최선의 방법이며, 이를 위해 정치와 정부는 주어진 국민의 담세능력의 범위 내에서 세금을 효율적으로 이용하기 위해 최선의 노력을 기울여야 한다.

둘째, 상생협력의 조작적 정의에 대한 공유지식이 확산되어 산업별 특성에 맞는 각 기업의 상생협력의 한국적 모형(K-모형)이 발전하려면, 〈그림 7〉의 기업 생태계에서 이해관계자, 그리고 법·제도·인적인프라·지식의 기반을 구축하는 것이다. 상생협력의 정치, 사회, 및 문화의 기반, 즉 적절한 외부환경의 구축은 정치적 지도자, 정부 및 사법부의 책임이다.

경제주체별 역할이 공식적 제도 및 비공식적 제도에 의해 정의되어 있으므로, 한 경제주체의 역할을 다른 경제주체가 대신할 수 없다. 이를테면, 정부의 역할을 가계나 기업이 대체할 수 있는 권한이 없으며, 그런 역할을 대체하게 되면 공식적 제도에서 위법이다.

〈그림 7〉과 같은 상생협력의 생태계를 구축하기 위해, 명시적 및 암묵적 제도가 형성될 것이다. 그러한 제도 형성의 메커니즘이 어떻게 이루어지는 것이 한국에서 최고가 될 것인가? 〈그림 18〉은 어떤 메커니즘이 효과적인가에 대한 논의이다. 한국에서 기업간거래의 상생협력의 제도적 기반 구축이 Type 1과 같이 정치주도로 시작되어 국민정서가 형성되어 정부가 따라가야 하는지, Type 2와 같이 정부가 주도하여 정치가 도와 국민정서를 형성해야 하는지, Type 3와 같이 국민 운동 차원에서 전개되어 정치가 따라가고 정부가 따르게 할 것인지는 사전적으로 결정하기 어려운 과제이다. 이는 2007년 노벨 경제학상을 수상한 호르비치(Leonid Hurwicz)의 메커니즘 디자인과도 연관이 깊다.

〈그림 18〉 상생의 최적 기반구축 위한 제도 형성의 한국적 최적 조합

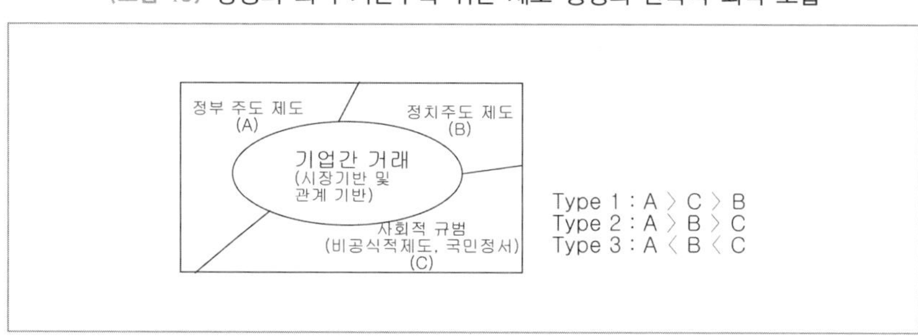

협력의 역사는 실패의 역사이고, 협력을 기반으로 하는 정책은 한 정권의 짧은 기간을 활용해 성공을 이루어 내는 것은 불가능하므로 중장기적으로 추진되어야 하고, 정부가 격려하고 민간주도로 이루어질 수 있도록 해야 한다. 한국에서 어떤 정권도 법으로 강요되는 사

업 이외에는 이전 정부의 사업을 칭찬하면서 계승해 간 일이 없다. 정치 문화가 안정적으로 정착되지 못한 상황에서, 정권을 넘어 계속되는 정부 주도 사업으로서 상생협력의 지속적 추진은 불가능하다. 이를테면, 건국 이후 정부 주도로 협력을 기반으로 한 기업 활동 및 국민 의식을 개선하기 위한 다양한 시책이 이루어지지만, 오늘날까지 그래도 명맥을 유지하면서 외국에서만 인기를 끌고 있는 것은 새마을운동에 불과하다.

정부 주도로 조직을 한번 만들면 그 조직의 사명이 다 끝나더라도, 그 조직은 그 사명을 바꾸면서 지속된다(Olson, 1982). 그러나 정치인, 국민, 전문가들의 철학적 사고 수준이 낮은 개도국, 중간 수준인 중진국 및 높은 수준의 선진국에서 정권 주도의 혁신운동이나 정책은 지속되는 것이 불가능하다.[21]

'공급사슬을 통한 상생협력 확산'은 사유재산권이 개입되는 영역으로, 완성품 업체가 1차, 2차, 3차 협력업체에게 상생협력을 강요할 수 없으므로, 협력업체의 기업가들이 자발적으로 상생협력의 유인을 느끼고 상생협력을 근로자들에게 확산하고, 이를 하위 협력업체의 근로자와 기업가들이 공동으로 노력해야 한다.

그러나 대·중소기업간 협력관계가 몽테뉴적 협력에서 공생협력으로 바뀌어 상생협력의 관점, 즉 철학이 강조되어야 하지만 몽테뉴적

---

21 예외적으로 독일에서는 통일 이후 추락하는 독일경제를 재건하기 위해 좌파 주도로 이루어진 고비용을 유발하는 복지 및 근로 제도의 독일 경제 구조를 과감하게 개혁하기 위해 좌파 정권인 슈뢰더 정부가 2003년에 취한 'Agenda 2010' 정책을 우파 정권인 메르켈이 집권하면서도 지속적으로 추진하여, 2007년 금융위기 하에서도 독일은 건전한 경제를 지속시켜 나갈 수 있었음.

가치관에서 사회통합적 가치관으로 관점의 전환이 간과되고 있다. 동반성장에서는 상생협력에서 강조해 온 철학의 변화에 대한 강조가 없이, '패자 없는 게임의 룰'이 강조되고 있다. 게임의 룰을 강조하여 대기업 집단에 대한 동반성장지수 평가는 동반성장에 기업들이 참여하게 하는 강제성을 부여하는데 큰 역할을 하였다.

② 상생협력을 위한 근로자 노후연금 개선

생애 근로시간의 피크 타임에 자녀 양육 및 퇴직소득 안정 달성해야 하므로, 근로자는 더 많은 소득을 위해 장시간 근로를 선호하고 있다. 한국의 장시간 근로를 해소하려면, 〈그림 19〉와 같은 근로자의 노후 생활 보장 없이는 불가능하다.

〈그림 19〉 미국과 한국에서 퇴직 이후 근로자의 소득수준 이동

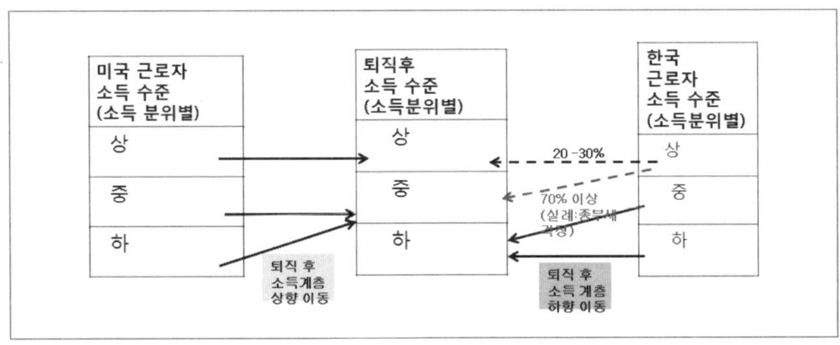

퇴직 후 소득 안정을 위해 노사정 위원회 중장기적 과제 추진, 정권의 단기업적 지향주의를 견제 하고, 고소득 독신 근로자에 대한 사회보장세 부가(육아 및 저출산 재원 활용)하며, 기업 성장 기반 강화로 잠재적 조세부담 능력 확대하고, 각종 특별세를 사회보장세로 전환하

여, 근로자들이 생애 근로시간 동안 자신의 능력에 따라 다양한 직종에서 성실하게 근무할 수 있는 노노상생의 경제적 환경을 구축해야 한다.

한국의 산업 역사가 짧고, 국토 크기에 비해 인구가 많아, 일자리 창출 효과가 큰 제조업 육성 그리고 글로벌 마케팅은 기업 생존의 필수불가결한 과제이다. 그러나 한국산 제품 중 고부가가치 제품의 수가 적어, 가격경쟁을 해야 하는 양산 제품이 많다.

양산제품이 가격 경쟁을 하려면, 창조성 뿐만 아니라 생산성 향상에 기업의 지속적 생존이 걸려 있다. 근로자들에게 창조성과 생산성 향상의 능력을 발휘하게 하려면, 국가는 근로자들에게 희망을 주는 상생협력의 '국가적 나눔의 체계'인 사회보장 시스템을 구축해야 한다. 이것이 기업의 노사갈등을 넘어, 노사 화합으로 가는 길이고 한국 사회를 돌의 문화에서 물의 문화로 전환시켜 나가는 길이다.

③ 노동의 낮은 경제성장 기여도와 낮은 노동분배 몫의 갈등 해소

Denison(1985)의 1928~1982년 사이의 미국 경제성장의 원천에 대한 분석결과를 정리한 연구에서 연간 평균 경제성장율 2.92%, 노동기여 1.34%, 자본 0.58%, 생산성 1.02%이다. 경제성장 기여율에서 각 요소의 중요도 비중을 보면, 노동 46.2%, 자본 19.9%, 생산성 34.9%이며, 그로 인해 미국 근로자가 생산에 참여하여 받는 노동소득분배율이 자본 보다 더 높을 수 있다(이종욱, 2014c, 2014d).

1969~2000년 사이에 연평균 성장률은 7.7%이며, 생산요소별 기여도로 분해해 보면 자본축적 기여율 5.1%, 노동기여율 1.1%, 총요

소생산성 1.3%, 기타 0.2%이다(Kwack & Lee, 2002). 각 생산요소들의 경제성장율 기여도 비율을 보면, 자본축적 기여율 66.2%, 노동기여율 14.3%, 총요소생산성 기여율 16.9%이다. 1969년 이후 오늘날까지 한국의 경제성장에 기여한 가장 중요한 요인은 자본축적이다. 이러한 실증분석결과는 통상적으로 저임금의 노동이 한국경제성장의 원동력이라는 기존 지식과 다르다. 저임금이지만, 노동생산성이 낮아 노동의 한계생산성이 거의 대부분 임금으로 지출되었다고 할 수 있다. 그로 인해 한국의 생산에 참여하는 근로자의 노동 분배몫은 낮을 수밖에 없다. 정부도 노동의 질을 획기적으로 개선하여, 기업이 고노동부가가치 산업을 추진하고 이를 통해 생산에서 노동분배몫을 증가시켜야 한다(이종욱, 2014d).

참고문헌

관계부처 합동, 2010, "대·중소기업 동반성장 추진 대책," 대·중소기업 동반성장 전략회의, 9.29.

김기찬·김수욱·박건수·박성택·박지윤·송창석·이종욱·임일·강호영, 한정화, 2006a, "대·중소기업 상생협력의 이론적 모형 설계: 건강하고 지속가능한 기업생태계 구축," 『중소기업연구』 28권3호, 381~410.

김기찬·송창석·박지윤, 2007, "대·중소기업간 상생협력 유형의 세분화와 전략–중소기업의 L, A, J유형 분류와 성과를 중심으로–," 『중소기업연구』 29권 4호, 133~151.

김기찬, 2009, "기업생태계관점에서의 연구개발 전략과 플랫폼 리더십 : 대·중소기업 상생협력과 R&D에의 시사," 『중소기업연구』 Vol.32, No.2.

김기찬(2014), 『삼성전자–신경영의 새로운 출발, 동반성장』, 한국형 동반성장모델시리즈 14-01, 전경련중소기업협력센터·상생협력연구회.

산업자원부, 『대·중소기업 상생협력 백서』, 2005년 12월.

상생협력연구회, 2006a, 『대·중소기업 상생협력의 길』, 전경련중소기업협력센터.

__________, 2006b, 『상생경영–무한경쟁 시장의 새로운 비즈니스 패러다임』, 김영사.

__________, 2006c, 『상생협력: 지속성장의 길』, 전경련중소기업협력센터.
__________, 2007, 『글로벌 시대, 상생경영 전략』, 전경련중소기업협력센터.
__________, 2008, 『기업생태계 경쟁력과 상생협력』, 전경련중소기업협력센터.
__________, 2009, 『기업생태계 경쟁력 강화전략과 한국의 과제』, 전경련중소기업협력센터, 11월.
송창석·박지윤, 2009, "PSBP Paradigm을 이용한 상생협력 진단모델 구축: 발전사와 협력기업간 상생협력을 중심으로," 『중소기업연구』 Vol.32, No.2.
이건희, 1999, 『이건희 에세이』, 동아일보.
이장우, 2011a, 『패자없는 게임의 룰 동반성장』, 미래인, 7월.
_____, 2011b, "한국형 동반성장 정책의 방향과 과제," 『중소기업연구』 33권 4호, 79~93.
이종욱·김기찬·송창석·박지윤. 2009, 『기업생태계 경쟁력과 상생협력 증진 방안』, (사)한국중소기업학회, 6월.
이종욱, 2010, "뉴패러다임 상생협력," 대한상공회의소 주최 '대-중소기업 상생협력관계 발전방안 대토론회', 9월 2일, 대한상공회의소.
이종욱·김기찬, 2011, "기업의 건강성 평가: S 전자 사례," 한국중소기업학회 추계학술대회.
이종욱·김기찬·송창석·이성상·박지윤, 2012, 『자동차부품 수급구조 안정화 방안 정책연구』, (사)한국자동차산업학회, 2월.
이종욱, 2012, 『한국형 동반성장의 넥스트패러다임』, 전경련중소기업협력센터·상생협력연구회.
_____, 2014a, 『현대·기아차의 더 나은 미래를 향한 동행』, 한국형 동반성장모델시리즈 14~02, 전경련중소기업협력센터·상생협력연구회.
_____, 2014b, 『기업의 자발적인 동반성장 참여유인 제고방안』, 동반성장 이슈 시리즈 14~011, 전경련중소기업협력센터·상생협력연구회.
_____, 2014c, "노동 생산성과 경제안정화의 선순환," 한국노동연구원.고용노동부 '생산성포럼'에서 발표된 원고.
_____, 2014d, 「거시경제학 강의 노트」, 서울여자대학교.
제임스 무어(강병구 옮김), 1998, 『경쟁의 종말』, 저작나무.
키스 소어(이호준 옮김), 2007, 『그룹 지니어스』, 북섬.
Barney, J., 1991, "Firm Resources and Sustained Competitive Advantage," Journal of Management, 17 (1 March), 99~120.
Berger, P. D. and A. Z. Zeng, 2006, "Single versus Multiple Sourcing in the Presence of Risks," Journal of the Operational Research Society 57, 250~261.
Chesbrough, H. W., 2003, Open Innovation: The New Imperative for Creating and Profiting from Technology, Boston, MA: Harvard Business School Press, 34~41.

Dension, Edward, 1985, *Trends in American Economic Growth 1929~1982*, Brookings Institution, Washington, D.C.

Eisenhardt, Kathleen M. and D. Charles Galunic, 2000, "Coevolving: At Last, A Way to Make Synergies Work," Harvard Business Review, 78 (1 Jan/Feb), 91~101.

Evans, Philip and Bob Wolf, 2005, "Collaboration Rules," Harvard Business Review, 83 (7/8 Jul/Aug), 96~104.

Hannan M. T. and J. H. Freeman, 1989, *Organizational Ecology*, Harvard University Press: Cambridge, MA.

Hoegl, M. and S. M. Wagner, 2005, "Buyer-Supplier Collaboration in Product Development Projects," Journal of Management 31 (4), 530~548.

Iansiti, Marco and Roy Levien, 2004a, The Keystone Advantage: What the New Dynamics of Business Ecosystems Mean for Strategy, Innovation, and Sustainability, Harvard Business School Press (Boston: MA).

Iansiti, Marco and Roy Levien, 2004b, "Strategy as Ecology," Harvard Business Review 82 (3 March): 68~78.

Kwack,S. Y. and Y. S. Lee, 2002, "An Econometric Analysis of the Cost Structure of the Korean Economy: Input Substitution, Economies of Scale, Technical Progress, and the Sources of Growth," 금융경제연구2002.8. 제132호.

Lavie, Dovev, 2006, "The Competitive Advantage of Interconnected Firms: An Extension of The Resource-Based View," Academy of Management Review, 31 (3 July), 638~658.

Lechner, C. and M. Dowling, 2003, "Firm Networks: External Relationships as Sources for the Growth and Competitiveness of Entrepreneurial Firms," Entrepreneurship & Regional Development, 15 (1 Jan~Mar), 1~26.

Porter, M. E. and Mark R. Kramer, 2011, "Creating shared Value," *Harvard Business Review*, January~February, 62~77

Moore, J. F., 1993, "Predators and Prey: A New Ecology of Competition," Harvard Business Review, ISSN 0017-8012, 71(3): 75~83.

Nooteboom, B, 2000, "Institutions and Forms of Co-ordination in Innovation Systems," Organization Studies, 21(5), 915~939.

North, D. C., 1990, *Institutions, Institutional Change and Economic Performance*, Cambridge, England: Cambridge University Press.

Olson, Mancur, 1981, *The Rise and Decline of Nations*, Yale University Press.

Porter, M., 1985, *Competitive Advantages*, New York: The Free Press.

_________, 1990, *The Competitive Advantage of Nations*, New York: The Fress Press.

________ and Mark R. Kramer, 2011, "Creating shared value," *Harvard Business Review*, Jan~Feb.

Sako, M., 1998, "Does Trust Improve Business Performance?" in Lane, C. and R. Bachmann(eds.), Trust Within and Between Organization-Conceptual Issues and Empirical Applications, Oxford: Oxford University Press.

Bachmann(eds.), Trust within and between organization-Conceptual issues and empirical applications, Oxford, Oxford University Press.

Williamson O. E, 2008, "Interfirm Contracting: Key Concepts and Lessons for Economic Organization," 『중소기업연구』 Vol.30 No.1.

Williamson, O. E., 1985, *The Economic Institutions of Capitalism*, New York: Free Press.

유창조

협력 경영의 필요성과 진화 과정*

1. 마켓 3.0 시장이 요구하는 협력 패러다임

1) 마켓 3.0 시대에서의 경영 패러다임: 참여와 협력

코틀러 교수(2010)는 '마켓 3.0'이란 저서를 내면서 뉴 미디어 등장에 따른 경영환경의 급속한 변화는 기업에게 새로운 경영패러다임을 요구한다고 강조한다. 코틀러(2010)에 따르면 "'1.0 시장'에선 산업화 시대가, '2.0 시장'에선 정보화 시대가 형성되었지만, '3.0 시장'(가치가 중시되는 시장)에서는 참여와 협력의 시대가 열리고 있다." "인터넷과 모바일로 통칭되는 뉴미디어들은 기업과 고객에서 새로운 차원의 편리성(쌍방향 서비스, 상호작용의 가능성 제고, 콘텐츠 저장과 변화의 용이성 등)을 제공하고 있고(Kelly, 1998; Jenkins, 2006)", "최근 소셜 미디어의 등장은 소비자

---

* 위 논문은 사회과학협의회가 개최한 "나눔의 사회과학"이란 세미나에 발표하기 위해 준비된 원고로 협력경영 교재개발에 따라 작성된 내용들 중에서 발췌되었습니다.

들에게 가치에 대한 새로운 인식 또는 경험 영역을 제공하고 있다(Caru and Cova, 2007)." "특히 표현형 소셜 미디어(Blog, Twitter, YouTube, Facebook 등)와 협력형 소셜 미디어(예: Wikipedia, Rotten Tamatoes, Craiglist 등)는 기업과 이해관계자들 그리고 고객에게 다양한 각도의 참여와 협력을 모색할 수 있는 기회를 제공해 주고(Chesbrough, 2006; Tapscott & Williams, 2006)." "그 결과 소비자들은 제품의 생산, 판매 및 소비에 참여하기 시작하면서 기업과 소비자 간 관계에서 주도적이고 능동적인 역할을 수행하고 새로운 소비문화를 창출해 내기도 한다(McAlexander Schouten and Koenig, 2002; 유창조, 2008)." 따라서 기업은 앞으로 더 현명해지고 확대된 네트워크를 확보하고 있는 고객들에게 더 높은 가치를 전달하여 영혼에 소구해야만 한다.

이러한 새로운 기술의 발전으로 산업은 과거 분리형에서 융합형으로 재편되고 있고 새로운 가치사슬이 등장하기도 한다. 과거 기업이 분리된 시장에서 경쟁우위를 확보하기 위한 노력을 해 왔다면 이제 기업은 융합형 시장에서 과거와는 다른 새로운 차원의 경쟁력(예: 창의성, 혁신성 등)을 확보해야 한다. "과거 기업은 다양한 구성원들(공급업체, 경로구성원, 미디어, 정부, 고객 등)과 분리된 객체라는 인식하에 이윤창출을 위한 가치사슬 구조를 설계해 왔다(유창조, 2014)." "그러나 신기술의 등장으로 이들 구성원들이 상호 의존적인 공동체로 연결되면서 이제 이들 구성원들은 모두 서로 참여하고 협력을 모색할 수 있는 새로운 수평적 구조에서 시너지를 모색하여야 한다(Phil and Golweg, 2006)." 즉, 융합형 시장에서 그리고 서로 연결된 공동체 관계에서 협력과 경쟁의 시대가 열리고 있다.

2) 기업의 목적에 대한 재해석: 사회문화적 변혁의 주체

애덤 스미스가 제안한 '보이지 않는 손'은 경쟁에 기반 한 시장의 원리를 설명해 주고 있다. 시장에는 수많은 공급자(기업)들과 수요자들이 있고 이들은 각자 자신의 이익을 극대화하기 위한 노력을 기울이게 되면 그 결과 시장경제의 원리에 따라 수요와 공급이 서로 균형을 이루게 된다는 것이다. 따라서 이 시기 기업의 목적은 주주의 이익을 극대화하는 것이었고 Friedman(1970)과 같은 학자는 기업의 책임을 "법이 정한 규칙 하에서 이윤을 극대화하기 위해 자원을 효율적으로 활용하고 경영활동을 전개하는 것이다"라고 제시한 바 있다. 이후 자유방임주의에 입각한 고전 자본주의는 정부의 적절한 시장개입 수준에 대한 다양한 논의를 거쳐 수정 및 발전되어 왔다. 그러나 정부가 시장경제에서 효율적이고 효과적인 역할을 수행하는 상황에서도 시장에서는 여러 가지 사회적 문제점들(예: 소득의 양극화, 빈곤층의 확대, 청년 실업의 등장, 대기업과 중소기업의 격차 확대 등)이 목격되어 왔다. 특히 2008년 세계적으로 확산된 금융위기는 자본주의 경제체계에 대한 문제점을 근본적으로 다시 생각하게 하는 계기를 가져다주었다. 그 의문점의 핵심은 인간이나 기업이 이익의 극대화에 초점을 맞추게 되면 예상하기 어렵고 제어하기 어려운 문제점들이 나타나게 된다는 것이다. 예를 들어 '자본주의 4.0'의 저자인 Kaletsky(2010)는 "인간의 합리성을 전제로 한 자본주의 모델은 인간과 기업의 탐욕을 억제하기 어렵다고 언급하고 있다."

최근 학계 및 업계에선 기업의 목적과 성과에 대한 새로운 논의가 제기되고 있다. "기업의 목적과 사회적 책임에 대한 재해석이 진행되고 이와 관련해 박애적 자본주의, 창조적 자본주의 등의 개념들이 제안되어 왔다(Bishop & Green, 2008; Kinsley, 2008)." 이러한 주장들은 모두 기업에게 기업의 전문성을 활용하여 사회적 근본적인 문제점을 해결하고 궁극적으로 인간의 삶의 질 향상에 앞장 설 필요가 있음을 강조한다. 이러한 논의들은 기업의 사회공헌활동이 전략적인 접근방식으로 적용되면서 공유가치창출(creating shared value) 개념으로 발전되고 있다. "Porter & Kramer(2002)는 사회공헌활동을 경쟁우위를 확보하기 위한 전략적 요소를 인식하고 이러한 경쟁우위는 확대된 사회적 책임과의 접점이 모색될 수 있다고 제안한다(Porter & Kramer, 2006, 2011; Saul, 2011)."

이를 종합하면 기업의 목적과 사회적 책임은 이윤의 극대화에서 사회문화적 변혁의 주체로 승화 발전되고 있다. "가치 중심의 마켓 3.0 시대를 예고한 Kotler(2010)는 기업의 목적이 단순한 이윤 창출에서 사회적 가치를 창출하는 것으로, 기업의 역할도 고객을 만족시키는 것에서 사회문화적 변혁의 주체로 조정되어야 한다고 제안한 바 있다." 같은 맥락에서 "유창조(2012, 2014)도 기업 최고경영자의 가장 중요한 역할을 고객이 원하는 가치와 사회적으로 요구되는 가치가 조화를 이루도록 기업의 가치를 정의하고, 이를 구현하기 위해 관계되는 구성원과 협력을 통해 기업이 제공하는 사회문화적 가치의 완성도를 높이는 것이라고 제안한 바 있다." 이 개념에서 기업은 이윤추구를 포기하는 것이 아니라 사회적 가치를 향상시킴으로써 이윤을 창출할 수 있게 되고 이러한 사업은 기업에게 지속가능성을 가져다 줄 것이다. 이런 추세를 반영하듯 국내에서도 창조경제가 강조되고 있다. 최근 박근혜 정부도 "창의성을 경제의 핵심가치로 두고 과학

기술과 정보통신 기술의 융합을 통해 산업과 산업, 산업과 문화가 융합해서 새로운 부가가치를 만들어내는 창조경제"를 구현할 것임을 제안하고 있다.

3) 경쟁과 협력의 공존 가능성

기업의 목적과 역할이 고객 또는 사회에게 제공하는 가치의 완성도를 높이는 것이라면, 이를 구현하는 방법은 무엇일까? 이를 구현하는 방법으로 활발하게 논의되고 있는 것이 경쟁적 협력이다. "경쟁적 협력(co-opetition)이라는 용어는 Nalebuff and Brandenburger(1996)에 의해 처음으로 소개되었는데, 이는 경쟁자가 동시에 보완자가 되는 현상을 통칭한다." 기업은 경쟁회사와 치열하게 경쟁하면서도 필요에 따라 협력을 도모함으로써 경영의 효율성을 높일 수 있다는 것이다. "예를 들어 삼성과 소니는 가전분야에서 치열하게 경쟁하고 있지만 S-LCD라는 합작법인을 설립해 신제품의 표준을 선도하기 위한 목적으로 LCD 패널을 공동 생산하고 있다(송재용, 2013)."

이러한 경쟁적 협력이 모색된 배경은 경쟁의 역기능이 목격되는데 있다. 먼저 경쟁의 순기능을 살펴보면 다음과 같다. 기업은 근본적으로 고객의 욕구를 충족시켜야 하고 이를 위해 고객에게 제공하는 가치를 높이기 위해 노력하게 된다. 이러한 경쟁은 기업에게 경영혁신의 동기를 제공하게 되고 창의적인 아이디어를 다양한 각도에서 모색하게 만들어 준다. 이와 같은 가치완성도 제고를 위한 치열한 경쟁의 결과 수월성 있는 기업이 시장에서 생존할 수 있게 되고 소비자에게 제공되는 가치는 향상될 수 있다.

반면, 기업 간 과도한 경쟁은 산업 차원에서 비효율성을 가져다 줄 수 있다. 기업은 시장 지배력을 강화하기 위해 각자 독자적으로 설비 확보를 위한 투자를 해야 하고 그 결과 산업차원에서는 설비투자의 비효율성이 목격될 수 있다. 또한 각 기업은 미래 사업이 될 수 있는 원천과학 분야에 대한 투자를 제한적으로 할 수밖에 없을 것이다. 그 결과 기업이 새로운 시장을 개척하는데 적지 않은 시간이 소요된다. 이러한 산업 차원에서의 비효율성에 대한 대책으로 최근 경쟁 회사 간 협력이 다양하게 모색되고 있다. 예를 들어 GM과 토요타가 수소연료 전지를 공동개발하고 GM과 다임러 크라이슬러가 파워트레인을 공동설계하고 있다. 또한 치열하게 경쟁하는 시장은 성숙기나 쇠퇴기를 맞이하게 되어 동반 하락이 예상될 수 있다.

요약하면 미래시장 개척이 CEO의 가장 중요한 역할로 인식되면서 과거에는 시도되지 않았던 경쟁사와의 다양한 협력도 모색되고 있는 것이다. 이제 경쟁과 협력은 상호 배타적인 차원이 아니라 상호 보완적인 차원으로 진화되고 있고 이러한 변화는 미래의 핵심 경영 패러다임으로 정착될 것이다.

4) 협력문화 구축의 필요성

우리나라는 대내외 환경 측면에서 여러 가지 극복해야 할 과제를 안고 있다. 국내외의 경제 불황 지속은 국내 시장을 압박하고 있고, 대기업과 중소기업 간 격차 심화는 건강한 생태계의 지속가능성에 어려움을 주고 있다. 최근 동반성장위원회가 중심이 되어 전개되고 있는 적합업종 선정에 관한 논의의 중심엔 기업 간 경쟁과 협력이 밀접하게 연관되어 있다. 적합업종 권고사항은 확장자제, 진입자제, 사업철수, 사업이양, 거리제한 등의 형태로 나타나기 때문에 기업간 경쟁이 제한되고 더 구체적으로 대기업의 사업기회는 제한되게 된다. 한편, 적합업종 선정은 대기업과 중소기업간 협력을 유도하여 적절한 역할분담을 통해 건강한 생태계 조성에 기여할 수 있다. 결국 적합업종 선정과 관련된 이슈는 산업차원에서 또는 기업경영 차원에서 경쟁과 협력 중 무엇을 더 촉진하느냐에 달려 있다고도 볼 수 있다. 그러나 앞서 언급하였듯이 경쟁적 협력이 가능하다면 적합업종 논의는 기업간 협력문화가 구축되는 계기로 발전될 수 있을 것이다.

최근 정부는 창조 경제를 통해 새로운 성장 동력을 모색하고 있는 중이다. 창조 경제 또는 창조 경영은 기업에게 창의성과 혁신을 통한 사회적 자본의 형성을 요구하고 있다. "사회적 자본이란 인간과 인간, 인간과 조직 및 조직과 조직 사이에 형성된 관계에 내재된 모든 자원을 지칭하는 것으로 21세기 경쟁력의 원천으로 인식되고 있다(윤석철, 2005)." 따라서 국내 기업들은 다른 기업들과의 협력을 적극적으로 모색해 효율적인 자원 배분을 통해 새로운 시장을 개척하고 경영성과를 높여야 한다.

그러나 대부분의 국내 기업들은 과거 경영 패러다임으로 생존과 성장을 주로 추구해 왔기 때문에 기업 간 협력경영은 적극적으로 모색되지 못했다. 최근 국내 기업들은 중소기업과의 협력에 관심을 가져 왔으나 이에 임하는 자세는 아직 수동적이다. 협력경영과 관련해 국내외 사례를 비교하면 〈표 1〉과 같이 요약될 수 있다.

〈표 1〉 협력경영 관련 국내외 비교

구분	국내	해외
사례	SK 행복 동반자 삼성 상생과 나눔 경영 LG 상생 경영 현대 투명 경영 CJ 즐거운 동행	Bp 전 세계 협력업체와 지식 네트워크 NOKIA 중소기업 특성을 통한 신성장 동력 창출 TOYOTA 가치혁신(자율적 / 개방적)
특징	CEO의 의지 미흡 → 국내로 국한되는 경향 폐쇄성 네트워크 전략적 요소로 인식 못함 → 제도적, 관리적 차원	CEO의 관여 → 글로벌 지향 개방형 네트워크 경영전략의 요소로 활용됨 → 자발적 의지, 가치혁신 도구

〈표 1〉에서 볼 수 있는 바와 같이 외국 기업의 경우 이미 오래전부터 최고경영자가 협력경영을 전략적인 요소로 인식하여 가치혁신 도구로 사용해 왔고 그에 따라 협력경영은 개방형으로 그리고 글로벌 관점에서 시도되어 왔다. 그러나 국내 기업의 경우 제도에 순응하기 위한 방편으로 동반 성장이 추진되어 왔으나 이와 관련해 최고경영자의 의지나 관여는 부족하여 활동의 진정성이 자주 제기되어 왔다. 국내 기업의 경우 협력 대상도 국내에 국한되고 있으며 시스템도 대기업 중심의 폐쇄형이 시도되어 왔다고 볼 수 있다. 이러한 폐쇄형 협력모델을 산업차원에서 요구되는 효율성을 가져다주지 못하고 건강한 생태계 조성에 기영하는 바도 제한적일 것이다. 그러나 협력경영에 관한 사례는 다양한 분야에서 목격될 수 있다. 이제 이러한 사례를 통해 바람직한 협력 문화 구축을 위한 방향을 모색해 보자.

2. 협력 사례와 협력경영의 이론적 배경

1) 동물에게서 배우는 협력의 지혜

동물의 세계에서는 공생의 관계가 있다. 공생이란 서로 다른 두 종이 밀접하면서도 장기적으로 상호작용하는 관계를 의미한다. 특히 호혜적 공생의 관계는 상호간 협력하는데 들어가는 비용보다 혜택이 더 큰 경우이고 더 나아가서 생태계에 긍정적인 영향을 미치게 된다. 생태계가 건강해지기 위해서는 이러한 호혜적 공생의 관계가 필요하고 증가되어야 한다. 예를 들어 꽃과 벌의 관계가 대표적인 것이다.

동물의 세계에서 서로 경쟁과 협력을 도모하는 경우는 자주 목격될 수 있다. 딕티오스 텔리움 디스토이데움이라는 아메바는 박테리아가 풍부할 때는 개별적으로 행동하면서 서로 경쟁하지만 먹이가 부족해지면 신호를 통해 모여 수만 마리의 집합체를 형성한다. 이 과정에서 20%는 죽게 되고 이들이 굳어지면서 줄기를 형성하게 되고 나머지가 이 줄기를 타고 다른 곤충의 몸에 기생할 기회를 갖게 된다고 한다. 또한 남극의 펭귄은 영하 60~70도를 오르내리는 추위를 극복하기 위해 가장 바람이 적게 부는 곳이 남극점으로 이동하고 펭귄들은 둥글게 무리를 지어 몸을 밀착시킨다. 안쪽과 바깥쪽의 온도 차이는 10도 정도가 되는데 서로 원을 그리며 움직이면서 순차적으로 위치를 바꾸면서 모든 펭귄들이 극한의 추위를 극복한다. 이러한 사례들은 선견지명이 있어야만 협력의 관계가 형성되는 것이 아님을 보여주고 있다. 더 넓은 의미에서 보면 동물의 먹이사슬 관계도 건강한 생태계를 유지하기 위한 협력의 결과라고 보아도 될 것이다.

2) 경쟁적 협력의 성공사례

최근 우리나라에서 기업 내에서의 경쟁과 협력의 성과를 보여주는 예가 발견되고 있다. 송재용(2013)은 글로벌 기업으로 도약하고 있는 삼성의 경영방식을 분석한 결과 기존의 경영학에 제시하지 못한 독특한 세 가지 경영방식을 발견하였고 이를 삼성경영의 세 가지 패러독스라고 명명한 바 있다. 그에 따르면 삼성은 그룹의 최적화를 우선시하면서 계열사 간 또는 사업부서간 경쟁과 협력을 유도하는 메커니즘을 유도하는 데 성공하였다. 삼성은 듀얼 소싱, 병행 투자 등을 통해 그룹 내 경쟁을 유도하면서도 엄정한 평가를 통해 협력을 통한 성과를 장려하였다. 또한 상시 구조조정 방식을 채택하여 조직의 유연성을 배가시켰고 복합적 사업구조를 통해 가치 창출의 극대화를 유도하였다.

한편, 현대차도 기아차를 인수한 후 다양한 통합 운영방식을 검토하였지만 결국 현대차와 기아차가 서로 경쟁하는 것을 선택하였다. 즉 현대차는 협력만을 강조하지 않고 서로 간 경쟁을 통해 경쟁력을 배가시키기로 결정한 것이다. 즉, '한 지붕 두 가족' 전략을 선택했고 그 결과는 두 기업 모두 글로벌 기업으로 성장하게 된 것으로 평가될 수 있다. 여기서 주목할 점은 협력과 경쟁이 공존하는 시스템은 외부의 요구나 규제에 의해서가 아니라 자발적으로 진행되었다는 점이다. 그 목적은 더 많은 이익의 창출하고 창출된 이익을 적절하게 배분하는 것이다. 즉, 구성원 모두는 더 많은 인센티브를 받기 위해 경쟁하면서도 필요하면 협력하는 지혜를 터득한 것이라 하겠다.

한편, "인상파 화풍이 등장한 배경엔 개방형 경쟁과 협력이 있었다고 한다(이병주, 2013).” 당시 기존의 화풍에 만족하지 못했던 화가들(모네, 르노와르, 바지유, 시슬레, 드가, 세잔 등)은 클레르 화실에서 나와 함께 새로운 방식을 모색했다. 이들은 서로 새로운 화풍이 무엇인지 몰랐지만 오랜 기간 새로운 시도를 하면서 서로 부족한 부분을 채워주면서 발전했고 그 결과 인상파라는 새로운 화풍을 완성하게 된다. 그 과정은 협력의 과정에 중요한 시사점들을 제공해 주고 있는데, 집단 리더십(예: 우두머리가 없었음), 다양성의 존중, 개방형 문화, 새로운 시도에 대한 호의적 참여 등이 그들이다. 결과적으로 이들은 협력과 경쟁을 통해 새로운 화풍을 완성하게 되는데, 이러한 사례를 미래에 도래될 것으로 예상되는 융합형 시장에서 여러 기업들이 협력과 경쟁을 통해 새로운 시장을 만들어 나갈 수 있음을 보여주고 있다고 하겠다.

3) 협력경영의 이론적 배경

기업 간 협력경영은 자발적으로 시도될 수 있는데, 이에 대한 이론적 근거는 사회교환이론(social exchange theory), 거래비용이론(transaction cost theory), 자원준거이론(resource-based theory), 산업조직론적 관점(industrial organization)에서 발견될 수 있다.

첫째, “사회교환이론은 사회시스템의 관점에서 구성원들의 역할을 인식하고 시스템의 관점에서 일부 구성원들이 교환 관계를 통해 경영효율성을 제고할 수 있다고 본다(Evan, 1965).” “사회적 교환관계가 형성되면 경쟁과 협력이 공존하는 구조(사업의 독립성을 유지하면서도 신뢰를 통한 결속관계의 유지)가 유도될 수 있다(Jarillro, 1988).” “이러한 교환관계가 형성되기 위해선 상호지향(mutual orientation), 상호의존(interdependence), 결속(bond), 관계특유자산의 유지 등이 필요 요건으로 언급되고 있고 파트너의 기회주의적인 행동과 시장의 불확실성이 장애요인이 될 수 있다(Johnson and Matton, 1987)."

둘째, "거래비용이론에 따르면 시장불완전성으로 인한 거래 비용의 증가로 이를 감소하기 위한 노력으로 기업간 협력의 위계구조가 시도될 수 있다(Williamson, 1975)." 예를 들어 "Williamson(1979)은 정상 시장거래와 위계의 선택준거에 따라 준시장거래(quasi-market)의 위계구조가 가능함을 제시한 바 있다." 이에 대한 대표적인 예는 광고주와 광고회사의 관계에서 발견될 수 있다. 광고주는 광고를 자체제작하기 위해서는 다양한 전문 인력을 고용하여야 하는데 이를 유지하기 위한 비용을 고정적으로 지출하는 것은 광고제작 전문 에이전시를 이용하는 것보다 비효율적일 수 있다. 따라서 광고주는 광고제작을 전문으로 하는 광고회사와 계약을 통해 광고를 제작할 수 있고 그에 따라 다양한 서비스를 받을 수 있다. 광고주의 입장에서는 광고제작에 따른 거래비용을 줄이기 위해 광고회사와의 협력관계를 시도하게 되는 것이다.

셋째, "자원준거이론은 회사가 보유하고 있지 않은 자원을 확보하기 위한 방법으로 협력을 모색할 수 있음을 제안한다(Ring, 1996)." 기업은 경쟁우위를 확보하기 위하여 다양한 자원을 확보하여야 하는데, 이를 모두 소유하기 어렵고 필요한 자원을 확보하기 위해 타 기업과 협력관계를 시도하게 된다. 특히 경쟁우위를 유지하는데 필요한 자원이 기업에 의해 통제되거나 소유되기 어려운 경우 경쟁기업과의 협력은 필수적일 수밖에 없다.

넷째, 산업조직이론은 기업에게 시장에서의 지배력을 확보하기 위한 방법으로 협력을 제안한다. "Porter(1980)의 산업구조분석 모델에 따르면, 기업은 대체제의 등장, 잠재적 진입자, 기존 사업자와의 경쟁, 구매자와의 협상력 등을 고려해 경쟁력을 확보하여야 하고 이들 구성원들과의 협력관계를 통해 시장 지배력을 강화할 수 있다." 이러한 협력관계는 강력한 경쟁자에 대한 대응(예: 마즈다가 포드가 협력하여 토요타에 대항)으로, 경쟁 기업간 협력을 통한 진입장벽 구축(예: 인텔과 텍사스 인스트루먼트가 기술 교환으로 집적회로 시장 선점 및 진입장벽 구축) 등과 같이 다양한 형태로 이미 시도된 바 있다.

마지막으로, 기업 간 협력은 동반성장을 위한 수단으로 활용될 수 있다. 이러한 유형은 한국형 협력모델이라고 할 수 있는데, 동반성장위원회는 대기업과 중소기업간 상생을 위한 협력관계를 유도하여 궁극적으로 선순환 산업 생태계의 구축과 전파를 위한 다양한 정책을 개발하고 있다. 특히 기업 생태계 측면에서 중소기업의 역할이 중요하게 인식되는 시점에서 바람직한 생태계 유도는 대기업에게도 장기적인 측면에서 거래비용 감소, 필요한 자원의 확보 및 교환가치 창출 등의 효과를 가져다 줄 수 있을 것이다.

3. 협력의 자발적 진화과정

Axelrod(1984)는 'evolution of cooperation'이라는 저서를 내면서 협력이 자생적으로 진화될 수 있음을 보여주고 있다. 그의 저서는 기업간 협력관계 모색에 중요한 시사점을 제공해 준다. 그의 모델은 죄수의 딜레마(prisoner's dilemma)에 기초하는데, 이는 아래 〈표 2〉에 요약되어 있다.

〈표 2〉 죄수의 딜레마

		Player A	
		Cooperate	Defect
Player B	Cooperate	R = 3 / R = 3 Reward for mutual Cooperation	S = 0 / T = 5 Sucker's payoff Temptation to defect
	Defect	T = 5 / S = 0 Temptation to defect Sucker's payoff	P = 1 / P = 1 Punishment for mutual defection

이 모델에서 중요한 것은 게임이 단 한번만 진행된다는 것이다. 공범을 저지른 범인이 범죄의 자백 또는 부인 여부에 관한 의사결정을 해야 하고 다시 이런 상황이 오지 않는다고 가정하면 자신의 이익(형량의 감소)을 추구하는 결정을 할 수 밖에 없다. 즉 자신만 자백하게 될 때 형량이 높아지기 때문에 상대방에 대한 극단적인 신뢰가 없다면 범죄를 자백하는 것이 자신의 형량을 낮추는 수단이 된다. 이로 인해 예상되는 결과는 모두 범죄를 자백하는 것이다. 이는 인간이 단기적인 관점을 가질 대 자신의 이익을 극대화하기 위해 타인의 이익을 고려하기 어려움을 보여주는 경우라고 하겠다.

그러나 Axelrod(1984)는 이러한 게임이 반복될 경우 구성원의 의사결정이 달라질 수 있음을 보여주고 있다. 그는 죄수의 게임을 여러 차례 반복되는 실험을 설계하고 다양한 사람들을 이 게임에 참여시켜 어떤 전략을 사용하는 것이 전체 게임에서 가장 좋은 종합점수를 받을 수 있는가를 실험하였다. 이 실험에 참여하는 사람들은 각각 다양한 방식의 전략을 사용하게 되는데, 'TIT for TAT'[1], 'DOWNING'[2], 'FREEMAN'[3], 'JOSS'[4] 등이 있다. 그 결과 전체 게임에서 가장 좋은 점수를 획득한 전략은 'TIT for TAT'인 것으로 나타났다. 이 결과가 의미하는 바는 게임이 오랜 기간 반복될 경우 비협력은 가장 적은 점수를 가져다주고 이러한 결과가 예상되는 상황에서 협력적인 분위기가 자생적으로 형성될 수 있다는 것이다. Axelrod(1984)는 이를 바탕으로 개별 구성원에게 1) 첫 번째 경기에서 협력하고, 2) 상대방의 비협력적 자세가 목격되면 반격해야 하고, 3) 상대방이 협력적으로 나올 때마다 협력하는 것을 조언하고 있다.

이러한 협력의 진화과정은 실험뿐만 아니라 다양한 사회 현상으로도 목격된다. Nowak(2012)은 협력여부는 게임의 지속여부에 달려있고, 상대방이 명성이 있을 경우 더 협력할 수 있게 된다고 제안한다. 그는 또한 협력하는 집단은 비협력적인 집단의 공격에서 버틸 수 있고, 장기적으론 베푸는 사람이 결국 살아남는 다양한 사례를 제시한 바 있다. 이러한 자생적 협력 진화의 대표적인 예는 1차 세계대전 서부 전선에서 목격된 바 있다. 치열한 전쟁이 벌어지고 있는 전선에서 한 지역에서는 대치 병력의 변동이 없었다고 한다. 이 대치 병력들은 초기 고지 탈환을 위해 치열한 공방전을 벌여 왔는데, 같은 병력의 대치가 지속되자 서로 협력적인 분위기(예: 초기 편지 보내는 시간 및

---

1 첫 번째 게임에서는 협력하나 그 후 전 라운드에서 상대방의 선택을 따라 하는 방식: 즉 상대방이 전 라운드에서 협력하지 않으면 금번 경기에서 협력하지 않고 전 라운드에서 상대방이 협력하면 다음 경기에서 협력하는 전략.

2 매 경기마다 상대방의 선택을 예측하여 좋은 점수를 받기 위한 선택을 하는 전략.

3 대체로 비협력적인 선택을 하는 전략.

4 대체로 협력하나 가끔 비협력적인 선택을 하는 전략.

크리스마스 기간 중 공격하지 않기로 암묵적으로 합의하다가 나중엔 서로 마주쳐도 공격하지 않고 아예 공격하는 시간을 따로 정하는 현상이 발견됨)가 조성되었다. 모든 병사들의 목적은 전쟁에서 이기는 것 보다는 살아서 가족의 품으로 돌아가는 것이었고 오랜 기간 대치하면서 서로 협력하는 것이 가장 좋은 대안임을 인식하기 시작한 것이다. 이와 같이 게임이 반복되면 내게 돌아올 이익을 극대화하는 가장 현명한 방법이 서로 협력하는 것임을 알게 되고 그에 따라 협력 문화가 형성될 수 있다.

4. 협력경영의 성공여건

앞서 설명하였듯이 협력경영이 가져다 줄 수 있는 가장 큰 이익은 각 기업은 고객에게 더 높은 가치를 제공해 줄 수 있고 그에 따라 더 큰 이윤을 창출할 수 있다는 점이다. 그리고 이러한 협력문화는 자생적으로 발전될 수 있다. 그렇다면 협력경영 문화가 구축되기 위해서는 무엇이 필요할까? 아래 〈표 3〉은 협력문화 구축에 장애가 되는 요인과 성공요건을 요약하였다.

〈표 3〉 협력경영의 장애요인과 성공요건

구분	내 용
장애 요인	역량의 불균형(정보의 불균형) 단기적 시각(Cost에 편중된 협력) 제도 및 규칙 미비 (현재 개선 중)
성공 요건	최고 경영자의 의지와 관여 → 장기적인 지향점이 필수 전략적 요소로의 인식 → 예: 가치혁신, 생산성 혁신, 글로벌 경쟁력 강화 등 신뢰 제고를 위한 전략적 수단의 개발 → 상호 배려하는 문화, 커뮤니케이션 과정의 조화 개방형 공유 시스템 유도

국내에서 협력문화가 구축되는데 장애가 되는 요인은 첫째, 기업간 역량의 불균형이다. 협력은 기업간 역량이 균형을 이룰 때 또는 상호보완적인 역량을 소유하고 있을 때 시도될 수 있다. 힘의 균형이 깨지게 되면 기업간 협력은 부정적인 방향(예: 갑을 관계)으로 나타날 수 있다. 둘째, 기업이 갖고 있는 단기적인 관점이다. 기업이 단기적인 이익만을 추구한다면 기업은 협력하지 않을 충분한 이유(예: 1회의 죄수의 딜레마 게임)가 있지만 장기적인 관점을 갖는다면 협력할 이유도 충분하다. 예를 들어 대기업은 기존 시장에서의 시장지배력 유지 내지 강화만을 추구하기 보다는 장기적인 안목에서 새로운 사업기회(예: 신시장 개척, 새로운 융합형 시장의 창출 등)를 확보기 위해 노력할 필요가 있다. 기존 시장에서 작은 상권에까지 침투해 작은 이익을 구현하기 보다는 새로운 시장에서 더 큰 이익을 모색하는 것이 대기업의 바람직한 경영전략이다. 반면 중소기업은 작은 상권에서 경쟁력을 확보하기 위한 노력을 기울여야 한다. 중소기업은 차별화와 유연성 제고를 통해 중소기업 고유의 자산을 확보하여 대기업이 자발적으로 중소기업과 협력관계를 모색하기 위한 요건을 갖추어야 한다. 마지막으로 미흡한 제도적 여건이다. 최근 정부는 중소기업을 지원하고 동반성장을 추진하는 다양한 정책을 제시하고 있지만 주로 규제로 접근하고 있기 때문에 기업의 자발적 참여가 미흡하다. 또한 그 정책도 중소기업 역량강화나 협력문화 조성 등과 같은 발전적인 방향으로 확대되지 못하고 있다. 예를 들어 동반성장위원회는 규제적인 측면을 통한 산업 내 효율성 제고를 추구하기 보다는 대기업이 자발적으로 중소기업의 협력을 모색할 수 있는 여건을 확보해야 한다.

이제 개별 기업 수준에서 협력문화가 구축되는 필요한 요건을 생각해 보자. 첫째, 최고 경영자의 참여와 의지가 무엇보다도 먼저 요구된다. 협력경영은 장기적인 안목을 가질 때 비로소 정착될 수 있기 때문이다. 둘째, 최고경영자는 협력경영을 전략적 요소로 활용할 필요가 있다. 미래 시장(예: 마켓 3.0)에서는 무엇보다도 먼저 고객에게 제공되는 가치가 제고되어야 하고 이를 위한 가장 좋은 대안은 협력일 것이다. 외국 글로벌 기업이 새로운 시장 및 글로벌 시장을 개척하고 생산성을 혁신하는 수단으로 기업간 개방적 협력을 시도해 왔음을 기억할 필요가 있다. 셋째, 협력에 참여하는 기업들은 상호간 신뢰를 구축하기 위한 프로세스를 정밀하게 설계할 필요가 있다. 협력관계는 신뢰가 결여되면 지속될 수 없다. 필요하다면 상대 기업에 따라 의사결정구조도 조정될 필요가 있다. 마지막으로 협력은 개방적으로 시도되어야 한다. 특정 기업간 협력으로 국한되는 폐쇄형은 시간이 지나가면서 역기능 현상이 나타날 수 있다. 언제든지 협력의 대상사자 바뀔 수 있는 개방형은 각 구성원이 협력관계를 유지하기 위해 노력하게 만들어줄 것이다.

국내에서 기업간 협력경영은 자주 언급되어 왔지만 아직 익숙하지 않은 용어이다. 국내 기업들은 열악한 경영환경에서 생존을 위한 치열한 경영을 전개해 왔기 때문이다. 그간 고속 성장을 이룩한 우리나라는 최근 새로운 위기와 도전에 동시에 직면하고 있다. 우리나라는 오랜 역사를 통해 협력의 중요성과 그 성과를 잘 알고 있고 함께 어울리고 서로간 정을 나누는 것은 우리나라만의 고유한 문화일 것이다. 이제 협력경영을 통한 국내 기업들의 그리고 대한민국의 새로운 도약을 기대해 보자.

참고문헌

송재용, 2013, "삼성웨이: 시너지 경영으로 다각도 경쟁력을," 『동아비즈니스리뷰』 135호, 58~63.

유창조, 2008, "비자의 역할변화에 대한 탐색적 연구: 새로운 소비문화 발현자로서의 소비자," 『한국마케팅저널』 10권(2), 153~159.

유창조, 2012, "기업은 사회적 변혁의 주체," 『동아비즈니스리뷰』 November Issue 1, 28~34.

유창조, 2014, "사회공헌활동의 진화과정과 경영성과에 관한 종합 고찰," 『마케팅연구』 29권 2호, 55~78.

윤석철, 2005, "경영, 경제 인생 강좌," 『위즈덤』.

이병주, 2013, "미술의 역사 바꾼 인상주의 핵심동력은 다자간 협력," 『동아비즈니스리뷰』 142호, 110~114.

Axelrod, Robert, 1984, "The Evolution of Cooperation," Basic Books.

Bishop, Matthew and Michael Green, 2008, "Philanthro-capitalism," Bloomsbury Press.

Caru, Antonella and Benard Cova, 2007, "Consuming Experience," Routledge Inc.

Chesbrough, Henry, 2006, "Open Business Models: How to Thrive in the New Innovation Technology," Harvard Business School Press.

Friedman, Milton, 1970, "The Social Responsibility of Business Is to Increase Its Profits," New York Times Magazine, September 13, 1970.

Jarillo, S. C., 1988, "On Strategic Network," Strategic Management Journal, 31~41.

Jenkins, Henry, 2006, "Convergence Culture: Where Old and New Media Collide," New York, University Press.

Johanson, J. and Mattson, L.G, 1987, "Interorganizational relations in industrial system: A network approach compared with the transaction cost approach," International Studies of Management and Organizational, 34~48.

Kaletsky, Anatole, 2010, "Capitalism 4.0: The Birth of New Economy in the Aftermath of Crisis," Public Affairs.

Kelly, Kevin, 1998, "New Rules for the New Economy," Penguin Books.

Kinsley, Michael, 2008, "Creative Capitalism: Conversation Bill Gates Warren Buffett," Simon & Schuster.

Kotler, Philip, 2010, "Hermanwan Kartajaya and Iwan Setawan, Marketing 3.0," John Wiley & Sons, Inc.

McAlexander, James H., John W. Schouten, & Harold F. Koenig, 2002, "Building Brand Community," Journal of Marketing, 66(January), 38~54.

Nalebuff, B. J. and Brandenburger, A. M., 1996, "Composite Brand Alliance : an Investigation of Extension and Feedback Effects," Journal of Marketing Research, 33(4), 453~446.

Nowak, Martin. A., 2011, "Super Cooperators: Altruism, Evolution, and Why We Need Each Other to Succeed," Free Press.

Pil, Frits. K. & Matthias Golweg, 2006, "Evolving from Value Chain to Value Grid," MIT Sloan Management Review, Summer, 72~80.

Porter, M. E., 1980, "Competitive Strategy," New York : Free Press.

Porter, Michael E. Michael E. and Mark R. Kramer, 2002, "The Competitive Advantage of Corporate Philanthrophy," Harvard Business Review, December, 5~16.

Porter, Michael E. and Mark R. Kramer, 2006, "Strategy and Society: The Link between Competitive Advantage and Corporate Social Responsibility," Harvard Business Review, December, 78~93.

Porter, Michael E. and Mark R. Kramer, 2011, "Creating Shared Value: How To Reinvent Capitalism and Unleash a Wave of Innovation and Growth," Harvard B usiness Review, January and February, 1~17.

Ring, P. S., 1996, "Forging Alliance: A guide to Top Management," Columbia Journal of World Business, Fall, 7~13.

Saul, Jason., 2011, "Social Innovation, Inc.: 5 Strategies for Driving Business Growth through Social Change," Jossey-Bass A Willey Impint.

Tapscott, Don and Anthony D. Williams, 2006, "Wikinomics: How Mass Collaboration Changes Everything," New York Portfolio.

Williamson, O. E, 1975, "Market and Hierarchy : Analysis and Antitrust Implication," NY: Free Press.

이홍

기업의 나눔, 어떻게 이해하고 실천할 것인가?

1. 들어가면서

최근 우리 사회는 몸살을 앓고 있다. 1960년대 이후 쉼 없이 달려오면서 이제 성장의 의미는 약해지고 상대적으로 분배의 문제에 대한 관심이 커지면서다. 과거 우리 사회는 배고픔으로부터의 탈출을 꾀하기 위하여 앞만 보고 달려왔다. 선 성장 후 분배의 기치 하에 오로지 성장만을 지고의 선으로 여기며 달려오면서 사회는 새로운 시각을 가지게 되었다. 가장 두드러진 것이 분배의 왜곡에 대한 분노와 자성이다.

한국사회가 분배의 왜곡이 심하다는 공격과 자성은 한국이 지향하는 자본주의적 가치 또는 시장주의적 가치에 대한 심한 의구심을 낳게 되었다. 이는 단순히 정치인들의 이데올로기적 투쟁의 수준을 넘어 이제는 국민 개개인의 삶 속으로 투영되기 시작하였다. 반값 등록금, 중소기업과 대기업의 동반성장에 대한 욕구, 골목상권 지키기, 무상급식 등 사회 전반에 걸친 요구들이 봇물처럼 터지면서 우리 사회는 매우 혼란스러운 국면으로 들어가고 있다. 그러면서 이제는 자본주의나 시장주의가 아닌 제3의 길, 예컨대 '따뜻한 자본주의' 또는 '나눔의 경제'를 모색하여야 한다는 주장까지 나오고 있다.

한국사회에서 자본주의와 시장적 가치에 대한 사람들의 생각을 바꾸게 한 계기는 두 번 있었다. 한번은 IMF 시대를 겪으면서이고 다른 한번은 미국 금융위기 이후 전 세계적 경제 침체의 영향을 경험하면서이다. IMF 시대는 한국경제의 갑작스런 붕괴와 관련이 있다. 이 시대를 겪으면서도 다행스럽게도 우리 국민들은 일단 경제는 살리고 보아야 한다는 의식이 매우 강하였다. 그래서 금 모으기 등 경제회복을 위한 행동이 국민적 합의로 이루어졌다. 하지만 2008년 미국의 서브프라임 모기지 사태로 촉발된 세계금융 위기는 전혀 다른 양상으로 나타났다. 금 모으기와 같은 국민적 단결은 보이지 않았으며 국민들로 하여금 자본주의와 시장주의에 대한 근본적인 물음을 던지게 하는 계기가 되었다. '따뜻한 자본주의'나 '나눔의 경제'와 같은 새로운 개념들에 눈뜨기 시작하였다.

이러한 정서의 흐름 속에서 반사적으로 기업에 대한 국민들의 감정은 악화되기 시작하였다. 국민들이 기업들을 탐욕스러운 그 무엇으로 보기 시작한 것이다. 이 시점에서 기업들은 무엇을 하여야 하는가? 기업의 역할은 무엇인가? 본 글에서 살펴보려는 내용이다.

2. 자본주의 그리고 나눔과 관련된 쟁점

자본주의의 과정을 진화적 관점에서 설명한 사람이 있다. 영국의 저널리스트인 아나톨 칼레스키(Anatole Kaletsky, 2010)다. 그는 자본주의 진화를 설명하면서 '자본주의 4.0'으로의 진화가 필요하다는 주장을 하였다. 칼레츠키는 지금까지의 자본주의 진화과정을 1.0시대에서 3.0시대로 구분하였다. 자본주의 1.0은 1800년대초 자본주의가 싹트면서 시작된 것으로 기업과 시장의 최대 자유를 주장하던 자유방임주의 시대를 말한다. 시장에 대하여 정부는 최소의 간섭이 선으로 여겨지던 시기였다. 그러나 이 시기는 1930년대 미국의 대공황과 함께 막을 내리고 자본주의 2.0시대로 진화하였다는 것이 칼레츠키의 주장이다. 이 시기는 대공황을 치유하면서 시장에 대한 정부간섭이 정당화 되면서 큰 정부가 선호되는 시대다. 자본주의 3.0시대는 1970년대 1차 석유파동으로 발생한 세계적 스태그플레이션을 치유하는 과정에서 등장하였다. 영국의 대처 수상과 미국의 레이건 대통령으로 상징되는 신자유주의적 사조가 이 시기의 특징이다. 시장을 중심으로 하는 경제사회의 구축이 다시 부각되면서 자본주의 2.0 시대의 주 역할자인 큰 정부를 부정하고 시장으로의 회귀가 핵심이다. 칼레츠키는 이 시대가 다시 종말을 고하고 자본주의 4.0으로 설명되는 새로운 시대로 진화되어야 한다고 주장한다. 이 시대의 시작은 이미 2008년 미국의 금융위기에서 촉발되었다는 것이다. 2008년 세계는 급속한 경제위축을 경험하면서 다른 한편으로는 자본주의와 시장주의가 해결하지 못한 문제를 극적으로 부각시켰다. 바로 분배의 문제다. 이 문제의 해결과 더불어 성장의 문제를 동시에 해결하기 위해서는 지금까지의 단순한 시장 우위적 사고나 정부 우위적 사고에서 벗어나 양자 간의 협력적 사고를 중심으로 한 새로운 자본주의가 태어나야 한다는 것이 칼레츠키의 주장이다(〈표 1〉 참조).

〈표 1〉 자본주의의 진화과정[1]

구분	시기	특징적 인물	핵심주장	전환촉발 사건
자본주의 1.0	19세기 초~1930	애덤 스미스	자유방임	
자본주의 2.0	1930~1970	케인즈	수정자본주의	미국의 대공황
자본주의 3.0	1980~2008	레이건	신자유주의	석유파동
자본주의 4.0	2008 이후		공생경제	미국의 금융위기

자본주의 4.0시대의 정신은 정부와 시장이 협력하여 상호적응적 혼합경제를 구축하여야 한다는 것으로 표현되지만 그 핵심을 들여다보면 시장에 의하여 왜곡된 부의 분배가 나눔적 관점에서 새롭게 해석되고 이에 따라 분배되어야 한다는 논리도 숨어 있다. 이를 위해 과도하지 않은 범위에서 정부의 역할이 필요하다는 것이다.

사실 나눔이라는 단어는 매우 가치지향적이며 때로는 도덕지향적인 단어이다. 또한 매우 인본주의적 성격을 지닌다. 인간으로 태어나서 주위와 나누는 인간적인 모습은 고래의 철학자들로부터 논의되어 왔다. 따라서 그것이 어떤 의미를 지니는지 따지기 전 인간으로서 지향하여야 하는 지고의 선으로도 여겨진다. 하지만 나눔의 현상을 정치와 경제의 영역으로 끌어들이는 순간 문제는 그리 간단하지 않다. 나눔은 궁극적으로는 국가의 정치 경제적 정체성 즉, 이데

1 아나톨 칼레츠키(2010)

올로기라는 큰 이슈와 연결되어 있기 때문이다.

나눔과 관련하여 가장 큰 공격을 받는 철학적 사유는 칼레츠키에 의하여 자본주의 3.0 시대의 핵심특징으로 지목된 신자유주의다. 신자유주의는 시장의 기능을 최대한 보장하고 정부의 최소간섭을 지지하는 사유체계다. 문제는 2008년 터진 미국의 금융위기에 있었다. 이 사건을 계기로 신자유주의는 혹독한 비판에 직면하였다. 미국 금융위기의 근본 원인이 신자유주의로 인한 시장의 방종 또는 시장의 실패 때문이라는 주장이 제기되면서다. 이러한 문제를 해결하기 위해서는 자본주의 2.0시대에 나타난 케인즈적 사고 즉, 큰 정부를 통하여 시장을 국가가 통제하는 것이 필요하다는 것이다. 이 과정을 통해 시장이 돌보지 못하는 소외된 계층에 대한 나눔이 이루어져야 한다는 것이다.

물론 2008년의 미국의 금융위기가 과연 시장실패 때문에 일어난 것인지 아니면 정부실패 때문에 일어난 것인지는 주장이 엇갈리고 있다. 미국의 금융위기는 시장의 실패가 아닌 미국 연방준비은행의 잘못된 간섭 즉, 정부실패 때문에 촉발되었다는 주장이 그것이다. 이들의 주장은 이러하다. 연방준비은행은 경기부양을 목적으로 통화량을 증가시켜 2003년 6월 이자율을 1%까지 낮추었다. 이 과정에 서브프라임 모기지 제도가 문제를 일으켰다. 서브프라임 모기지는 미국의 서민들도 쉽게 집을 살 수 있도록 해 준 제도적 장치다. 미국의 서브프라임 모기지 상품의 이자율은 통상적인 이자율에 약 3%를 가산한다. 2003년 6월에는 4%의 이자로 주택을 구입할 수 있는 일이 벌어졌다. 그러자 전에는 주택구매가 어려웠던 서민들이 대량의 주택을 구매하기 시작하였다. 이것은 경기확장으로 이어졌고 인플레이션을 우려하여 연방준비은행은 금리를 큰 폭으로 올리기 시작하였다. 2006년 8월에는 통상적인 이자율이 5.25%까지 올라갔다. 문제는 2003년 이후 너도 나도 주택구매에 뛰어들었던 서민들에게서 나타났다. 이들은 2006년 8월에 이르자 졸지에 8.25%라는 엄청난 이자를 물어야 하는 상황에 직면하였다. 결과는 폭발적인 연체율로 이어져, 2007년 3사분기 말에는 서브프라임 모기지의 연체율이 16.31%에 이르게 되었다. 주택차압율은 6.89%까지 치솟았다(전용덕, 2009). 이런 상황은 곧바로 서브프라임 모기지를 판매하였던 금융사들의 파산을 불러일으키기 시작하였다.

미국의 금융위기의 시작은 정부의 시장에 반하는 잘못된 정책도 주요한 원인으로 지적되고 있다. 예로 클린턴 정부는 서민들의 주거 안정을 위하여 기존 모기지의 심사기준을 대폭 완화한 서브프라임 모기지라는 제도를 만들게 된다. 지역재투자법(Community Reinvestment Act)[2]이 제정되면서 법적 뒷받침을 가질 수 있었고 여기에 주택도시개발부(Department of Housing and Urban Development), 연방주택청(Federal Housing Administration)의 지원과 프레디맥(Freddie, 연방주택저당공사)과 페니메이(Fannie Mae, 연방주택대출저당공사) 등의 기관이 만들어지면서 서브프라임 모기지가 활성화되기 시작하였다. 1995년 미국정부는 지역재투자법 관련 대출심사 기준을 간소화하는 작업을 하여 기존의 신용평가 없이도 저소득층이 대출을 받을 수 있는 조치를 취하였다. 여기에 또 다른 문제의 조치가 취해진다. 정부가 프레디맥과 페니메이와 같은 공사들

2 1977년에 제정되어 1995년에 2차로 개정된 법으로 금융기관이 소재지에서 저소득층, 소수인종, 소기업, 지역개발 등에 적극적으로 나설 것을 강제하는 법적 기초를 제공함.

에게 서브프라임 모기지의 증권화를 허용한 것이다. 서브프라임 모기지라는 신용이 약한 채권을 유동화하여 판매할 수 있는 제도가 마련된 것이다. 서브프라임 모기지의 증권화 비중은 1995년 말 28%에서 2006년 말에는 54%로 큰 폭으로 치솟게 되었다(전용덕, 2009). 문제는 서브프라임 모기지 수혜자들이 이자율의 상승으로 이자 연체를 하면서 일어났다. 금융회사들은 차압으로 맞섰지만 서브프라임 모기지 사태는 정부조차 막을 수 없는 국면으로 치달으면서 서브프라임 모기지와 이를 유동화한 증권을 사들인 금융기관을 차례대로 파국으로 몰고 갔다.

이러한 일의 배경에는 금융기관의 도덕적 해이도 있었다. 특히 서브프라임 모기지 사태의 근원지인 프레디맥과 페니메이 공사 그리고 심지어 민간 금융기관 조차도 서브프라임 모기지 대출에 대하여 주택도시개발부(HUD)의 보증을 받을 수 있었기 때문에 손해 볼 이유가 전혀 없는 상태에서 반시장적 게임에 몰두하게 된 것이었다. 종합하면 정부실패와 이로 인한 시장실패의 전형적인 모습이 서브프라임 모기지 발 금융위기에 고스란히 담겨 있었다.

사실 본 글은 시장실패나 정부실패에 대한 논쟁을 깊이 있게 다루는 것이 목적이 아니다. 미국의 금융위기가 시장실패에서 비롯된 것인지 아니면 정부실패에서 비롯된 것인지 아니면 둘 다인지를 굳이 따져 물으려는 것도 글의 목적이 아니다. 어느 쪽이 되었던 우리 사회는 미국발 금융위기로 인해 자본주의와 시장에 대한 회의감이 높아졌다는 사실에 주목할 필요가 있다. 또한 문제해결의 하나로 나눔의 개념이 자리 잡기 시작하였음에도 주목할 필요가 있다.

그렇다면 나눔이란 무엇인가? 이 질문에 답하기 위해서는 사회적 정의에 대한 논의를 피할 수 없다. 정의(justice)가 무엇인지를 밝혀내는 것은 매우 어려운 철학적 주제이지만 적어도 나눔 즉, 분배에 대한 시각을 다루지 않고서는 정의를 이야기하기 어렵다. 분배와 관련하여 주목하여야 할 두 가지 개념이 있다. 하나는 공정성(equity)이고 다른 하나는 공평성(equality)이다. 이 두 개념은 모두 나누는 방식에 대한 서로 다른 시각을 제공하고 있다.

먼저 공정성에 대해 살펴보자. 공정성은 아담스(Adams, 1963)에 의하여 종합 체계화 되었는데 그에 따르면 공정한 상태는 절대적 상태가 아닌 타인과의 비교에 의해 만들어지는 상대적 상태라고 주장한다. 그에 따르면 다음과 같은 조건이 형성되었을 때 사람들은 공정하다고 느낀다.

$$\frac{O(\text{나})}{I(\text{나})} = \frac{O(\text{타인})}{I(\text{타인})}$$

위 식에 따르면 사람들은 자신의 투입(I, input: 노력의 정도, 학력, 투자된 정도 등)에 비하여 얻는 성과(O, output)의 비율이 타인의 그것에 비하여 동일하다고 느낄 때 공정한 상태가 되었다고 생각한다. 만일 이 비율이 깨지면 불공정한 상태가 일어났다고 생각한다. 특히 $O(\text{나})/I(\text{나}) < O(\text{타인})/I(\text{타인})$이 되면 사람들은 매우 격렬하게 이를 교정하기 위한 행동을 하게 된다. 공정성의 개념에는 노력을 많이 한 사람들이 더 많은 분배(를 가져야 한다는 사고가 묻어 있다.

한편, 공평성은 비율의 개념이 아니다. 절대적인 분배의 정도로 표현된다. 즉, 다음과 같은 상태에 머무를 때 공평하다고 한다.

O(나) = O(타인)

위 식에 따르면 개인의 노력과 같은 투입요소는 분배에 중요하지 않고 오로지 성과를 동일하게 나누는 것이 좋은 배분 방식이라는 것이다. 사람들이 노력을 얼마나 하였는지는 묻지 말고 모두 동일한 양으로 분배를 하는 것이 바로 선이라는 것이다. 이러한 사고는 매우 종교적 색채가 강한 곳이거나 원시부족의 원형을 보존하고 있는 사회에서 찾아 볼 수 있다. 아프리카의 부족사회에서는 아직도 이러한 방식의 배분이 이루어지고 있다.

이데올로기적 관점에서 볼 때 공정성의 개념은 자본주의 또는 시장주의의 밑바탕이 되는 사고이고 공평성의 개념은 사회주의 또는 공산주의의 밑바탕을 이루는 사고다. 공정성과 공평성 어떤 나눔이 올바른 것일까? 불행하게도 두 가지 모두 완벽한 나눔을 제공하지 못한다. 공정성에 입각한 나눔은 부의 편중이라는 부작용을 가지고 있다. 공정성은 근본적으로 노력 앞에 불평등(노력을 많이 한 사람이 성과배분을 더 많이 가져간다)을 가정한다. 다른 말로 하면 더 많은 노력을 하면 더 많이 가져갈 수 있다는 인간의 이기심을 기본 가정으로 하고 있다. 일견 그럴 듯 해 보지만 함정도 있다. 실제로는 노력을 통해 많은 부를 분배받는 것으로 끝나지 않기 때문이다. 분배받은 부는 다시 또 다른 노력과 능력에 투자되어 다시 더 많은 부를 분배받을 수 있어 결국에는 소수의 사람들에게 부가 편중되는 효과가 일어날 수 있다. 2008년 미국의 월가에서 일어난 데모의 이슈 99% 대 1%가 바로 이것이다. 세상의 1%가 부의 대부분을 가지고 나머지 99%는 이들의 행태를 지켜만 보아왔다는 것이다. 이런 일이 가능한 이유는 능력 있고 노력하는 사람들이 자신들의 분배의 일정부분을 다시 능력을 키우는데 사용하며 더 많은 부를 분배받았기 때문이다.

그렇다면 공평성은 어떨까? 노력을 많이 하건 그렇지 않건 이것과는 상관없이 동일한 부를 분배받으면 좋아 보이지만 이 역시 치명적인 약점을 가지고 있다. 노력을 많이 한 사람들의 불만을 가져올 것이고 궁극에는 이들이 노력하기를 포기함으로 결국 사회 전체적으로 보면 생산성이 급감한다는 것이다. 러시아의 붕괴 과정과 그리고 북한의 경제결핍에서 이러한 현상을 발견할 수 있다. 그리고 공평하게 부가 분배되기 위한 전제조건은 모든 사람들이 '선'하다는 매우 강한 가정을 하여야 한다. 만일 이 가정이 깨지거나 실제로 사람들의 선함이 작동하지 않으면 공평성에 의한 분배는 사회적 생산성 하락이라는 심각한 문제만을 노출하게 된다. 이 과정에서 강력한 도덕적 해이가 증가할 수 있다.

인간은 불행하게도 부의 분배에 있어서 공정성과 공평성의 양극단에서 오락가락하고 있다. 자유주의와 신자유주의는 공정성의 관점에 더 많은 방점을 두고 있고 사회주의나 공산주의를 옹호하는 사람들의 주장은 공평성에 더 많은 방점을 두고 있다. 재미있는 것은 사회주의나 공산주의적 관점까지는 아니더라도 공평성에 무게를 두면 둘수록 정부통제의 양은 크게 증가한다는 것이다. 사실 사회주의나 공산주의는 기본적으로 정부통제의 양이 극단화된 사회를 일컫는다. 이유는 인간이 모두 선한 생각만을 가지고 있는 것은 아니기 때문에 공평한 배분을 할 때에 예상되는 이기적 불만을 강력하게 억누를 정부가 필요해져서다.

과연 정부간섭으로 인한 방법이 최선인가? 정부간섭은 공정성의 문제와 공평성의 문제를 해결할 수 있는 유일한 수단인가? 그렇지 않다는 것이 문제다. 정부가 간섭하기 위한 전제조건은 정부가 모든 변수를 통제할 수 있고 이것으로 사회적 선을 이룰 수 있다는 보장이 있어야 한다. 또는 정부의 간섭이 선을 이루는 도구라면 '정부 규제가 많은 사회가 그렇지 않은 사회보다 사회적 정의에서 앞서 있으며 또한 사회적 생산성에 있어 우월하다'라는 가설이 검증되어야 한다. 불행히도 역사는 정부의 규제가 많을수록 적어도 한 국가나 경제가 건전해졌다는 증거를 주지 않는다.[3] 이유는 규제를 하는 정부 역시 매우 불완전한 존재로 간섭을 하는 과정에서 민간과 시장의 자율성을 빼앗고 이로 인해 사회적 생산성을 약화시키기 때문이다. 또한 정부의 간섭이 증가할수록 부패시장 역시 동시에 커지는 부작용을 가지고 있기도 하다.

3. 기업의 나눔에 대한 인식과 반 기업정서

현대 사회에 있어서 생산의 책임을 지는 주체는 바로 기업이다. 하지만 기업이 보다 넓은 책임의 범주를 가져야 한다는 것이 최근에

3 중국의 최초 통일 왕국인 진나라는 한비자의 법가주의를 받아들여 중앙집권적 규제를 늘린 대표적인 국가이다. 마치 진시황의 전횡으로 진나라가 망한 것으로 이해되고 있지만 사실은 과도한 정부규제로 인한 민간의 재량권 상실로 국가적인 생산성이 떨어진 것이 큰 원인이다. 진나라를 붕괴시킨 한나라의 유방은 제위 후 약법3장을 펴며 정부규제 완화에 나선다. 이후 민간의 재량권이 살아나면서 경제력을 다시 확충하게 되면서 한나라는 제국의 기틀을 잡게 된다. 북한의 경제적 취약성은 국제사회로부터의 고립이 한 원인이 되지만 정권유지를 위해 불필요할 정도의 과도한 규제를 함으로 국가생산성이 크게 떨어진 것이 더 큰 이유다.

일어나고 있는 현상이다. 기업은 바로 자본과 노동 그리고 기술이 투입되면서 생산을 이끌 뿐만 아니라 자본과 노동과의 배분문제도 동시에 안고 있는 곳이기도 하기 때문이다. 한편, 나눔에 대한 사회적 논의로 가장 많은 피해를 입는 쪽도 기업이다. 나눔에 대한 논의가 진행될수록 기업들의 설자리는 더욱 좁아지고 있다. 소위 말하는 반 기업정서(anti-business sentiment)가 크게 증가하기 때문이다.

〈표 2〉 서구 국가에서의 반 기업정서[4]

	미국	영국	네덜란드	스웨덴
환경		Greenpeace 활동, Shell의 환경오염		북유럽국가들의 환경에 대한 관심
인권	다국적기업의 개도국에서의 인권침해	다국적기업의 개도국에서의 인권침해		
회계부정	엔론, 월드컴 등 월스트리트 스캔들로 경제계 전반에 대한 불신	개별기업 차원으로 인식	개별기업 차원으로 인식	개별기업 차원으로 인식
CEO 임금	CEO들의 높은 임금(스톡옵션) 문제, 은퇴 CEO에 대한 과다한 보너스 지급문제 등	기업 CEO들의 높은 임금(스톡옵션) 문제, 은퇴 CEO에 대한 과다한 보너스 지급문제 등	세계적 기업과 중소기업 CEO간 임금 격차 문제	세계적인 CEO영입하기 위한 높은 임금(스톡옵션)의 문제

위의 〈표 2〉에서 보면 서구 사회 역시 반 기업정서에 시달리고 있다. 이 핵심에 분배의 문제가 도사리고 있다. 미국은 엔론이나 월드컴 등의 회계부정 사건을 경험하면서 반 기업정서가 크게 높아졌다. 이들 사건은 기업의 비윤리성에 관한 것인 것처럼 보이지만 더 깊이 들어가면 분배문제와 관련이 있다. 이들의 회계부정으로 인해 선량한 투자자들의 투자금이 불량한 기업들에게 비윤리적인 방식으로 배

4 전국경제인연합회(2004)

분되는 과정이 숨어 있기 때문이다. 또한 서구 사회에서는 기업의 CEO들에게 과도하게 지급되는 임금 문제도 반 기업정서의 중요한 원인으로 지목되고 있다. 미국발 금융위기 이후 이러한 정서는 더욱 강해지고 있는 추세다.

〈그림 1〉 한국 기업에 대한 호감도 지수(100점기준)[5]

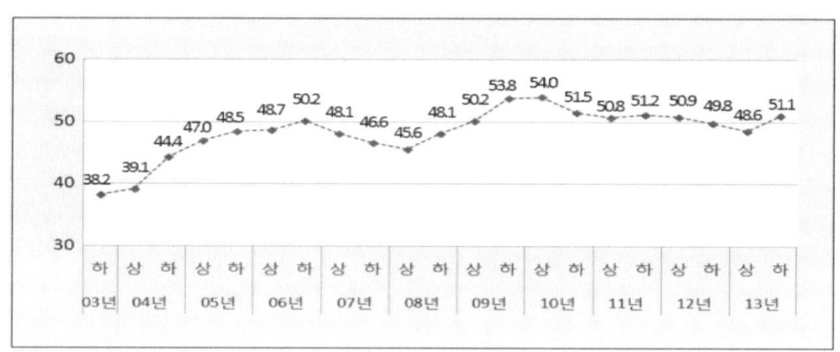

문제는 한국에서도 기업들에 대한 반 기업정서가 생각보다 강하고 추세반등도 쉽지 않다는 점이다. 〈그림 1〉에 의하면 한국 기업에 대한 호감도지수(100점 기준)는 2003년 하반기 38.2 이후 지속 개선되었지만 2013년 말까지도 100점 기준 51점에 머무르고 있어 국민들의 기업에 대한 이미지가 매우 낮음을 알 수 있다.

기업에 대한 호감도가 높지 않은 이유는 〈그림 2〉에 의해 알 수 있다. 〈그림 2〉에 의하면 국민들은 기업의 비윤리적 경영으로 인해 반 기업정서를 가지고 있다고 대답하고 있지만 여기에 더하여 사회적 약자에 대한 배려 등 기업의 사회적 책임과 기업 간 상생 예로

5 대한상공회의소(2014)

협력업체와의 불공정 성과배분 등도 반 기업정서의 큰 원인이라고 대답하였다. 뒤의 두 가지 원인은 기업의 사회와의 나눔과 밀접한 관련이 있다.

〈그림 2〉 기업에 호감이 가지 않는 이유

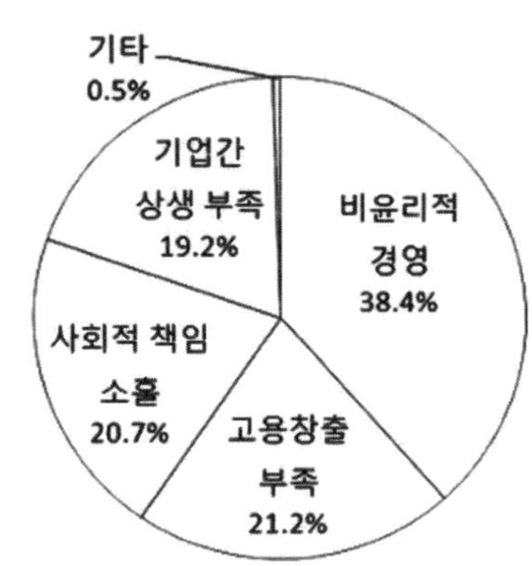

4. 기업에게 돌아 온 공: 기업의 이타적 행위 필요한가?

나눔이란 기본적으로 이타적 행위를 기반으로 한다. 불행히도 기업은 공정성에 기초한 배분논리에 충실하다. 과연 기업은 이타적 행위에 나설 수 있는가? 다시 말해 기업의 이타적 행위는 반드시 기업의 생리와 어긋나는 것인가? 이에 대한 논의를 진행하기 전 이타성에 대한 논의를 진행하려고 한다.

동물의 행동을 이해함에 있어서 매우 어려운 것이 하나 있다. 바로 이타성(altruism)을 설명하는 것이다. 왜 동물들은 이타적인 행동을 하는 것일까? 이를 설명하는 하나의 이론이 혈연선택(kin selection) 이론이다. 혈연선택설에 의하면 유기체의 이타적 행동은 종의 번식과 관련이 있다. 개체가 비록 위험에 처해진다고 하여도 자신과 동일한 유전자를 갖는 종의 번식이 간접적이지만 자신의 재생산에도 도움이 됨으로 (indirect fitness) 개체는 자신을 희생하여 동일 유전자를 갖는 종족을 보존하려는 본능이 있다는 것이다(Hamilton, 1964). 그런데 혈연선택은 맹목적 이타적 행동(hardcore altruism)을 설명할 수는 있지만 목적적 이타성(softcore altruism) (Wilson, 1978)을 설명하지 못하는 한계가 있다. 맹목적 이타성이란 개미와 같은 사회적 동물에서 나타나는 것으로 자신에게 돌아올 사회적 보상이나 벌과 무관하게 이타적 행위를 하는 것을 말한다. 목적적 이타성이란 자신이 미래에 취할 이득을 계산한 이타성 즉, 이기성이 전제된 이타성을 말한다.

목적적 이타성을 설명하는 두 가지 이론이 있다. 하나는 집단선택(group selection)설이고 다른 하는 상호호혜성 이론(reciprocity theory)이다. 집단선택설은 진화의 단위를 개체가 아닌 집단으로 보는 견해다. 두 집단이 있을 때 이타성이 발휘되는 집단이 그렇지 않은 집단에 비하여 생존가능성이 높아 환경선택에 의하여 이타성이 높은 집단들만 남게 되었고 이런 이유로 개체들 사이에도 이타성이 존재하게 되었다는 것이다. 개체 입장에서 보면 집단에 의해 보호 받을 때 생존에 훨씬 유리함으로 집단의 다른 구성원들에게 이타적인 행동을 보여 이들로부터 인정을 받고자 한다는 것이다(Sober and Wilson, 1998).

상호호혜성 이론은 한 개체가 다른 개체를 도우면 자신도 도움을 받을 수 있다는 계산적 행위가 다른 개체를 돕는 이타성으로 나타난다고 설명하고 있다(Trivers, 1971). 예로, 임팔라나 침팬지의 경우 한 마리가 다른 한 마리의 털을 핥아주거나 골라주는 이타적 행위를 하는데, 비록 자신이 털을 핥아주거나 골라준 상대가 직접적으로 동일한 이타적 행동을 자신에게 하지 않는다고 하여도 간접적으로 다른 개체를 통해 자신에게도 이타적 행동기회가 주어질 것이라는 것을 알고 있다는 것이다.

그렇다면 동물들은 왜 목적적 이타성을 보이는 것일까? 상호호혜성 이론은 이에 대하여 3가지 설명을 제시하고 있다. 첫째, 타 개체의 고통을 보면 자신도 불편한 상태에 놓이게 되는데 이를 벗어나기 위해 이타적 행동을 보인다는 설명(aversive-arousal reduction model) (Stocks et al., 2009). 둘째, 이타적 행동을 하지 않을 경우 자신에게 쏟아지는 비난을 회피하려는 목적으로 이타적 행동에 나선다는 설명(empathy-specific punishment model) (Batson et al., 1988). 셋째, 사회적 보상을 얻고자 하는 목적에 의해 이타적 행동을 한다는 설명(empathy-specific reward model) (Batson et al., 1988). 첫 번째 이론은 고통스러운 상태에 있는 사람을 돕지 않는 것이 마음이 더 불편하여 돕는다는 것이 이론의 핵심이며, 두 번째는 자신의 내면 또는 타인으로부터 쏟아지는 비난을 회피할 목적으로 남을 돕는 다는 것이 이론의 핵심이다. 세 번째는 자신에게 돌아오는 이득(명성, 칭찬 등)을 계산하여 타인에게 도움을 행한다는 것이 핵심이다.

기업에게 요구되는 나눔은 기업의 이타적 행위의 요구를 의미한다. 그렇다면 기업은 사회에 대하여 어떤 이타적 행위를 하여야 하는가? 살펴 본 이론들에 의하면 적어도 기업이 순결한 의미에 있어서의 이타적 행위는 아니라고 하여도 목적적 이타적 행위는 필요한 것으로 보인다. 현재 기업들은 사회로부터 많은 공격을 받고 있다. 이러한 공격을 지속적으로 받는 것이 과연 기업의 생존에 유리한가의 문제는 심각히 고려될 필요가 있다. 기업 역시 한 사회의 일원이다. 다시 말해 집단선택의 대상이 된다는 말이다. 집단선택적 관점에서 보면 한국이라는 사회에서 만일 기업과 같은 핵심 구성원이 이기적인 행동으로 일관할 경우 한국은 다른 국가사회에 비하여 생존확률이 낮아짐을 의미한다. 한 사회가 붕괴하고 나면 기업도 존재가치를 잃기 때문이다.

한편, 기업의 사회에 대한 호혜적 행위는 사회라는 상대로부터 다시 호혜적 행위를 받거나(empathy-specific reward model) 적어도 비난을 면할 수 있게 해 준다(empathy-specific punishment model). 이것이 아니더라도 사회적 고통에서 오는 내면의 목소리에 귀를 기울이므로 오는 정서적 편안함을 얻을 수 있다(aversive-arousal reduction model). 어떤 것이든 이제 기업은 사회 일원으로서의 이타적 행위의 요구에 대하여 눈을 감을 수는 없다. 이것이 기업에게 주어진 새로운 책임이다.

5. 이타적 행위와 생태계적 사고

집단 선택설이 되었든 상호호혜성 이론이 되었든 이들 이론의 근간에는 개체의 생존에 주위 개체들 역시 동시에 존재한다는 생태계적 사고가 깃들여져 있다. 생태계란 한 개체(유기체)를 둘러싸고 있는 다른 개체(유기체)들과 이들이 살아가고 있는 물리적 환경 간의 상호작용 시스템을 말한다. 사회는 기업이 생태계적 사고에 충실해야 함을 엄중하게 경고하고 있다. 기업은 생태계를 벗어나서 절대 혼자 살아갈 수 없다. 만일 기업이 생태계에 무지하거나 이를 의도적으로 무시하면 그 재앙은 기업 자신에게뿐만 아니라 결국 전체 생태계의 건강성을 약화시켜 종국에는 모두 몰락할 수 있다. 기업을 둘러싸고 있는 생태계는 다양하게 존재한다. 크게 다음처럼 구분할 수 있다.

가치사슬 생태계: 기업이 제공하는 제품이나 서비스는 하나의 기업에 의해 만들어지지 않는다. 다양한 주체들이 서로 협력하여 만들게 되는데 여기에 참여하는 모든 구성원들과 이들을 둘러싸고 있는 물리적 환경과의 상호작용 시스템을 가치사슬 생태계라고 한다. 가치사슬 생태계에서 나타나는 전형적인 현상이 소위 갑-을 구조로 이해되는 권력의 비대칭이다. 가치사슬 생태계에서 갑-을 구조를 완전히 제거할 수는 없다. 한 개체의 생존이 다른 개체에 의존하게 되면 자연스럽게 힘의 불균형 현상이 일어나고 갑-을 구조가 나타난다. 문제는 갑의 태도다. 갑은 자신의 지위를 이용하여 자신의 이득을 극대화하려는 성향을 가지기 쉽다. 단기적으로 이러한 태도는 이윤극대화에 도움이 되지만 궁극적으로는 자신을 포함한 전체 생태계의 존립을 위협할 수 있다. 갑-을 구조 속에서 을이 최소한의 생존을 위해 필요한 자원을 공급받지 못하거나 미래의 생존에 필요한 여분의 자원을 공급받지 못하면 먼저 을이 도태된다. 문제는 그 다음이다. 다른 을들에게도 유사한 상황이 발생하게 되면 결국 갑을 포함한 전체 생태계의 붕괴로 이어질 수 있다.

고객생태계: 기업의 제품이나 서비스를 구매하는 고객들과 기업 간의 상호작용 시스템을 말한다. 고객생태계의 중요성을 단적으로 말해주는 것이 '신뢰 비즈니스' 현상이다. 신뢰 비즈니스란 고객들의 믿음을 바탕으로 비즈니스를 하는 것을 말한다. 왜 신뢰 비즈니스가 주목을 받았을까? 이는 고객들의 기업에 대한 근본적인 불신에서 시

작한다. 자신의 제품이나 서비스를 무책임한 방식으로 고객에게 판매하면서 고객들이 기업들에 불신을 보내는 빈도가 증가하였기 때문이다. 최근 중국에서는 자국에서 생산한 분유에 대하여 고도의 불신뢰를 보이고 있다. 중국에서 생산된 불량 분유제품으로 많은 어린 아이들이 희생되면서다. 신뢰 비즈니스가 성장을 한다는 것은 기업과 고객과의 신뢰기반이 취약한 기업들이 많다는 것을 의미한다. 이렇게 되면 한 기업이 힘들여 구축한 고객생태계는 한 순간에 무너진다. 대체로 고객을 기업이윤을 제공하는 단순 제공자 즉, 돈벌이의 수단으로 볼 때 발생한다. 이렇게 되면 고객을 함께 살아가는 생태계의 한 구성원으로 보지 못하게 된다.

사회생태계: 사회생태계란 기업을 둘러싸고 있는 사회구성원들과의 상호작용 시스템을 말한다. 기업은 절대 사회의 도움 없이는 존립할 수도 또 성장할 수도 없다. 기업의 사회와의 최초의 직접적인 만남은 가게 또는 가정을 통해 이루어진다. 기업에는 가정을 책임지는 사람들이 고용되어 있고 이들을 통해 기업은 사회와 만나게 된다. 한 사회의 기본 단위는 가족의 공동체로 이루어지는 가게 또는 가정이다. 이들이 건강하게 유지되어야 한 사회도 건강하게 유지된다. 따라서 기업의 구성원들에 대한 배려는 사회생태계의 건강성에 매우 중요한 영향을 준다.[6] 물론 기업은 고용된 구성원들뿐만 아니라 더 넓은 사회구성원들과 상호작용을 하게 된다. 정부, 금융기관, 사회단체, 학교, 병원, 업종이 다른 기업들과 일반 국민들에 이르기 까지 매우 많은 사회구성원들과 직접 또는 간접적으로 상호작용하며 도움

6 이러한 이슈는 '일과 가정의 균형'이라는 주제로 논의되고 있다.

을 받고 있다. 이들은 가치사슬 생태계와 달리 갑-을 구조 속에서의 분배의 문제와는 무관하지만 간접적으로는 기업의 행동에 따른 분배 문제에 역시 노출되어 있다. 기업이 사회로부터 질타를 받는 행위 예컨대 환경오염 같은 행동들은 결국 사회적 비용을 초래하게 되어 사회의 자원배분에 왜곡을 일으키게 된다. 기업이 일으킨 환경문제로 인한 사회적 비용을 누군가는 떠안아야 하기 때문이다. 유사한 이유로 미국에서 금융위기가 발생하자 미국 국민들은 기업의 잘못으로 인한 비용을 왜 국민의 세금으로 해결하는가에 대한 거세 항의가 있었다. 따라서 만일 기업이 사회로부터 질타받고 격리된다면 궁극적으로 기업 역시 생존하기 어렵다.

위의 논의는 '확장된 자아(extended self)' 또는 '생태적 자아(ecological self)' 관점에서 바라보면 보다 명확히 이해할 수 있다. 물론 확장된 자아나 생태적 자아는 개인수준에서 제기된 개념으로 기업수준에서의 현상을 설명하기 위해 제시된 것은 아니다. 하지만 개인이나 기업이나 하나의 유기체로써 생태계 속에서 살아가고 있다는 점에서는 공통점을 갖는다. 확장된 자아나 생태계적 자아 개념은 자아의 개념이 개인자신에게만 국한 된 것이 아닌 생태계적 인식 속에서 이루어져야 함을 강조하고 있다.

확장된 자아에 대한 개념은 벨크(Belk, 1988)의 연구에서 시작한다. 벨크는 자아를 핵심자아(core self)와 확장된 자아(extended self)로 나누어 볼 수 있다고 주장하였다. 핵심자아는 개인의 신체, 사고하는 방식(internal process), 생각 그리고 개인의 경험 등에 의해 정의된다. 확장된 자아는 핵심자아를 포함하여 사람들이 소유하거나 소비하는 물건, 특정한 장소나 사람 등 개인의 감정이 서려있는 모든 것을 포함하게 된다. 여기에 더하여 개인이 속한 가족, 집단, 사회(community)도 확장된 자아의 중요한 구성요인이 된다. 예를 들어 보자. 자아인식은 나를 다른 사람과 구분해서 인식하는 정체성을 기반으로 한다. 그런데 정체성은 자신에게만 속한 정보만으로 정의되는 것이 아니다. 명함을 예로 들어 보자. 명함을 자세히 들여다보면 사람들은 자신을 둘러싸고 있는 생태계적 속성에 의해 정의되고 있음을 알 수 있다. 'OOO 회사, 부장, OOO'가 이를 말해 준다. 회사이름을 써 놓는 것은 바로 자신이 속한 생태계의 식별가능한 명칭을 설명한 것이다. 또한 직위나 직책은 그 생태계 속에서의 자신의 위치가 어디에 있는지를 알려주는 정보다. 사람들은 이를 통해 자신을 인식하기도 하지만 다른 사람들과 상호작용한다. 이렇듯 나라는 사람은 사실 나만에 의해 정의될 수 없다. 나를 포함한 물건, 주위사람, 속해 있는 사회와 국가 등에 의해 정의된다. 이런 모든 요소가 포함된 나에 대한 인식이 바로 확장된 자아다.

생태적 자아는 확장된 자아와는 다른 의미가 있다. 매튜(Mathews, 1996)는 개인은 다른 사람들이나 자신이 속한 사회시스템과 분리되어서는 생각할 수 없다고 주장한다. 이런 관점에서 그는 개인은 본질적으로 관계적 자아(relational self)에 의해 정의되어야 한다고 주장한다. 이에 반하여 개인 본인만으로 정의되는 자아를 분리된 자아(separated self)라고 구분하였다. Mathews에 제시된 관계적 자아가 곧 생태적 자아다. 사실 생태적 자아의 개념은 개인과 사회와의 관계만을 의미하는 것은 아니다. 개인과 자연과의 관계처럼 보다 폭 넓은 시각으로 사용되는 것이 보편적이다. 이런 종류의 시각을 심층 생태학(deep ecology) (Naess, 1973)이라고 한다. 이는 인간의 관점에서 본 자연

(인간이 자연을 활용한다는 관점)이 아닌 인간 역시 자연의 일부로서 자연과 조화를 이루어야 하는 개체임을 강조한다. 따라서 생태적 자아란 개인은 자연의 일부 또는 '개인=자연'이라는 관점에서의 자아개념이다. 이에 의하면 인간이 자연에 미치는 해악은 곧 자신에게 해악을 저지르는 것과 동일하다. 이는 자연과 내가 하나라는 '인간-자연합일 사상'과 맥을 같이 한다. 이를 주장한 최초의 학자로는 노자를 들 수 있다. 노자가 무위(無爲)를 주장한 것은 자연에 대한 유위(有爲)는 결국 자연의 흐름을 교란시켜 궁극적으로 내가 해를 입을 수 있다는 생각이 깔려 있다. 이러한 생각은 인간과 우주와의 연계 등 매우 초월적 사고까지 연장되기에 이른다. 생각의 폭을 어디까지 넓힐 것인가의 문제는 차치하고 생태계적 자아라는 사고의 핵심에는 인간은 생태계 속에서 살 수밖에 없다는 생각이 깔려 있다. 이것이 사회이든 자연생태계의 일부이든 또는 우주 생태계의 일부이든 인간은 생태계를 벗어나서는 생존하기 어렵다는 것이다.

확장된 자아나 생태계적 자아 사고가 비록 개인수준에서 제기되는 개념들이지만 이들 생각의 기저에 있는 생태계적 사고는 기업에게도 적용될 수 있을 것으로 보인다. 많은 학자들은 사람들이 자아인식을 위해 필요한 정체성을 가지고 있는 것처럼 기업 역시 조직 정체성을 가지고 있음에 동의한다(Albert and Whetten, 1985). 기업에 따라서 조직의 정체성을 자신 만에 국한 할 수도 있지만 이는 어리석은 시각이다. 기업 역시 조직이 속한 사회생태계나 더 넓게 자연생태계와 분리하여 생각하기 어렵다. 이렇게 넓혀진 조직의 정체성이 '확장된 정체성' 또는 '생태적 정체성'이다. 확장된 정체성 또는 생태적 정체성의 관점에서는 생태계 속의 타자(others)도 조직의 일부다. 이들에게 인색하게 구는 것은 결국 자신에게 인색하게 구는 것이다.

정리하면 기업은 복잡한 생태계 속에서 자신의 임무를 완수해나가는 유기체이다. 따라서 기업의 최종적인 제품이나 서비스의 완성에 협력한 가치사슬 생태계와 이것들을 사주는 고객 그리고 기업을 직간접적으로 도와주는 사회생태계 역시 기업의 일부(확장된 정체성 관점)이고 기업 역시 그들 이라는 것(생태적 정체성 관점)이다. 이 생태계를 부도덕하게 활용하거나 이들에게 최소의 배분으로 삶을 연명케 하는 것은 결국 자신에게 그러한 행위를 하는 것과 다르지 않다.

6. 생태계 속에서 기업의 역할

생태계적 속에서 기업은 어떤 역할을 하여야 하는가? 이에 대한 이해를 위해서는 생태계에서의 종(species)들의 역할을 알 필요가 있다. 생태계에는 다양한 종들이 있지만 특히 핵심종, 토대종 및 지배종들의 역할에 주목하고자 한다.

핵심종(keystone species): 생태계 전반의 균형을 유지하게 해주는 종을 말한다. 만일 이 종이 멸종하면 먹이연쇄 과정에 치명적인 영향을 미쳐 생태계 전반의 종 다양성과 풍부성에 문제를 주는 종이다(Paine, 1969). 핵심 포식자(keystone predator)가 여기에 해당한다.[7] 이들은 생태계의 일차 소비자 또는 피식자(prey species)를 선별적으로 먹

7 이외에도 keystone herbivores, keystone mutualists, kyestone hosts, keystone resources, keystone guilds 등이 있다(Menge, B. A. and Freidenburg, T. L., 2001, Kyestone Species, Encyclopedia of Biodiversity, 3, 613~631).

어 이들의 무분별한 증가로 인한 생태계의 교란을 통제하는 역할을 한다. 상어가 좋은 예로 이들은 병들고 약한 물고기나 동물들을 공격하여 해양생태계를 건강하게 유지하는 역할을 한다. 이들이 사라지면 바다는 병들어 죽은 동물들로 가득 차 궁극적으로 바다생태계는 오염될 수 있다.

토대종(foundation species): 생태계에 서식지를 제공하여 생태계 전반을 안정시키는 종이다. 나무가 대표적인 예가 된다. 다양한 생물 개체들을 위한 서식지 및 양분을 제공하며 수분공급 등 생태계의 안정을 꾀하기 위한 각종 이로운 행위들을 생태계 전반에 제공하기 때문이다(Ellison et al., 2005). 일종의 확장된 의미에서의 핵심종이다.

지배종(dominant species): 생태계에서의 역할은 적으면서 생태계 전반을 양으로 지배하며 다른 종들의 생존에 부정적인 영향을 미치는 종을 말한다. 잡초종(weedy species)이 예다. 이들은 막강한 번식력으로 잡초지 안의 다른 식물종들을 몰아내어 잡초종 이외에는 번식하지 못하게 하는 역할을 한다 (Peach, 2004).

기업은 기업이 속한 생태계에 대하여 어떤 역할을 하여야 하는가? 생태계에서의 역할에 따르면 토대종의 역할이 기업이 행하여야 하는 새로운 역할이다. 자본주의 또는 시장주의를 토대로 만일 기업들이 생태계 내에서의 지배종으로서의 역할에만 그친다면 이는 그 기업이 속한 생태계의 불행일 뿐만 아니라 그 기업 자신에게도 궁극적으로 불행으로 닥친다는 것이 생태학이 전하는 바이다. 그렇다면 기업은 구체적으로 어떤 생태계 전략을 수립하여야 하는가?

7. 목적적 이타성과 토대종으로서의 역할을 수행하기 위한 기업의 전략: 기업의 나눔 전략의 방향

1) 설명의 틀

목적적 이타성과 생태계에서의 토대종으로서의 역할이 기업의 목적에 위배된다고 생각할 필요는 없다. 단기적으로는 비용을 초래할 수 있지만 장기적으로는 기업 생태계의 활성화를 통해 자신의 생존에도 큰 도움이 되기 때문이다. 사실 목적적 이타성과 생태계에서의 토대종의 역할 이면에는 이타성뿐만 아니라 이기성 역시 숨어 있다. 다시 말해 이기적인 목적으로 일어나는 이타적 행위가 바로 목적적 이타성이며 나무와 같은 토대종 역시 자신의 이기적 생존방식을 취하고 있음에도 다른 개체들에게 유익을 주는 이타성을 발휘하고 있기 때문이다.

그렇다고 목적적 이타성이나 기업의 토대종으로서의 역할을 순수성을 잃은 것임으로 의미 없다고 말하는 것은 비약적 해석이다. 기업은 결코 도덕적 완성을 위해 존재하는 그 무엇이 아니다. 이들의 일차적인 책무는 사회적 생산성을 끌어 올리는 것이다. 이 행위를 함에 있어서 이기성은 매우 중요하다. 왜냐하면 인간에게서 이기성을 제외하면 인간의 생산동기를 설명하기가 어렵기 때문이다. 타인에게 무한 봉사만 하기 위해 힘들고 어려운 생산 일을 하라고 하는 것은 너무 위험한 발상이다.

본 글에서는 목적적 이타성과 토대종에 깃들어 있는 두 개념 즉, 이타성과 이기성에 주목하고자 한다. 이 두 개념을 결합하여 하나의 틀을 구성하고 이를 통하여 현재 진행되고 있는 기업들의 나눔 전략에 대한 종합적인 설명을 하고자 한다. 〈그림 3〉이 이것을 보여주고 있다.

〈그림 3〉 설명의 틀

		결과적 수혜 특성	
		이기적	이타적
행위	이타적	보완적 협력	사회적 책임
	이기적	경쟁	공유가치창출

〈그림 3〉에 의하면 기업의 목적적 이타성 또는 토대종으로서 역할 수행은 3가지 전략으로 구분된다. 하나는 보완적 협력(conjugating cooperation) 전략이다. 생태계 속의 상대에게 이타적 행위를 먼저 하여 결과적으로는 자신에게 이득이 되게 하는 전략이다. 두 번째는 이타적 행위의 결과가 생태계 내의 타인에게 돌아가게 하는 전략으로 기업의 사회적 책임(corporate social responsibility)과 관계있다. 세 번째는 기업이 비록 이기적인 행동을 하였지만 결과적으로는 생태계에 득이 되도록 하는 전략이다. 최근 이야기 되고 있는 공유가치창출(creating shared value)전략이 여기에 해당한다. 위의 전략 중 기업의 사회적 책임전략은 토대종의 역할은 될 수 있을 수 있을지언정 목적적 이타성을 구현하기 위한 방법이 아닌 것처럼 보인다. 마치 기업이 일방적으로 희생을 하는 것처럼 보이기 때문이다. 실상은 그렇지 않다. 기업의 사회생태계에 대한 이타적 행위와 그 결과에 대한 수혜

를 사회생태계로 귀속시키는 것은 궁극적으로는 기업의 계산된 이타성과 관련이 있다. 즉, 기업 역시 사회의 한 일원으로 건강한 사회를 유지하는 책무를 가지고 있으며, 만일 이것을 저버리게 되면 기업은 사회로부터 고립되게 되고 결국은 기업의 지속가능성(sustainability)이 사라지게 된다. 이것을 미연에 방지하자는 이기성을 염두에 두고 있기 때문이다.

2) 전략의 방향

① 보완적 협력전략

협력업체와의 동반성장 전략이 여기에 해당한다. 한국의 기업들은 협력업체와의 성과배분에 인색하다는 비판을 받아왔다. 하지만 이러한 행위는 자칫 기업을 엄청난 위험에 빠뜨릴 수 있다. 2009년에 있었던 도요타의 렉서스 폭주사건 이후에 있었던 대규모 리콜사태가 이를 증명한다(〈표 3〉 참조). 도요타 사태는 다양한 시각에서 분석이 가능하지만 원가절감 압력을 받은 미국 내 부품회사와 관련이 있는 것으로 알려지고 있다. 도요타는 기업수익을 개선하기 위해 2000년 이후 총원가의 30%를 줄이는 'CCC21'이라는 정책을 전개하였다. 이는 협력업체에 대한 부담을 크게 증가시켰고 또한 노동시간의 연장이라는 문제를 낳게 되었다. 그럼에도 일본 내에 있는 협력업체들은 도요타의 이런 정책에 부응할 수 있는 역량이 있었다. 하지만 해외의 협력업체는 그러하지 못하였다. 해외 협력업체의 공급 부품에서 문제가 터지면서 결국 대규모 리콜 사태라는 엄청난 일로 치닫게 되었다. 도요타의 손실은 상상을 넘는다. 생산과 판매중단으로 인한 비용만으로도 약 5억 5,000만 달러가 넘는 것으로 추산되었다(요시모토, 2010). 도요타 사태는 분명한 메시지를 전달하고 있다. 도요타를 둘러싸고 있는 가치사슬 생태계 내에 있는 협력업체를 단순한 갑-을 구조의 도식에서 인식할 경우 어떤 일이 발생할 수 있는가를 말해주고 있는 것이다.

〈표 3〉 도요타 사태 일지[8]

2009년 8월 28일	美캘리포니아에서 Lexus「ES350」약 190㎞ 폭주, 4명 사망
9월 29일	엑셀 페달이 플로어매트 걸려 폭주할 우려가 있다고, 미국에서 판매하고 있는 **7차종 약 380만 대**의 유저에게 매트 제거를 요구
11월 25일	美에서 엑셀 페달 리콜 실시(대상: **약 426만 대**)
2010년 1월 21일	엑셀 페달 부품 불량으로 미국 판매 8차종 약 230만 대를 리콜 발표 캐나다, 중국, 유럽까지 확대(**약 444만 대**)
1월 26일	리콜 대상 8차종의 미국 판매와 북미시장 생산 중단 발표
1월 27일	플로어매트 문제로 美에서 5차종 미국 판매 **약 109만 대** 추가 리콜
2월 1일	리콜 대상 **8차종 약 230만 대** 페달 개수를 발표
2월 2일	美정부 도요타의 리콜에 대한 태도를 문제 삼아 제재를 검토 중인 것으로 나타났음. 품질 담당 사사키 부사장 사죄기자회견
2월 3일	라후드 美 운수장관이 아기오 사장에게 전화를 걸어, 안정강화 대책을 요구
2월 4일	NHTSA, 2010년형 프리우스 브레이크 문제에 대해 조사 착수
2월 5일	아기오 사장이 일련의 품질 문제에 대해 기자회견을 열어 사죄
2월 9일	프리우스 등 4차종의 리콜을 국토교통성에 신고(대상: **약 43만 대**)
2월 17일	도요타, 글로벌 품질특별위원회 설치 등 품질개선대책 발표
2월 18일	미국 의회 하원 청문회(24일)에 도요타 사장 초청

8 요시모토(2010)

그렇다면 기업은 가치사슬 생태계 내에서 어떻게 보완적 협력전략을 펼 수 있는가? 대체로 다음이 제시되고 있거나 실행되고 있는 방안들이다.

대금지급조건 개선: 협력업체의 과도한 단가인하와 관련한 것으로 가혹한 대금지급조건을 완화하는 것이 관건이다.

협력업체에 대한 투자: 협력사의 저 수익 구조는 미래 생존에 필요한 투자를 방해한다. 이를 보완하기 위해서는 생산성 제고를 위한 설비 및 인력에 대한 투자가 필요하다. 이를 지원하는 것을 말한다.

협력업체의 경영/기술지원: 협력업체들은 경영능력이나 기술역량이 떨어지는 경우가 많다. 이를 지원하는 활동을 말한다.

협력회사와의 해외동반진출 지원: 기업이 해외 진출을 할 경우 협력업체 역시 동반하여 해외진출을 하여야 하는 경우가 많다. 이 경우 해외진출에 대한 모든 비용을 협력업체에게만 지우는 것은 문제를 일으킨다. 기업과 협력사가 해외로 동반 진출 시 현지의 건물·토지·설비에 투자되는 자금 및 법률자문 등 제반 사항을 지원하는 것을 말한다.

위의 여러 유형의 지원 중 핵심은 대금지급조건 개선이다. 이를 다른 말로 성과공유제라는 보다 포괄적인 용어로도 표현할 수 있다. 하지만 성과공유는 매우 애매하다. 어떤 기준으로 성과를 공유하여야 하는지가 불분명하기 때문이다. 수익공유(revenue sharing)나 순이익공유(net profit sharing)를 중심으로 할 경우는 모회사와 협력사 간의 고도의 순수이타성을 요구한다는 점에서 실현이 어렵다.[9] '목표원가

9 수익공유의 난제에 대하여는 Cachon, P. and Lariviere, M. A. 2005, Supply Chain Coordination with Revenue-Sharing Contracts: Strengths and Limitations, 51(1), 30~44. 참고.

(target cost)' 방식이 이 보다는 실현가능한 대안이 될 수 있다. 모회사와 협력회사 모두에게 목적적 이타성을 발휘할 수 있는 조건을 주기 때문이다. 목표원가를 계산하기 위해서는 먼저 목표시장가격을 결정하는 절차가 있어야 한다. 여기서 목표이윤을 뺀 것이 목표원가다. 목표원가를 부품이나 공정별로 분해하면 협력업체가 달성하여야 하는 원가목표를 도출할 수 있다(Chen, and Jeter, 2008; Lamming et al., 2005). 이를 통해 일차적으로 협력사와 계약을 하는 것이다. 다음 단계는 이익이 발생하였을 때 어떻게 분배할 것인가의 규칙을 정하면 된다. 즉, 목표원가 보다 하회하는 원가절감 노력이나 목표시장가격보다 높은 가격으로 인해 예상을 넘는 이익이 발생하였을 경우 이를 공유하는 협약이 필요하다.

일본의 쿠마가야구미라는 건설회사가 이런 방식을 성공적으로 활용하고 있다. 이 회사는 먼저 고정비와 직접공사비를 더하여 전체 예상되는 공사가격을 정하고 협력사와 협의를 통해 1차 계약을 한다. 여기에는 이익은 포함되지 않는다. 두 번째 단계는 설계 변경이나 착공시기지연과 같이 예측하기 어려운 상황에 대비하는 협약을 맺는다. 이 경우 해당 리스크를 금액으로 환산하여 1차 계약금액에 합산하게 된다. 마지막으로는 이익 또는 손실을 공유한다. 이는 사전에 정해 놓은 배분비율에 의한다. 쿠마가야구미사의 경우는 이익이 0~5% 사이일 경우에는 쿠마가야구미 사가 67%, 협력사가 33%로 배분비율을 정하였다. 이익이 5~10%일 경우는 50:50으로 나눈다(CEO 리포트, 2005).

물론 목표원가 방식 역시 결국에는 이익공유의 한 형태라는 점에서 죄수의 딜레마에서 자유스럽지 못하다(Weitzman and Kruse, 1990).

하지만 이 방식은 한국 기업들에게는 비교적 익숙하여 실행에 많은 장애가 있지는 않다. 다만, 창출된 이익에 대한 협약이 어려울 수 있다. 그렇다고 하여도 이 방식이 수익공유나 순이익공유 보다는 쉽다.

② 사회적 책임

기업의 사회적 책임은 기존의 경제적 주체로서의 책임, 법적 준수자로서의 책임 및 도덕적 규범을 지키는 윤리적 책임을 넘어 기업시민으로서의 사회에의 기여를 묻는 책임을 말한다. 지금까지 우선 시되었던 주주가치뿐만 아니라 기업을 둘러싸고 있는 고객, 협력업체 및 지역사회 등에도 기업이 창출한 수익을 배분하자는 것이다. 하지만 기존의 사회적 책임은 비교적 사회에 대한 자선의 의미가 강하였다. 이로 인해 사회적 책임 활동이 기업의 본연의 활동과 유리된 사회봉사 차원에 머물러 있었다.

이를 전략적으로 수행할 필요가 있다. 좋은 예가 유한 킴벌리의 '우리 강산 푸르게 푸르게' 캠페인이다. 유한킴벌리가 1984년부터 시행하고 있는 것으로 국내의 황폐화된 산림의 복구가 시급함을 인식한 결과이다. 국·공유지에 나무심기와 숲 가꾸기 그리고 자연환경 체험교육, 숲·생태 전문가 양성 및 연구 조사 등의 다양한 활동을 전개하였다. 펄프를 사용하는 이 회사의 이미지를 끌어 올리는 데에 많은 기여를 하였다.

③ 공유가치창출 전략

공유가치창출(Creating Shared Value)의 개념은 포터와 크레이머(Porter and Kramer, 2011)가 제시한 것이다. 기업이 수익창출에만 몰두하는 방식이나 수익창출 후 사회공헌에 나서는 것을 넘어서 기업활동 자체를 수익창출과 사회적 가치창출이라는 두 마리 토끼를 동시에 잡는 데에 집중시켜보자는 의미가 담겨 있다. 포터와 크레이머는 공유가치창출을 앞에서 살펴본 기업의 사회적 책임과는 다른 차원이라고 설명하고 있다. 사회적 책임은 기업이 벌어들인 수익의 일부를 선행이라는 과정을 거쳐 분배 또는 나눔의 문제를 해결하는 방법이지만 공유가치창출은 기업과 사회 모두에게 혜택을 주는 활동을 전개하자는 것이다. 다시 말해 사회적 책임은 기업의 일정한 희생(이타심)을 전제로 한 것이지만 공유가치 창출은 '기업의 이기적인 활동 = 사회에의 이익'이 되는 방식으로 기업전략을 수정하자는 것이다. 포터와 크레이머는 이를 위해 3가지 전략을 제시하고 있다.

제품/서비스 및 시장의 재정의: 기업의 제품과 서비스의 타겟을 피라미드 하층부(BOP, bottom of pyramid) 시장에 맞추는 전략이다. 모든 국가는 소득에서의 하층부를 가지고 있다. 이들은 일반 시장에서 팔리는 고가의 제품이나 서비스를 구매할 여력이 없다. 이들을 대상으로 한 제품이나 서비스로 기업의 전략을 재정의 하는 것이 이 방법이다. 유한킴벌리의 전략이 여기에 부합된다. 이 기업은 출산율의 저하 등으로 주력제품의 매출이 정체하는 양상을 보이고 있다. 이를 타개하는 전략의 하나로 노인전용 생활용품 판매점을 개시하고 있는데 여기에 종사하는 종업원은 모두 노인인력을 활용하고 있다. 이를 통해 고령화 문제와 저소득 층 노인의 취업 문제를 동시에 해결해보자는 것이 이 기업의 의도이다.

가치사슬의 재구조화: 사회적 문제를 해결하면서 동시에 기업의 가치사슬의 효율성도 개선하자는 것이 핵심이다. 예를 들면 기업활동에는 많은 물이나 전기의 사용이 필요하다. 사회에 향유할 수 있는 풍부한 물이 있고 전기가 있다면 문제가 없다. 하지만 물은 항상 사회의 부족자원이다. 또한 물이 오염되면 사회에 악영향을 미치게 된다. 전기도 부족자원이기는 마찬가지다. 기업이 너무 많은 물과 전기를 사용한다면 이는 사회적 지탄을 받는 요인이 될 수 있다. 또한 물과 전기 사용이 많아지면 기업의 가치사슬 비용도 올라간다. 이런 경우 기업이 물과 전기사용을 줄이는 노력을 하는 것이 공유가치창출이 된다. 이를 통해 사회에는 희소자원이 갖는 가치를 돌려주고 기업은 비용을 절감하는 경제적 가치를 얻을 수 있기 때문이다. 물론 이런 방식의 공유가치창출이 반드시 물과 전기에만 해당하는 것은 아니다. CO_2의 배출에 대해서도 유사한 생각을 할 수 있다.

지역 클러스터 구축: 지역(community)의 개별 공급자들을 집단화하여 이들 스스로 자생성을 가질 수 있도록 지원하는 전략이다. 이를 통해 기업은 집단화된 지역 공급자를 육성할 수 있고 지역은 소득증대라는 효과를 동시에 볼 수 있다. 코카콜라의 프로젝트 너처(project Nurture)가 좋은 예다. 이 기업은 농업전문 NGO인 TechnoServe와 협력하여 주스의 원재료인 과일의 품질향상과 생산량 증대를 위한 프로그램을 농가에 지원하여 지역 소규모 농업인들의 소득 증대는 물론이고 자사의 비용을 합리적으로 관리할 수 있는 기반을 마련하였다 (신미주, 2012).

8. 결론

자본주의와 시장주의에 대한 사람들의 인식이 매우 사나워지고 있다. 이면에는 이들 제도에 대한 잘못된 이해도 상당한 몫을 한다. 또한 마치 모든 사람들에게 공평하게 배분하면 사회가 아름다워질 것이라고 생각하는 착시도 한 몫 한다. 어떤 사회든 사회를 유지할 만한 생산성이 창출되어야 한다. 이를 위해서는 일정한 수준의 사회적 동기 즉, 사람들의 이기심이 작동하여야 한다. 여기에 충실한 곳이 기업이다. 하지만 사회는 기업을 고운 눈으로 보지 못하고 있다. 지나친 부의 쏠림을 유도하는 하나의 장치가 기업이라고 인식하고 있다. 또한 기업이 사회 전반을 지배하는 괴물이 될 수 있다는 두려움도 가지고 있다.

이 문제를 해결하는 방식은 난해하다. 정부의 간섭을 통한 통제가 우선 떠오른다. 하지만 이 방법은 정부실패라는 또 다른 사회문제를 낳는다. 정부규제가 늘어나면 동시에 부패시장도 커지는 부작용도 있다. 여기에 정부규제는 기업들에 대한 과정통제를 늘리게 되어 이들의 생산에의 참여 동기를 약화시키는 문제도 유발한다. 느리고 힘들어도 이들 문제를 푸는 유일한 방안은 기업 스스로에게 맡겨져야 한다.

기업이 분배의 문제에 관심을 가져야 하는 이유는 간단하다. 이들 역시 자신들이 속한 생태계의 일원이기 때문이다. 기업이 자신의 생태계적 위치를 인식하지 못하면 기업 자신뿐만 아니라 궁극적으로는 생태계 전체에 악영향을 미친다는 것이 지금까지 살펴 본 결과이다. 이 관점은 그렇다고 기업들에게 무조건적으로 나눔을 강요하자는 뜻을 가지고 있지 않다. 이들의 핵심기능을 사회적 생산이라는 협소한 시각에서 목적적 이타성을 달성하는 시각 또는 생태계에서의 토대종으로서의 시각까지 넓힐 필요가 있다는 점을 강조하고 있다. 이유는 간단하다. 그러한 기업만을 생존시키는 환경이 도래하였기 때문이다.

참고문헌

대한상공회의소, 2014, 2013년 하반기 기업호감도지수(CFI) 조사.

신미주, 2012, 공유가치 창출, 저소득층과 손잡다, 『SERI 경영노트』 136호.

아나톨 칼레츠키, 2010, 『자본주의 4.0』, 위선주 역, 컬처앤스토리.

요시모토 코지, 2010, 도요타 리콜 사태가 남긴 영향과 과제, 한일산업기술협력재단.

전국경제인연합회, 2004, 선진국의 반 기업정서 현황 및 시사점.

전용덕, 2009, 국제 금융위기와 신자유주의, 『한국경제연구원, ISSUE PAPER』 09~05.

CEO 리포트, 2005, 대기업과 협력회사의 동반성장, 『LG주간 경제』.

Adams, J. S., 1963, "Toward on Understanding of Inequity," Journal of Abnormal Social Psychology 67, 422~436.

Albert, S. and Whetten, D. A., 1985. "Organizational Identity," Research in Organizational Behavior 7, 263~295.

Archer, R. L., R. Diaz-Loving, P.M. Gollwitzer, M. H. Davis and Foushee, H. C., 1981, "The Role of Dispositional Empathy and Social Evaluation in the Empathic Mediation of Helping," Journal of Personality and Social Behavior 40, 786~96.

Batson, C. D., Dyck, J. L., Brandt, J. R., Batson, J. G., Powell, A. L., 1988, "Five Studies Testing Two New Egoistic Alternatives to the Empathy-Altruism Hypothesis," Journal of Personality and Social Psychology 55(1), 52~77.

Belk, Russell W., 1988, "Possessions and the Extended Self," Journal of Consumer Research 15(2), 139~68.

Cachon, P. and Lariviere, M. A., 2005, "Supply Chain Coordination with Revenue-Sharing Contracts: Strengths and Limitations," Management Science 51(1), 30~44.

Chen, H. and Jeter, D., 2008, "The role of auditing in buyer-supplier relations," Journal of Contemporary Accounting & Economies 4(1), 1~17.

Ellison, A. M., Bank, M. S., Clinton, B. D., Colburn, E. A., Elliott, K., Ford, C. R., Foster, D. R., Kloeppel, B. D., Knoepp, J. D., Lovett, G. M., Mohan, J. Orwig, D. A., Rodenhouse, N. L., Sobczak, W. B., Stinson, K. A., Stone, J. K., Swan, C. M., Thompson, J., Holle, B. V. and Webster, J. R., 2005, "Loss of Foundation Species: Consequences for the Structure and Dynamics of Forested Ecosystems," Front Ecol Environ 3(9), 479~486.

Gioia, D. A., Schultz, M. and Corley, K.G., 2000, "Organizational Identity, Image and Adaptive Instability," Academy of Management Review 25, 63~81.

Hamilton, W. D., 1964, "The Genetical Evolution of Social Behaviour Ⅰ and Ⅱ," Journal of Theoretical Biology 7, 1~52.

Lamming, R. N., Caldwell, W. P. and Harrison, D., 2005, "The Flaws in One-way Open-book Negotiation and the Need for Transparency," European Management Journal 23(5), 554~563.

Mathews, F., 1996, "Community and the Ecological Self," in Freya Mathews(ed.), Ecology and Democracy, London: Frank Cass & Co. Ltd., 66~100.

McGovern, L. P., Ditzian, J. L. and Taylor, S. P., 1975, "The Effect of One Positive Reinforcement of Helping Behavior," Bullutin of the Psychonomic Society 5, 421~23.

Menge, B. A. and Freidenburg, T. L., 2001, "Kyestone Species," Encyclopedia of Biodiversity 3, 613~631.

Naess, A, 1973, "The Shallow and the Deep, Long-Range Ecology Movement: A Summary," Inquiry 16, 95~100.

Paine, R. T., 1969, "A Note on Trophic Complexity and Community Stability," Am. Nat. 103, 91~93.

Peach, M. A., 2004, Tussock Sedge Meadows and Topographic Heterogeneity: Ecological Patterns Underscore the Need for Experimental Approaches to Wetland Restoration Despite the Social Barriers, M.S. Thesis, University of Wisconsin-Madison.

Piliavin, J. A., J. F. Dovidio, S. L. Gaerter and R. D. Clark, 1981, Emergency Intervention, New York: Academic Press.

Porter, M. E. and Kramer, M. R., 2011, "The Big Idea: Creating Shared Value. Harvard Business Review," 89(1/2), 62~77.

Sober, E. and Wilson, D. S., 1998, Unto Others: The Evolution & Psychology of Unselfish Behavior, Cambridge, Harvard University Press.

Stocks, E. L., Lishner, D. A. and Decker, S. K., 2009, "Altruism or Psychological Escape: Why Does Empathy Promote Prosocial Behavior?" European Journal of Social Psychology 39, 649~665.

Trivers, R., 1971, "The Evolution of Reciprocal Altruism," Quarterly Review of Biology 46, 35~57.

Weitzman, M. L. and Kruse, D. L., 1990, "Profit sharing and productivity," in Alan S. Blinder (ed.) Paying for Productivity: A Look at the Evidence. Washington, DC: The Brookings Institution, 95~142.

Wilson, E., 1978, On Human Nature, The President and Fellows of Harvard College (이한음 옮김, 2000, 인간 본성에 대하여, 사이언스북스).

한상진·남은영

주주–직원 공생과 노블레스 오블리주*

1. 문제제기

이 연구는 나눔의 사회학을 이론적 개념적 수준에서 접근하지 않고 경험적 자료에 대한 분석으로 접근하려는 것이다. 사회구조의 양극화에 따른 갈등과 대결의 심화로 특징지워지는 현실에서 누가 사회공존을 이끌 수 있는 소통의 조건을 가지고 있는가? 이 질문에 대한 이 연구의 해답은 '공생민감성'에 있다. 공생민감성은 소통의 상보성에 기초한다. 상대의 눈으로 상대의 상황을 이해하고 해석하는 능력이 강한 집단과 약한 집단이 있다면, 전자가 나눔의 사회학을 실천할 수 있는 집단이라는 것이다. 이 연구에서는 공생민감성이 강한 집단은 주주–직원의 공생가능성을 긍정적으로 보고 또한 노블레스 오블리주에 대해서도 긍정적으로 평가하는 경향을 보인다. 이에

* 이 글의 초고 발표 때 비판해준 유팔무 교수에게 감사드린다. 비판을 수용하여 논문을 수정하였다.

관하여 여러 이론적 논의를 할 수 있으나, 이 연구는 경험적 자료 분석을 통하여 공생민감성의 구성하고 그 효과를 제시한다.

1) 노블레스 오블리주 선행 연구

노블레스는 원래 '고귀한 신분(귀족)'이란 뜻이고, 오블리주는 '책임이 있다'는 뜻이다. 따라서 노블레스 오블리주는 '귀한', '높은' 신분에는 책임이 따른다는 사전적 의미를 갖고 있다. 즉 노블레스로서의 신분과 지위가 사회적 승인을 얻기 위해서는 노블레스의 '고유속성'으로서 '사회에 대한 기여와 봉사'가 명백히 입증되어야 한다.

그러나 시대가 변하면서 귀족이라는 사회적 신분은 사라지거나 유명무실해졌고 오늘날에는 보다 포괄적인 의미의 사회지도층이 그 자리를 대신 메우고 있다. 자유민주주의 시대가 도래하면서 노블레스의 자리는 권력을 가진 선출직 및 고위 임명직 공직자(예종석, 2006; 최연구, 2007; 현택수, 2002), 재력을 소유한 부유층(예종석, 2006), 오피니언 리더라고 말할 수 있는 지식인, 종교지도자, 시민단체 등의 지도자 등(최연구, 20007; 현택수, 2002)과 같은 사회지도층이 노블레스 오블리주의 주체로서 자리매김하게 되었다. 따라서 현대의 노블레스는 대규모 공식조직 내에서 최고 지위를 점하고 있는 파워엘리트와 정치, 경제, 사회, 문화 영역의 특권적 이해집단들의 네트워크'로 구성된다(이재열 외, 2009). 즉 높은 사회적 신분에 상응하는 도덕적 책임과 의무, 사회지도층의 솔선수범과 희생, 부나 권력 또는 명예를 가지고 있는 지도층의 생활양식, 행동철학, 가진 사람들의 책무 등과 같이 노블레스 오블리주는 상황맥락에 따라 다양한 의미로 사용되고 있다(강철희 외, 2010).

그러나 우리사회에서 사회지도층의 현황은 그다지 긍정적이지 못한 측면이 강하다(예종석, 2006; 현택수, 2002). 이들의 도덕적 해이나 윤리적 과오는 언론에 심심찮게 보도되고 있으며, 일반시민은 시간이 지날수록 사회지도층의 비리와 부패가 더 많아지고 있다고 느낀다. 예를 들어 공직자의 골프 접대 파동, 권력남용, 뇌물수수나 청탁 등은 언론에서 수시로 보도되고 있으며, 때로는 정치 변동의 요인이 되기도 한다. 특히 사회지도층 자녀의 병역 문제는 심각하다. 병역면제를 받으면 신의 아들이라고 불리는 데서 우리사회의 노블레스 오블리주의 현주소가 발견된다(강철희 외, 2010; 이재열 외, 2009).

기존연구는 노블레스 오블리주의 개념 및 사례에 관한 연구와 지표와 조사결과를 통한 경험적 연구로 나뉜다. 먼저 개념 및 사례에 관한 연구에서 노블레스 오블리주는 '혜택받은 자들의 사회적 책임' 또는 '특권계층의 솔선수범'이라고 정의되고 있으며 해외 및 한국의 사례 등에 대해 소개하고 있다. 로마귀족의 투철한 도덕의식과 솔선수범하는 공공정신, 사회고위층의 공공봉사와 기부, 헌납 등의 전통 등을 들 수 있고 프랑스 귀족들의 도덕규범, 검약과 절제, 성실의 미덕을 실천하는 것 등이 있다. 즉 '자신의 사회적 역할을 충실히 수행하며 스스로 권한보다 의무에 더 큰 비중을 두고 행동하는 것'이라고 할 수 있다(예종석, 2006). 한편 프랑스 지식인의 사회적 참여, 즉 앙가주망(engagement)도 노블레스 오블리주의 사례가 되고 있다. 이와 같이 지성적 노블레스는 더 적극적으로 사회에 참여할 의무가 있다는 생각도 노블레스 오블리주의 철학에 기인한다(최연구, 2007). 한국의 사례로서 경주 최부자집은 조선선비의 노블레스 오블리주를 실천한 집안으로 '재산은 만석 이상 모으지 말라. 만석을 넘으면 사회에 환원하라' 등을 대대로 내려오는 가훈으로 지켰으며 구한말 독립자금을 송금하였고 해방 후에는 대학설립에 전 재산을 희사했다. 이외에도 우당 이희영 집안, 논산의 명재 윤증 집안, 문화재로 사회에 공헌한 서울의 간송 집안 등이 한국의 노블레스 오블리주를 실천한 대표적인 사례라고 할 수 있다(조용헌, 2009).

한편 유교사상과 노블레스 오블리주의 연관성에 대해 주목한 연구들도 있다. 한 연구에 의하면 문사가 지배층을 이루었던 조선의 유교사회의 도덕적 권위의 핵심에는 '유자는 그 억압과 강요가 아무리 무섭고 가혹한 것이라도 여기에 죽음으로 맞서 결코 굴하지 않는다'는 반폭력의 정치사상과 결사적 저항정신의 결합이 있었다. 그러나 현재에는 종교, 가치, 관습이 다른 타인에 대해서도 평등한 존재로서 자유로운 시민으로서의 지위를 부여하려는 노력이 민주주의 이념의 핵심을 이루고 있다. 따라서 현대의 새로운 윤리는 분노의 응결물로서의 도덕권력을 비판적으로 해체하는 것으로부터 시작해야 한다고 주장되고 있다(김상준, 2002).

또 다른 연구에 의하면 충서의 윤리는 자신의 완성을 통해 사회적 봉사나 타인에 대한 배려를 실천하는 덕목으로 사회적 화합과 화해의 필수적 요소라고 할 수 있다. 노블레스 오블리주가 수직적, 일방적 특성을 지닌다면 이러한 덕목 이전에 빈부, 귀천이라는 구분과 관계없이 상호화해적 덕목이 사회저변에 형성되어 있어야 하는데 서로의 입장을 바꾸어 헤아리는 것으로서의 충서의 윤리는 화해의 공감대와 공동체정신을 형성하는 데 기초가 될 수 있다(김일환, 2008). 이와 같은 연구들을 통해서 노블레스 오블리주는 도덕적 가치와 공공정신, 사회봉사와 기부, 사회적 참여 등으로 구성되고 있음을 알 수 있다.

다음으로는 최근의 노블레스 오블리주에 관한 지표 및 사회조사 연구를 들 수 있다. 이러한 연구에서는 노블레스 오블리주를 구성하는 사회집단들, 노블레스에 대한 일반시민들의 인식, 노블레스 오블리주 실천이 공정성 및 신뢰에 미치는 영향 등에 대한 탐구가 이루어졌다. 강철희 외(2010)에서는 사회지도층을 '사회의 여러 분야에서 광범위하게 영향력을 미칠 수 있는 사회적 지위를 확보하고 있는 사람들'라고 정의하고 공직자(선출 및 임명직), 지식인, 사회단체 등의 지도자, 종교지도자, 부유층(기업가 및 경제인)를 그 범주로 하여 일반시민들의 인식을 살펴보고 있다. 시민사회 지도자와 종교지도자가 이미지에 있어서 가장 낮은 점수를 받고 있으며 그 다음이 지식인으로 나타나고 있다. 또한 사회지도층의 부정적 이미지가 강할수록 신뢰의 수준은 더 낮은 것으로 확인되었다. 이는 한국사회에서 신뢰의 문제를 해결하는데 무엇보다도 사회지도층의 모범적이며 선도적인 역할이 중요한 계기가 될 수 있음을 시사한다. 이재열 외(2009)의 연구에서는 1990년대 이후 일간지 기사분석을 통해 노블레스에 해당되는 대상자를 부자, 기업인, 국회의원, 고위관료, 전문직, 법조인으로 보았다. 그리고 오블리주에 해당되는 행위는 기부, 병역, 준법, 사회공헌, 부패(청렴) 등으로 구성하였다. 노블레스 오블리주가 잘 수행되고 있는지에 대한 시민들의 의식을 측정한 결과 100점 만점에 26.5로 나타나서 "아주 못하고 있다"와 "못하고 있다"의 중간에 위치하고 있는 것으로 평가되었다.

한편 최근의 노블레스 오블리주에 대한 한 조사연구(남은영, 2012)에서는 노블레스의 조건은 '교육, 직업, 권력' 등의 특권적인 혜택을 누릴 수 있는 현실적 조건과, '사람을 존중하는 마음가짐, 도덕적 품성' 등의 사회적 존경과 명예를 얻을 수 있는 윤리적 조건으로 나뉘어진다는 것을 보여주고 있다. 그 중에서 노블레스의 윤리적 조건이 오블리주 실천에 영향을 미치는 것으로 나타났다. 그리고 시민들은 사회지도층의 사회적 책임수행이 잘 이루어진다고 생각할수록 우리사회가 더 공정하고 신뢰할 수 있다고 느끼고 있으며 이러한 경향은 기업이나 주주의 나눔의 정신 실천, 사회의 발전에 대한 공헌 등의 사회적 책임수행에 의해서 더욱 크게 증가하고 있다고 밝히고 있다.

한국사회는 지난 40여 년간 급속한 경제성장을 이룩하였으며 그 결과 국민소득 2만불을 넘어섰고 그 과정에서 경제적 풍요를 누리는 계층들이 생겨났다. 그러나 1990년대 말 외환위기 이후 비정규직이 늘어나면서 중산층이 위축되고 근로빈곤층이 증가하는 등 양극화의 조짐과 함께 갈등과 분열이 심화되고 있다. 이런 맥락에서 사회지도층의 노블레스 오블리주의 실천행위와 사회적 책임의 이행은 국가의 영역이 미치지 못하는 영역에서 부의 불평등을 개선하고 지속가능한 발전을 위한 안전판 역할을 하게 된다. 이러한 의미에서 나눔의 문화는 계층간의 격차를 해소할 수 있는 수단이 될 수 있으며 사회갈등을 완화하고 통합을 이룰 수 있게 하는 지름길이 된다고 볼 수 있다 (예종석, 2010).

2) 연구의 목적

이 연구는 나눔의 행동 또는 공생지향의 가치관을 경험적으로 연구하려는 것이다. 연구의 발단은 쌍용머티리얼 주식회사에 장기투자를 해오던 어느 개인투자자가 주식매도에서 얻은 이익이 자신의 현명한 투자결정 때문만이 아니고 종업원들의 집합적인 노력의 결과라는 인식 하에 주식의 일부를 회사의 복지기금에 출연하고 아울러 종업원 개개인들에게 일정한 주식을 균등하게 무상 증여한 데서 시작했다. 이 주주는 주가 상승으로 인한 주식매도의 이익이 주주에게만 귀속되는 현재의 시스템은 공정한 것이 아니며 주가 상승을 가능하게 만든 종업원들도 이익의 일부를 얻는 것이 보다 공정하다고 판단했다.

그러나 국내외에서 선행 모델이 거의 없는 것 같다. 대주주가 기업경영의 수단으로 자신의 주식 일부를 우리사주제도 등으로 양도하는 경우는 있지만 경영과 무관한 개인투자자가 종업원에게 주식을 증여한 사례는 별로 없다. 그러나 이 증여는 새로운 가능성을 여는 실험적 의미를 갖는 것처럼 보인다. 주주-직원 간의 선순환의 관계, 즉 공생의 관계를 여는 측면이 있기 때문이다.

주주는 모험이 수반되는 투자결정에 따라 주식의 매수와 매도를 통해 자본시장에서 자신의 이익을 얻고자 노력한다. 기업경영에 참여하는 소수의 대주주를 제외하면 대부분의 주주는 기업경영과 직접 관계가 없다. 그러나 이들은 자본시장에서 기업을 지원하는 역할을 수행하며 주가가 상승하면 기업의 자본조달이 용이해지고 기업의 이미지가 상승하기 때문에 주주와 기업 간에는 선순환의 관계, 즉 공생이 가능하다. 그러나 주주는 종업원들과는 특별한 이해관계가 없거나, 있다 해도 경쟁적인 관계에 있다는 통념이 강하다. 기업의 이윤분배에 관하여 주주의 이익을 가장 많이 고려해야 한다는 관점이 있는가 하면, 직원을 포함하여 다양한 이해담당자들의 이익을 다 같이 고려해야 한다는 관점이 있기 때문에, 주주와 직원은 이익의 배분을 둘러싸고 경쟁적인 관계에 있다고 볼 수도 있다.

그러나 시장경제의 핵심이자 개인이익을 중시하는 자유주의의 상징으로서 주주의 가치관은 역사적으로 변화되는 추세를 보인다. 모든 주주가 그런 것은 아니지만 어떤 주주는 투자에 따른 이익추구와 함께 사회적 관심을 표출하기 시작한다는 것이다. 여기에는 크게 두 가지 길이 있다. 하나는 기업의 사회적 책임(corporate social responsibility: CSR)을 주주가 요구하고 지지하는 것이다. 뒤에 자세히 살펴보겠지만 사회적 책임에는 종업원에 대한 배려(임금, 복지, 참여, 소통, 인권 등), 환경에 대한 보호(생태오염 규제), 사회에 대한 관심(이익의 사회환원, 지역공동체 발전에 공헌), 기업윤리(투명경영, 부패방지) 등을 포괄한다. 이에 관한 주주의 역할과 결과에 대해서는 적지 않은 연구가 해외에서 이어져왔다.[1]

다른 하나는 주주-직원 공생, Stock Owner-Employee(SOE) Partner-ship의 가능성이다. 이것은 주주가 기업의 사회적 책임을 통해 직원과 간접적으로 맺는 관계를 넘어서 직접적인 파트너십을 지향하는 것이다. 공생이란 내적 논리의 정합성을 가정한다. 주식투자로 이익을 얻은 주주가 기업 밖의 사회현상, 예컨대 빈곤, 질병, 교육 불평등에 개입하여 복지, 의료, 장학 사업 등을 시작할 수 있다. 또는 사회발전에 요구되는 특정 가치(예: 첨단 과학)의 공급을 위해 공익재단을 설립하여 활동할 수 있다. 그러나 주주-직원의 공생은 시장경제 밖이 아니라 그 안에서 선순환의 시너지 효과를 지향한다. 즉 종업원에 대한 주주

---

1 이에 관한 연구들을 본문 인용 없이 참고문헌에 포함시켜 제시했다.

의 배려가 종업원의 의식과 태도에 영향을 미쳐 기업의 실적을 향상시키고 주가 상승으로 주주의 이익에 봉사하는 전후방 효과를 겨냥한다는 것이다. 이렇게 본다면, 종업원에 대한 주주의 배려는 단순한 기부나 자선이 아니라 주주라는 집합체의 중장기적인 이익에 부합하는 합리적 행위라는 설명이 가능할지도 모르겠다.

〈그림 1〉 주주의 사회적 관심 표출의 두 가지 방향

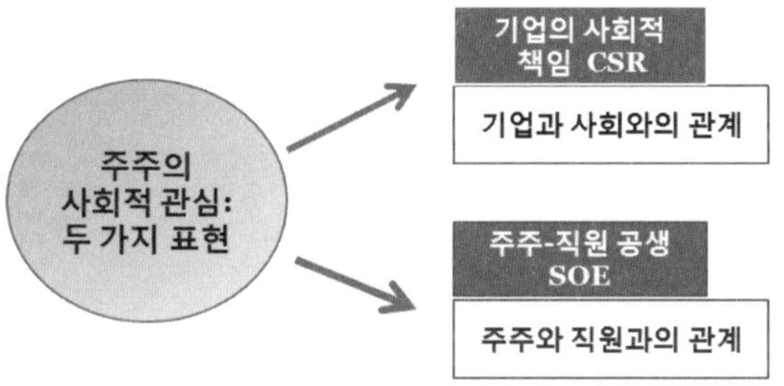

이 연구의 핵심은 〈그림 1〉 가운데 두 번째의 가능성을 탐색하려는 것이다. 그러나 첫 번째 가능성도 중요하다. 기업의 사회적 책임을 통해 주주와 종업원이 간접적으로 연결되기 때문이다. 보다 정확히 표현하자면, 두 방향으로 표현되는 주주의 사회적 관심을 배후에 전제하고, 경험적 연구방법론을 활용하여, 주주–직원의 공생 가능성에 대한 태도가 종업원들 사이에 어떻게 구성되는지, 이것이 어떤 결과를 나타내는지를 분석하려는 것이다. 그리고 이 태도가 노블레스 오블리주를 바라보는 태도에 어떤 영향을 미치는지를 규명하고자 한다.

2. 설문조사 표본구성 및 핵심 개념

1) 표본구성

경험적 연구의 자료는 2012년 5월에 실시된 쌍용머티리얼 임직원 전체 280명에 대한 설문조사이다. 설문은 기업경영의 공정성, 직무만족, 기업의 사회적 책임, 주주와 주식시장에 대한 태도, 노블레스 오블리주 등 다양한 항목을 내포한다. 그 가운데 이 연구는 종업원들의 의식분석을 통해 주주-직원 공생의 가능성과 효과를 측정하려는 것이다. 우선 설문조사의 표본구성은 다음과 같다.

〈표 1〉 표본 구성

구분		빈도	%
성별	남자	258	92.1
	여자	22	7.9
연령	19 ~ 29세	36	12.9
	30 ~ 39세	96	34.3
	40 ~ 49세	113	40.4
	50 ~ 59세	32	11.4
	60세 이상	3	1.1
학력	고등학교 졸업 이하	118	42.2
	전문대 이상	162	57.9
직무	생산기능직	169	60.4
	사무관리직	111	39.6
합계		280	100

표본구성에서 보듯이, 전국조사와 비교할 때, 여성의 비율이 현저히 적고 20대 연령층, 특히 50대 이상 연령층의 비율이 적다. 따라서

이 조사결과를 일반화해서는 안 된다. 기업 가운데서 여성의 비율이 상대적으로 많은 분야도 있으나, 이 연구는 남성이 비율이 높은 중소기업 종업원의 의식을 대변하는 것으로 이해되어야 한다.

2) 핵심 개념

① 공생민감성의 특성

이 연구의 가장 핵심개념은 "공생민감성"(partnership sensitivity)이다. 공생민감성을 설명하는 이론으로는 소통의 상보성에 있다. 상보성(reciprocity)이란 단순화해서 상대의 주장, 불만, 또는 침묵을 상대의 관점에서 이해하고 해석하는 것을 뜻한다. 특히 이방인, 적대자, 주변인, 무관심자 등에게 상보성의 개념은 자신에게 익숙한 방식으로 상대를 대하거나 해석하지 않고 익숙하지 않은 상대의 입장에서 상황을 보고 해석하기를 요구한다. 이것이 소통정의의 출발점이 된다고 할 수 있다. 따라서 상보성의 규범을 보다 잘 실천할 수 있는 사람은 그렇지 못한 사람에 비해 세상의 다양성, 갈등상황을 보다 잘 이해할 수 있다는 명제가 성립된다. 공생민감성은 소통의 상보성 개념에서 도출된 것이다.

그러나 공생민감성의 지수를 구성하는 것은 경험적 연구과제이다. 따라서 이 연구는 이론적 논의를 배후에 전제하고 경험적 연구에 집중한다. 특히 주주와 기업, 주주와 직원의 관계에 초점을 맞추어 접근한다. 주주와 직원의 관계에서도 이 연구는 종업원의 의식, 태도, 행동에 초점을 맞춘다. 이 연구의 목표를 온전히 달성하려면, 주주에 대한 경험적 조사가 필요하지만 아직 그런 자료가 없기 때문에 주주-직원 공생가능성을 종업원의 관점에서 접근한다. 뒤에 좀 더 자세히 보겠지만, 종업원의 1) 주식투자 경험 2) 주주(개인투자자, 대주주)의 사회적 관심에 대한 평가 3) 주가상승의 효과에 대한 종업원의 반응을 모아 직원의 관점에서 본 공생민감성을 구성한다.[2]

② 주주-직원 공생 : 주주의 사회적 관심과 기업의 사회적 책임

〈그림 1〉에서 우리는 주주-직원의 공생은 1) 주주가 촉구하는 기업의 사회적 책임을 통해 간접적으로 실현될 여지가 있고, 2) 주주의 직원이 직접 관계를 맺는 방식이 있을 수 있음을 밝혔다. 이런 생각의 배경에는 기업이 사회적 책임을 방기한 채 이윤추구에 전념했던 상태에서 오늘날 사회적 책임을 실현하는 방향으로 진화하고 있듯이, 주주라는 집단도 투자에 따른 이익획득에 전념했던 상태에서 사회적 책임에 관심을 갖는 방향으로 진화하고 있다는 가정이 있다. 물론 경험적으로는 기업 가운데 일부 기업이, 주주 가운데 일부 주주가 앞서 가고 나머지는 소극적이거나 관심도 없을 수도 있다. 따라서 경험적으로 보자면, 주주 가운데서도 누가 이렇게 먼저 변하는가를 물을 수 있고, 직원 가운데서도 누가 먼저 이렇게 변하는가를 물을 수 있다. 이것을 설명하는 개념이 공생 민감성이다. 즉 공생민감성이 강한 사람 또는 집단이 주주-직원 파트너십 가능성에 대해 적극 호응한다는 것이다. 이런 가정으로 우리는 다음과 같은 명제를

2 세 항목에서 각각 51점(5점 척도를 100점 만점으로 환산한 점수) 이상에게 1점을 부여하고, 50점 이하에는 0점을 부여하여 0~3점 척도를 구성한다. 0~1점은 주주-직원 공생 불가능으로, 2~3점은 가능으로 분류한다.

제안하고자 한다.

1) 주주는 사회적 관심을 표현하고 기업은 사회적 책임을 구현하려는 방향으로 의미 있는 변동이 일어나고 있다.
2) 주주의 사회적 관심에 대한 직원의 태도로부터 "공생 민감성"의 정도를 추출할 수 있다. 공생민감성이 강한 사람은 그 규모가 어느 정도이건 더불어 사는 나눔을 실천하는 데 적극적이라고 할 수 있다.
3) 공생 민감성이 강한 집단은 그렇지 못한 사람보다 기업의 사회적 책임, 특히 기업과 사회의 공생 가능성에 적극 호응한다.
4) 주주와 직원의 관계에 영향을 미치는 공생민감성은 또한 기업과 사회의 관계에도 긍정적인 영향을 미친다.
5) 이런 시너지 효과는 직장에 대한 자부심을 가져온다. 또한 노블레스 오블리주와 같은 공생 자본주의의 문화적 틀을 형성한다.

〈그림 2〉 설명의 개념 틀

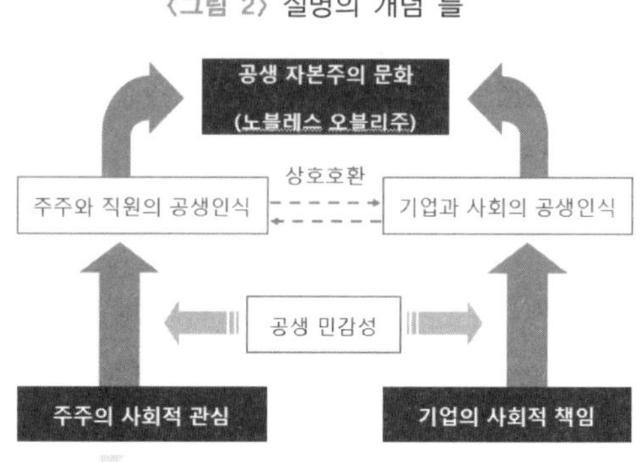

이 설명모델의 핵심은 공생 민감성의 역할에 있다. 공생 민감성이 강한 집단이 주주의 사회적 관심에 적극 호응함으로써 주주-직원의 공생 인식을 구성하고 아울러 기업의 사회적 책임에 대해서도 적극 호응함으로써 기업-사회의 공생 인식을 끌어내기 때문이다. 따라서 질문은 자연스럽게 공생 민감성이 강한 집단의 규모는 어느 정도인가로 모아진다.

3. 주요 분석 결과

1) 강한 공생민감성의 규모

주주는 편의상 개인투자자, 기관투자자, 외국인투자자 등으로 구분되나, 여기서는 투자결정의 주체가 개인으로 귀속될 수 있는 두 범주, 즉 대주주와 개인투자자에 주목하고자 한다. 대주주는 대체로 기업의 소유주나 경영자들로 구성된다. 주주의 역할은 크게 두 가지로 나누어진다. 하나는 경제적 역할이다. 주주는 자본시장 안에서 주식의 매수와 매도를 통해 이익을 얻거나 손실을 감수한다. 이를 통해 시장경제에 자본을 공급하고 기업경영을 청취, 감시하는 기능을 수행한다. 다른 하나는 사회적 역할이다. 주주는 일상생활의 상호작용을 통해 사회적으로 구성된 삶을 꾸려간다. 이런 과정에서 사회문제에 관심을 가질 수 있다.

주주의 경제적 역할은 주로 주주와 기업의 관계로 연결되고 주주의 사회적 역할은 주주와 직원의 관계로 연결될 수 있다. 주주의 사회적 관심에 대한 직원의 태도를 측정하기 위해 세 가지 질문을 하였다. 첫째는 종업원들의 주식투자 경험이다. 이 경험의 공유가 주주-직원 공생의 한 조건이 된다. 둘째는 주주의 사회적 관심에 대한 종업원의 평가이다. 즉 주주가 나름의 사회적 책임을 수행하고 있다는 종업원의 인식이 주주-직원 공생의 조건이 된다. 셋째는 주가상승과 종업원 이익의 관계이다. 주가가 상승하면 회사경영이 좋아진다는 데서 끝나지 않고 종업원도 이득을 얻는다고 본다면 주주-직원 공생은 한결 용이해진다.

우선, 첫 번째의 공통분모에 관해서 이 연구는 세 문항을 이용하였다. 1) "나는 주식에 직접 투자해본 경험이 있다." 2) "나는 현재 주식에 직접 투자하고 있다." 3) "나는 현재 쌍용머티리얼의 우리사주조합 조합원이다." 각 문항에 대한 응답은 "그렇다"와 "아니다"로 했으며, "그렇다"는 응답에 1점을 주어 0~3점의 척도를 만들고 이것을 다시 100점 만점으로 환산했다(전체평균 52.9점). 그 결과 전체 280명 가운데 51점 이상을 얻은 162명(57.9%)이 공통분모의 축에서 주주-직원 공생의 조건에 부합했다.

주주의 사회적 관심에 대해서는 대주주와 개인투자자에 관련하여 각각 세 가지씩 설문을 했다. 1) "나눔의 정신을 실천한다." 2) "사회발전에 공헌한다." 3) "직원들의 사정을 이해한다." 이렇게 구성된 6개의 설문 각각에 대해 5점 척도의 응답이 제공되었으며 6개 설문에 대한 응답을 모두 모아 100점 만점으로 환산했다(전체평균 38.1점). 그 결과, 전체 280명 가운데 51점 이상을 얻은 42명(15.0%)이 주주의 사회적 관심에 대한 평가에서 주주-직원 공생의 조건에 부합하는 것으로 나타났다.

끝으로 주주-직원 공생의 한 조건은 주가상승으로 인해 종업원도 혜택을 받는다는 인식이다. 따라서 "주가가 올라가면 직원이 이득을 얻는다."는 하나의 설문으로 종업원의 태도를 측정했다. 전체평균은 45.8이었으며 51점 이상은 28.6%(80명)에 달했다. 이렇게 형성된 주주–직원 공생의 세 가지 조건들로부터 다음과 같은 네 가지 집단이 추출되었다.

1) 주주–직원 공생의 전면 부정: 세 가지 조건 중 어느 것도 만족시키지 못한 집단(25.4%)
2) 주주–직원 공생의 상대 부정: 세 가지 조건 중 하나의 조건만 만족시킨 집단(51.4%)
3) 주주–직원 공생의 상대 긍정: 세 가지 조건 중 두 개의 조건을 만족시킨 집단(19.6%)
4) 주주–직원 공생의 전면 긍정: 세 가지 조건을 모두 만족시킨 집단(3.6%)

여기서 분명해지듯이, 주주–직원 공생의 가능성을 매우 높게 보는 태도는 3.6%에 불과하고 어느 정도 높게 보는 태도를 합해도 주주–직원 공생의 가능성을 긍정하는 것은 23.2%의 수준이다. 나머지 76.8%는 주주–직원 공생이 시기상조이거나 불가능하다고 본다. 이에 반해, 주주의 경제적 역할에 근거를 두고 있는 주주–기업 공생의 가능성은 매우 높은 것으로 나왔다. 공통분모는 앞과 동일하다. 즉 '주식에 직접 투자해 본 경험이 있는지' 이다. 둘째의 주주 행동에 대해서는 1) "주주는 건전한 투자자로서 기업의 가치를 확대시킨다." 2) "주주는 기업경영을 감시하는 역할을 수행한다."의 문항을 사용하였다. 100점 만점의 척도에서 51점 이상을 얻은 62.9% (176명)가 주주–기업 공생의 조건을 만족시켰다. 셋째의 조건, 즉 주가상승과 기업이익의 관계에 대해서는 1) "주가가 올라가면 회사경영이 좋아진다." 2) "주가가 올라가면 회사의 이미지가 좋아진다."의 설문을 사용하였다. 같은 방식으로 100점 만점의 척도를 구성한 결과, 51점 이상을 얻은 70%(196명)가 주주-기업 공생의 조건을 만족시켰다. 세 가지 조건을 종합해 보면, 주주-기업 공생의 가능성을 전면 긍정하는 태도는 33.6% (94명)였고, 두 가지 조건만을 만족시킨 상대 긍정의 태도는 46.8% (131명)였다. 이 둘을 합치면 주주-기업 공생에 관한 긍정적 태도는 80.4%나 된다. 이것은 23.2%에 불과한 주주-직원 공생의 긍정적 태도와 매우 대조적이다.

〈그림 3〉 두 차원 공생에 대한 종업원의 긍정적 태도 (단위 %)

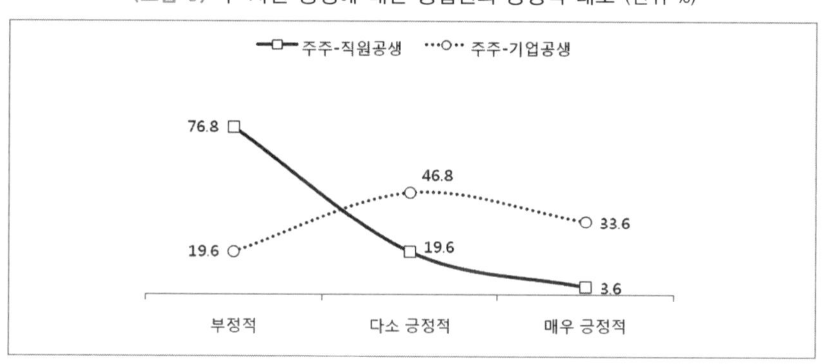

더 나아가 주주-기업 공생과 주주-직원 공생의 두 축을 교차시키면, 현실성이 있는 세 가지 태도가 나온다. 1) 주주-직원 공생도 가능하고 주주-기업 공생도 가능하다는 낙관적 태도: 22.5%, 2) 주주-기업 공생은 가능하나 주주-직원 공생은 불가능하다는 기업 위주의 낙관적 태도: 57.9%, 3) 주주-직원 공생과 주주-기업 공생이 다 같이 불가능하다는 비관적 태도: 18.9%. 〈표 2〉는 세 가지 태도의 분포를 보여준다.

〈표 2〉 주주 역할에 대한 종업원의 태도 (단위: %, 괄호 안 N)

주주-직원 공생 \ 주주-기업 공생	긍정	부정	합계
긍정	양면 낙관적 22.5(63)		23.2(65)
부정	기업위주 낙관적 57.9(162)	비관적 18.9(53)	76.8(215)
합계	80.4(225)	19.6(55)	100.0(280)

2) 누가 사회공생에 보다 적극적인가?

가장 중요한 발견은 공생 민감성은 직장 안의 소통구조와 밀접히 관련된다는 점이다. 회사 안에서 최고 경영자, 상사, 동료들과 소통을 잘 하고 있다는 사람들이 일관되게 강한 공생 민감성을 보였다. 소통의 흐름에서 소외되거나 배제되기보다 잘 어울리는 사람이 주주와 직원, 기업과 사회의 공생 가능성에 대해 더 적극적으로 반응한다는 것이다. 이것은 이치와 상식에 부합하는 것처럼 보인다. 소통을 잘 한다는 것은 남을 잘 이해한다는 것이며 남을 잘 이해하는 능력은 공생의 기본이기 때문이다.

〈그림 4〉 공생 민감성과 소통 영역별 소통지수 (단위: 100점 만점)

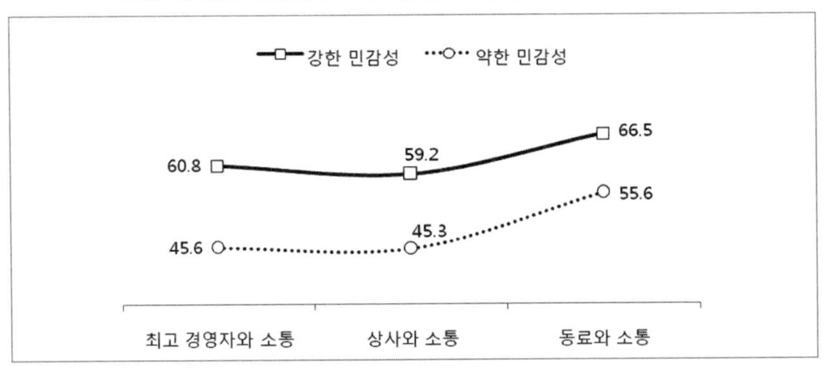

사실 이 연구는 하버마스의 소통정의, 특히 상보성(reciprocity) 규범과 책임성 있는 자유주의(responsible liberalism) 사이에 밀접한 상응관계 있다는 이론적 입장에서 출발한 것이다.[3] 의사소통 안의 상보성 규범은 상호작용하는 복수의 주체들 사이에 발언 기회의 균등한 배분, 말하기와 함께 듣는 행위의 중요성, 상대의 주장을 상대의 관점에서 해석하는 상보성, 상대로부터의 배움에 기초한 자신의 변화능력, 이를 통한 공통의 합의점 발견 등을 전제하기 때문에, 이로부터 다양성의 인식지평과 함께 공생민감성을 도출할 수 있다. 다시 말해, 일상생활에서 상보성의 실천이 몸에 밴 사람은 그렇지 못한 사람보다 상대를 더 잘 이해할 수 있고 나눔과 공생을 실천할 수 있다는 것이다. 이런 점에서 직장 안에서 소통이 원활한 사람이 그렇지 못한 사람보다 공생민감성이 현저히 높다는 발견은 중요한 의미를 갖는다.

다른 한 발견은 공생 민감성과 신뢰의 관계이다. 공생 민감성이 큰 사람은 이것이 적은 사람보다 타인을 더 신뢰하는 경향이 뚜렷하다. 반대로 말하면 공생 민감성이 적은 사람은 타인을 불신하는 경향이 현저하다. 이것 역시 이치와 상식에 부합한다. 신뢰의 기반이 없이 공생은 어렵기 때문이다. 공생은 상호작용하는 복수의 주체들 사이에 신뢰가 형성될 때 비로소 가능해진다.

---

3 Han Sang-Jin, Shim Young-Hee, and Park Sae-seul, "Communicative Reciprocity and Responsible Liberalism: From Corporate Social Responsibility to Stockowner -Employee Partnership-An Empirical Analysis," A paper prepared for presentation at a special session of LIBEAC at the 2014 ESHET conference to be held at Lausanne, Swiss, May 28~31, 2014.

〈그림 5〉 공생 민감성의 유형과 신뢰의 정도 (단위: %)

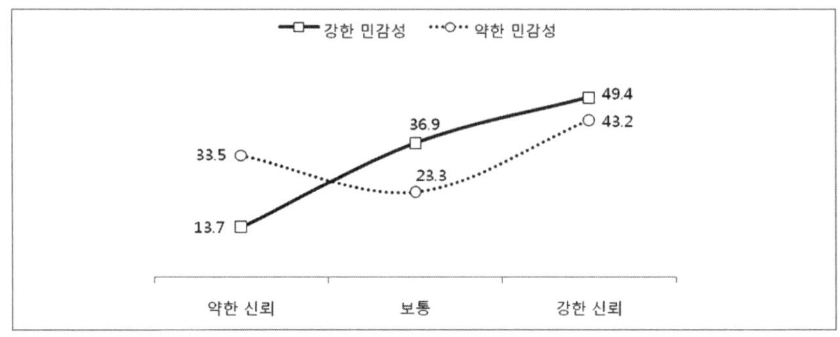

〈그림 6〉 공생 민감성 유형과 연령별 분포 (단위: %)

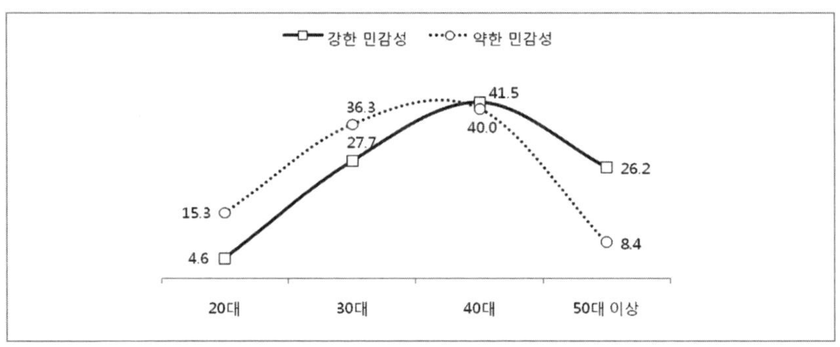

통상적 의미의 인구학적 분석을 해보면 공생 민감성은 회사 안에서 연령집단에 따라 상당히 다르게 나타났다. 강한 민감성은 40대를 기준으로 하여 50대 이상의 연령층에서 상대적으로 높고, 약한 민감성은 20대와 30대의 연령층에서 상대적으로 높다. 젊은 사람보다 나이가 든 사람들이 공생의 가능성에 더 민감하게 반응한다는 것이다. 그러나 40대에서는 두 성향이 균형을 이루었다.

따라서 공생민감성이 강한 사람들은 소통을 중시하고 타인에 대한 신뢰가 강한 집단이며 자신의 이익만을 극대화하기보다는 사회적 집단들 간의 공존을 중시하는 가치를 가진 사람들이라고 할 수 있다.

3) 주주–직원 공생과 기업의 사회적 책임

다음으로는 주주–직원 공생과 기업의 사회적 책임에 대한 인식이 서로 어떻게 관련되는가를 살피겠다. 결론적으로 말하자면, 주주–직원 관계에 대하여 공생민감성이 강한 사람은 23.2%에 불과하지만, 이 태도가 기업의 사회적 책임을 바라보는 종업원들의 인식에 큰 영향력을 미친다.

기업의 사회적 책임에 관한 주제들은 1980년대 이래 영미권에서 시작하여 서구에서 활발히 논의되었고 국내에서도 큰 반응을 얻고 있다. 그러나 "사회적 책임"을 말할 때 그 "사회적"인 것의 의미가 무엇인가? 이것부터가 논쟁적이다.

기업의 사회적 책임은 1953년 Bowen에 의해 "우리사회의 목표나 가치적 관점에서 바람직한 정책을 추구하고, 그러한 의사결정을 하거나 그러한 행동을 쫓아야 하는 기업인의 의무"를 뜻하는 것으로 정의 내려졌다. 이후 기업의 사회적 책임 개념은 1960년대 사회적으로 광범위하게 확산되었다. Carroll(1979)은 Bowen 저술 이후 20여 년 동안에 지속된 학문적 논의를 체계적으로 정리하여 '기업 수행의 3차원 개념 모델'을 제시하였다. 이 모델에 따르면 기업의 사회적 책임은 주어진 특정 시점에서 사회가 기업에 대해 가지고 있는 경제적, 법적, 윤리적 기대를 모두 포함한 구성적 개념이다.

즉 기업은 경제적 이윤 창출, 법률준수, 윤리적 책임, 재량적 책임 등의 네 가지 책임을 가지고 있다. 여기서 '경제적 책임'은 기업의 사회적 책임 중 제1의 책임이며 기업은 사회의 기본적인 경제단위로서 재화와 서비스를 생산할 책임을 지고 있다는 의미이다. 두 번째 '법적 책임'은 사회는 기업이 법적 요구사항의 구조 내에서 경제적 임무를 수행할 것을 요구한다는 것이다. 세 번째 '윤리적 책임'이란 법으로 규정하지는 못하지만 기업에게 사회의 일원으로서 기대하는 행동과 활동들을 의미한다. 마지막으로 '재량적 책임'이란 기업에 대해서 명백한 메시지를 갖고 있지 않지만 기업의 개별적 판단이나 선택에 맡겨져 있는 책임으로서 사회적 기부행위, 약물 남용 방지 프로그램, 보육시설 운영, 사회복지시설 운영 등 자발적 영역에 속하는 것이다. 따라서 사회적 책임을 가지는 기업이란 이윤을 내기 위해 노력하는 동시에 법을 준수하고, 윤리적이며 성실한 기업시민이라고 할 수 있다.

이 연구에서는 서구의 논의나 분류기준을 배후에 전제하고 오늘의 한국 현실에서 기업이 당면하는 사회적 책임의 내용을 중심으로 설문을 구성하였다. 기업의 사회적 책임은 기업의 자발적 내부 혁신으로 등장했다기보다는 NGO, 소비자, 주주 등의 압력이나 정부정책 같은 환경변화에 적응하는 과정의 산물이라고 할 수 있다.

이런 시대적 맥락에서 우리는 기업의 사회적 책임을 구성하는 여러 항목들 가운데 15개의 항목을 선정했다. 그리고 종업원의 눈에 각 항목이 얼마나 규범적으로 중요한지, 또 실제로 얼마나 수행되고 있다고 생각하는가를 물었다. 기업의 사회적 책임의 수행정도에 대하여 '기업의 수익창출', '일자리 창출', '높은 임금', '직원들의 고용안정', '직원들의 교육훈련 및 경력개발', '직원들의 복리후생', '직장 탁아시설 등 가족친화적 제도의 도입', '차별금지', '고충처리제도의 활성화', '노동조합 활동보장', '기업이익의 지역사회 재투자', '협력(하청)회사와의 상생', '기업의 환경오염 규제', '기업의 투명경영', '주주의 투자이익 확대' 등의 15개의 항목으로 측정하였다.

전체 구성원들이 가장 높게 평가하는 항목은 '환경오염 규제'와 '기업의 수익창출'로 나타났다. 다음으로는 '고용안정'과 '주주 투자이익 확대'가 높은 점수를 얻고 있다. 전반적으로 기업의 '경제적 책임'과 환경보호를 위한 '윤리적 책임'이 잘 수행되고 있다는 종업원의 평가로 읽힌다. 그러나 직장 탁아시설, 지역사회 재투자, 고충처리제도 활성화, 교육훈련/경력개발 등이 낮게 평가되고 있으며, 협력회사와의 상생도 비교적 낮은 점수를 받고 있다.

〈표 3〉 기업의 사회적 책임 수행에 대한 인식(100점 만점)

기업의 사회적 책임 항목	점수 (100점 만점)
기업의 수입창출	73
일자리 창출	55
높은 임금	65
고용안정	72
교육훈련 경력개발	56
복리후생	66
직장탁아시설	45
차별금지	68
고충처리제도 활성화	59
노조활동보장	68
지역사회재투자	54
협력회사와 상생	64
환경오염규제	74
투명경영	65
주주 투자이익확대	69

매우 중요한 발견은 주주-직원의 관계에 대하여 공생민감성이 강한 직원은 그렇지 않은 직원에 비해 기업의 사회적 실천의 수행 정도를 일관되게 적극적으로 평가하고 있다는 점이다.

좀더 자세히 보자면, 기업의 사회적 책임에 관하여 공생 민감성은 전형적인 '경제적' 항목보다 '사회적' 항목들에서 그 지향이 보다 현저해진다. 기업수익 창출, 주주의 투자이익 증대, 종업원의 임금 상승, 복리후생 등이 중요하지 않다는 것은 아니다. 공생 민감성이 강한 사람은 약한 사람보다 이들 경제적 항목들에 대하여 일관되게 10점 안팎으로 기업의 사회적 책임이 더 잘 실현되고 있다고 보았다. 그러나 보다 사회적인 측면을 나타내는 항목들, 예컨대 일자리 창출, 기업이익의 지역사회 재투자, 하청 협력회사와의 상생, 투명 경영, 노동조합 활동 보장, 차별 금지, 고충 처리, 종업원의 교육훈련 및 경력개발 등에 관해서는 15~20점의 큰 차이로 기업과 사회의 공생 가능성에 대해 더욱 적극적으로 인식하고 있다. 이것은 공생 민감성이 큰 종업원들의 경우, 이들이 생각하는 공생의 프레임이 경제적인 데에 국한된 것이 아니라 인간존중 경영, 인권 및 소통, 기업윤리, 기업과 사회의 공존, 공생발전 등의 영역까지 훨씬 넓게 열려 있다는 점을 강하게 암시한다.

〈표 4〉 주주-직원 공생과 기업의 사회적 책임 수행 (단위: 100점 만점)

기업의 사회적 책임 영역	주주 직원 공생 긍정적	주주 직원 공생 부정적	평균
기업본연의 경제활동	71.7	61.1	63.6
1. 기업수익 창출	74.6	63.7	66.3
2. 주주투자이익 증대	68.8	58.4	60.8
종업원의 이해 (노사공존)	62.7	50.6	53.4
경제적 재화	64.3	54.7	56.9
3. 높은 임금	62.7	53.7	55.8
4. 복리 후생	65.8	55.6	57.9

인간존중 경영	56.7	44.2	47.1
5. 고용안정	72.3	62.4	64.7
6. 교육훈련 및 경력개발	58.5	40.9	45.0
7. 직장 내 탁아소 운영	39.2	29.2	31.5
인권 및 소통	67.2	53.0	56.3
8. 고충처리	61.2	45.7	49.3
9. 차별금지	68.8	56.7	59.6
10. 노동조합 활동보장	71.5	56.4	59.9
기업윤리	72.7	58.4	61.7
11. 투명경영	68.1	52.0	55.7
12. 기업의 환경오염 규제	77.3	64.8	67.7
기업과 사회 (사회공존)	58.7	43.4	46.9
13. 일자리창출	56.6	39.5	43.5
14. 기업이익의 지역사회 재투자	52.7	39.7	42.7
15. 하청협력회사와 상생	66.9	51.0	54.7
평균	64.3	51.3	54.3

〈그림 7〉 공생민감성 유형과 기업의 사회적 책임: 경제영역과 사회영역 (단위: 100점 만점)

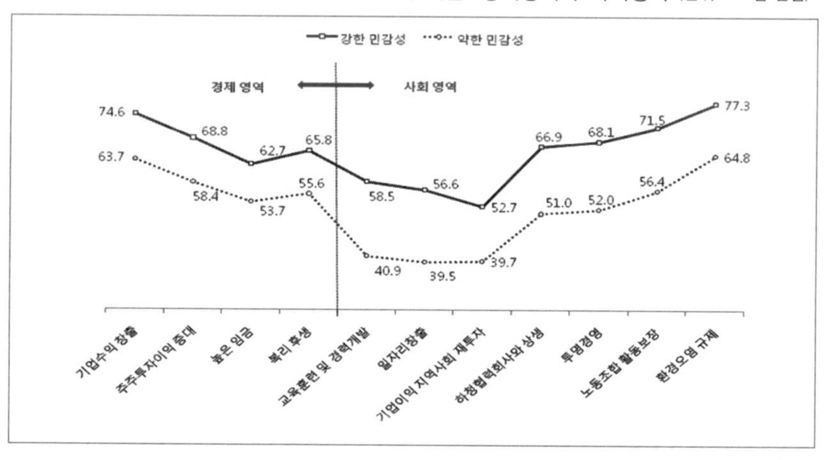

4) 기업과 주주의 사회적 책임이 오블리주 실천인식에 미치는 영향

지금까지는 공생민감성을 중심으로 기업의 사회적 책임수행 인식이 공생민감성이 강한 집단과 약한 집단 사이에 어떻게 다르게 나타나는지를 살펴보았다. 그러면 여기에서는 한국사회에서 기업이나 주주가 사회적 책임을 잘 수행한다고 인식하는 것이 사회지도층의 오블리주 실천을 평가하는 데에 어떤 영향을 미치는지 알아보기로 하자. 우선 사회지도층이 되기 위한 조건들은 어떤 것인가? 1) '재산, 권력, 직업, 교육, 주거지역, 소비문화' 등을 현실적 조건이라 한다면, 2) '도덕적 품성, 인간존중의 마음가짐' 등은 윤리적 조건'이라고 할 수 있다. 사회지도층의 실천에 관해서는 준법정신, 부패 없는 깨끗한 삶, 검소한 생활, 사회적 약자에 대한 관심, 시민운동 참여, 기부활동, 사회봉사 활동 등으로 측정하였다. 요인분석을 통해 사회지도층의 실천은 하나의 요인으로 묶이는 것을 확인할 수 있었다. 그리고 사회지도층의 실천과 사회지도층의 조건을 다차원척도분석(MDS; Multidimensional Scaling)[4]을 통하여 2차원의 공간에 표시하였다. 그 결과 각 항목들은 '사회지도층의 현실적 조건', '윤리적 조건', '오블리주 실천'으로 묶이며 가까이 위치하고 있고, 세 개의 각 요인이 일정한 거리를 유지하며 이차원의 공간에서 위치하고 있는 것을 볼 수 있다.

---

4 다차원척도법이란 개체들을 대상으로 변수를 측정한 후에 그 특성들을 이용하여 개체들 사이의 유사성과 비유사성을 측정한 후에 개체들을 다차원 공간상에 점으로 표현하는 방법이다.

〈그림 8〉 사회지도층의 조건과 실천에 대한 다차원척도분석(MDS)

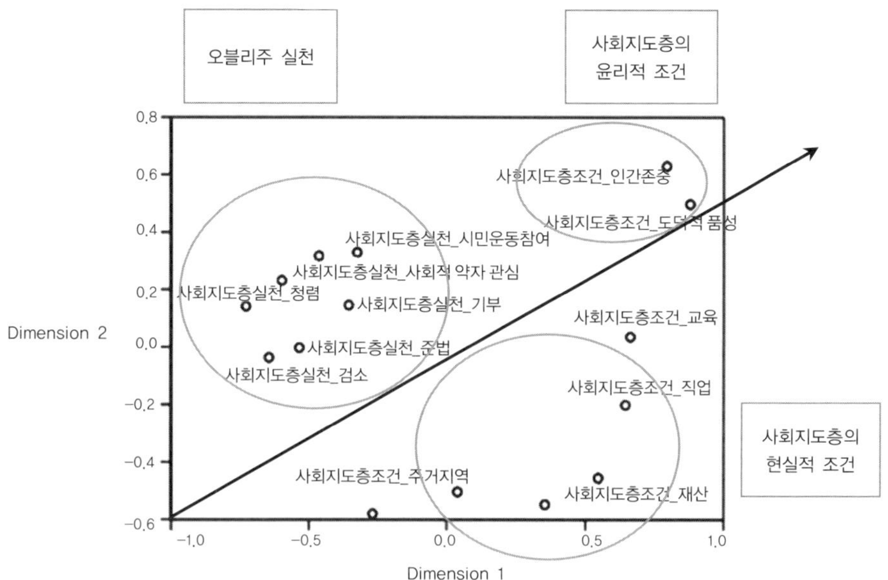

좀 더 자세히 보자면, "우리 사회에서 사회지도층이 되려면 다음의 조건들이 얼마나 중요하다고 생각하십니까?"라는 질문에 대하여 '사람을 존중하는 마음가짐', '귀감이 되는 도덕적 품성'이 중요하다고 응답한 비율이 80% 이상으로 가장 많았고 다음은 '높은 교육수준'(75%), '명예로운 직업'(65%), '권력 있는 자리'(63%)의 순으로 나왔다. '많은 재산'은 약 과반수가 넘는 사람들이 중요하다고 응답했으며 '좋은 주거지역'이나 '고급스런 소비문화'는 20~30%대의 응답율을 나타냈다.

〈표 5〉 사회지도층의 조건 ('중요하다' 응답비율) (단위: %)

사회지도층의 조건	'중요하다' 응답비율 (%)
많은 재산	56.1
권력있는 자리	63.2
명예로운 직업	65.4
높은 교육수준	75.4
좋은 주거지역 거주	75.4
고급스런 소비문화	23.2
귀감이 되는 도덕적 품성	82.5
사람을 존중하는 마음가짐	83.6

사회지도층의 실천에 관해서는 '준법정신' '부패 없는 깨끗한 삶', '검소한 생활', '사회적 약자에 대한 관심', '시민사회 운동 참여', '기부활동', '사회봉사활동' 등을 포함했다. "우리사회에서 사회지도층이 다음과 같은 것들을 얼마나 실천하고 있다고 생각하십니까?"라는 질문에 대하여 가장 잘 실천되는 것은 '기부활동'과 '시민사회 운동 참여'였고 다음은 '사회봉사활동', '준법정신'이었다. 그러나 이 경우에도 평균은 100점 만점에 모두 50점 미만이다. 한편, '검소한 생활', '사회적 약자에 대한 관심'이 상대적으로 낮았고, '부패 없는 깨끗한 삶'에 대한 평가는 가장 낮았다.

〈표 6〉 사회지도층의 실천 (평균, 100점 만점)

사회지도층의 실천	점수 (100점 만점)
준법정신	43.8
부패 없는 깨끗한 삶	39.4
검소한 생활	42
사회적 약자에 대한 관심	41.6
시민사회 운동 참여	46.4
기부활동	47.2
사회봉사 활동	44.4

오블리주 실천에 영향을 미치는 요인을 복합적으로 분석할 때, 스스로 사회경제적으로 성공했다고 생각할수록 사회지도층의 실천을 긍정적으로 평가하고 있는 것으로 나타났다. 그러나 단지 재산, 권력, 명예, 교육, 주거지역, 소비문화와 같은 객관적인 조건과 도덕적 품성이나 인간존중 등의 윤리적 조건의 중요성에 대한 인식 만으로는 오블리주 실천에 대한 인식이 높아지지 않는다는 것을 발견했다(모델1). 여기에 기업의 사회적 책임수행을 추가하였을 경우 설명력이 크게 증가하면서 사회적 실천에 대한 인식에 유의미한 영향을 미치고 있는 것으로 나타났다. 특히 기업의 사회적 책임 중에서 '인적 자본투자 및 공생발전'에 대한 수행정도가 사회적 실천에 대한 인식을 유의미하게 증가시키고 있는 것으로 나타났다. 즉 기업에서 교육, 훈련 및 가족친화적 제도의 도입, 지역사회투자, 협력회사와의 상생 등의 책임을 적극적으로 수행할수록 사회지도층의 사회적 실천에 대한 평가가 더욱 높아지는 것을 알 수 있다(모델 2). 한편 대주주와 개인투자가가 사회적 책임의 이행을 잘 하고 있다고 인식할수록 오블리주 실천에 대한 평가가 유의미하게 높아지고 있다(모델 3). 이와 같이 오블리주 실천에 대한 인식은 사회지도층의 조건에 의해서 영향을 받기 보다는 기업의 사회적 책임이행과 주주 및 개인투자자의 사회적 책임의 실천이 큰 효과를 미치고 있음을 발견하였다.

〈표 7〉 기업의 사회적 책임수행지수와 주주의 사회적 책임수행지수가 노블레스 오블리주 실천 인식에 미치는 영향

	모델 1 b(beta)	모델 2 b(beta)	모델 3 b(beta)
사회경제적 요인			
성별(남성)	−1.172(−.067)	−.615(−.035)	−.538(−.031)
연령	.074(.140)	.006(.011)	.016(.031)
교육수준	−.084(−.019)	−.466(−.103)	−.351(−.078)
가구소득	−.089(−.051)	.118(.068)	.124(.072)
고용형태(정규직)	−.861(−.039)	1.959(.090)	2.185(.100)
사회경제적 성공정도(본인)	1.178(.157)*	.380(.051)	.428(.057)
노블레스 조건			
노블레스의 현실적 조건	.028(.033)	.013(.015)	−.004(−.004)
노블레스의 윤리적 조건	.201(.083)	.155(.139)	.036(.015)
기업의 사회적 책임			
기업의 사회적 책임 실천: 경제적 측면 (수익성 및 윤리적 경영)		−.114(−.141)	−.038(−.047)
기업의 사회적 책임 실천: 사회적 측면 (인적 자본투자 및 공생발전)		**.638(.597)*****	**.311(.290)****
주주의 사회적 책임			
주주와 기업관계 (가치확대 및 경영 감시)			−.271(−.089)
대주주의 사회적 책임			**.525(.278)*****
개인투자자의 사회적 책임			**.519(.247)*****
상수	9.471**	6.534**	2.148
R^2	.044	.253	.377

* p<.05 **p<.01 ***p<.001

여기에서 기업의 사회적 책임실천 중에서도 수익이나 윤리경영 등과 같은 경제적 측면의 책임수행보다는 사회적 측면인 인적 자본투자 및 공생발전에 대한 책임수행이 잘 되고 있다고 인식할수록 노블레스 오블리주의 실천에 대한 긍정적인 평가를 내리고 있다는 점에 주목할 수 있다. 이 연구결과에 의하면 노블레스 오블리주를 더욱

적극적으로 실천하기 위해서는 기업이 수익성에만 주력하기보다는 공익성 및 공생발전을 위해 노력해야 할 것으로 나타나고 있다. 한편 주주의 사회적 책임도 노블레스 오블리주에 대한 평가에서 중요한 역할을 하고 있다. 주주가 기업의 경제적 가치를 극대화하고 경영을 감시하는 역할을 하는 것보다는 사회적 약자에 대한 관심이나 사회에 대한 공헌활동을 함으로써 사람들로 하여금 노블레스 오블리주에 대한 긍정적인 평가를 하도록 만든다.

4. 맺는 말

이 연구에서 얻은 주요 발견과 그 의미는 다음과 같다.

1) 전반적으로 사회지도층의 조건 중 교육, 직업, 재산, 주거지역 등과 같은 현실적 조건보다는 인간존중이나 도덕적 품성과 같은 윤리적 조건이 더욱 중요하게 인식되는 것으로 나타났다.

2) 주주-직원의 관계에 대하여 공생민감성이 강한 집단은 연구대상 기업에 종사하는 종업원들의 23.2%에서 발견되었다.

3) 주주-기업의 관계에 대하여 긍정적인 태도는 연구대상 기업에 종사하는 종업원들의 80.4%에서 발견되었다.

4) 주주의 사회적 역할에서 주주-직원 공생이라는 프레임을 구성하는 주요 변수는 공생 민감성이다. 이것이 높은 사람이 기업의 사회적 책임의 수행 정도에 대해서도 적극적으로 호응한다.

5) 공생 민감성이 균형을 이루는 40대 연령층을 기축으로 하여 강한 민감성은 50대 이상의 연령층에서, 약한 민감성은 20~30대 연령

층에 상대적으로 보다 크다.

6) 회사 안에서 소통을 잘 하는 사람이 못하는 사람보다 공생 민감성이 크다. 또한 타인을 일반적으로 신뢰하는 사람이 그렇지 못한 사람보다 공생 민감성이 크다. 즉 소통과 신뢰의 기반 위에서 공생 민감성이 성장한다.

7) 기업의 사회적 책임을 크게 경제영역과 사회영역으로 나눌 때, 후자, 즉 사회영역으로부터 기업-사회 공생의 프레임이 구성될 수 있다. 이 때, 주주-직원 공생의 인식이 기업-사회 공생의 인식을 자극하고 촉진한다. 즉 주주-직원 공생의 가능성을 긍정하는 사람이 그렇지 않은 사람보다 기업-사회의 공생 가능성을 더 적극적으로 인지한다. 주주-직원 공생과 기업-사회 공생은 상호 호환성이 크다.

8) 공생 민감성이 큰 사람은 그렇지 않은 사람보다 주주-직원 공생의 가능성을 긍정적으로 보듯이, 기업-사회 공생의 가능성을 긍정적으로 본다. 이것은 주주-직원의 공생과 기업-사회의 공생을 통하여 공생 자본주의의 문화를 정착시킬 수 있는 사회적 토대가, 아직 넓게 확산된 것은 아니지만, 우리 현실 안에 있음을 뜻한다.

9) 주주와 기업의 사회적 책임수행 정도가 높다고 인식할수록 사회지도층이 준법정신, 부패없는 깨끗한 삶, 검소한 생활, 사회적 약자에 대한 관심, 사회시민운동 참여, 기부활동, 사회봉사활동과 같은 사회에 대한 기여 등의 오블리주 실천이 잘 이루어지고 있다고 평가하고 있다.

따라서 이런 공생 자본주의 문화를 발전시키기 위해서 어떤 노력이 요구되는가를 간략히 살펴보겠다.

1) 사회지도층으로서의 주주의 사회적 책임이 중요하다. 주주가

투자이익에만 집착하는 것이 아니라 투자이익에 공로를 한 종업원에게 관심을 갖는 것은, 중장기적으로 주주라는 집단의 이익에 부합하는 합리적 행위로 볼 수 있다. 이것은 개인투자자에게도 적용되지만 특히 대주주에게 중요하다.

2) 주주의 사회적 책임이 주주-직원의 공생을 포함하여 기업-사회의 공생으로 연결되고 사회 전체에 공생문화를 발전시키는 데 의미 있는 영향을 미친다는 이 연구의 발견이 중요한 의미를 갖는다. 주주가 투자 이익만이 아니라 사회문제에 관심을 가질만한 충분한 가치와 매력이 있다는 것이다.

3) 이런 발전을 위해서는 기업의 사회적 책임을 지원하고 장려하는 여러 정책이 있듯이 주주의 사회적 관심을 적극적으로 평가하고 명예를 부여하는 시스템을 개발할 필요가 있다. 이 과제는 우리사회에 결핍되어 있다고 자주 거론되는 노블레스 오블리주의 사회적 착근과 연결시켜 검토할 필요가 있다.

4) 기업의 사회적 책임을 실천하는 것이 또한 중요하다. 경제영역도 중요하지만 사회적 책임의 '사회적' 내용을 충실히 하고자 한다면, 기업-사회 공생을 향한 기업 경영이 절실히 요구된다. 이런 실천이 공생 민감성을 자극하여 회사 안에서, 또한 사회에서, 공생문화를 확산시키는 데 큰 기여를 할 수 있다. 주주와 기업의 사회적 책임수행 정도가 높아질수록 사회지도층의 오블리주 실천에 대한 평가가 더욱 긍정적으로 나타남을 확인할 수 있었다.

5) 이런 구체적 실천, 즉 주주의 사회적 책임과 기업의 사회적 책임을 수행하면서 우리사회에 공생 자본주의 문화를 양육하고 발전시키려면 무엇보다 개방적인 소통이 중요하다. 소통에서 소외되거나

배제되지 않고 반대로 참여하여 서로를 이해하는 사람이, 그렇지 못한 사람보다, 주주-직원의 공생과 기업-사회의 공생에 더 민감하게 반응한다는 점이 밝혀졌기 때문이다.

6) 아울러 신뢰의 중요성에 관심을 가져야겠다. 남을 신뢰하는 사람이 그렇지 못한 사람보다 사회 공생의 가능성들에 더 우호적으로 반응한다는 점이 밝혀졌다.

〈부록〉 주요 변수 및 설문 문항

주요 변수	설문 문항	측정
1. 사회지도층의 조건	"우리사회에서 사회지도층이 되려면 다음의 조건들이 얼마나 중요하다고 생각하십니까?" (1) 많은 재산 (2) 권력 있는 자리 (3) 명예로운 직업 (4) 높은 교육수준 (5) 좋은 주거지역에 거주 (6) 고급스런 소비문화 (7) 귀감이 되는 도덕적 품성 (8) 사람을 존중하는 마음가짐	5점 척도
2. 사회지도층의 실천	"우리 사회에서 사회지도층이 다음과 같은 것들을 얼마나 실천하고 있다고 생각하십니까?" (1) 준법정신 (2) 부패 없는 깨끗한 삶 (3) 검소한 생활 (4) 사회적 약자에 대한 관심 (5) 사회시민운동 참여 (6) 기부활동 (7) 사회봉사 활동	5점 척도
3. 기업의 사회적 책임의 수행정도	"기업의 사회적 책임 요소들이 귀하가 근무하는 현 직장에서 얼마나 잘 수행되고 있다고 생각하십니까?" (1) 기업의 수익창출 (2) 일자리 창출 (3) 높은 임금 (4)직원들의 고용안정 (5) 직원들의 교육훈련 및 경력개발 (6) 직원들의 복리후생 (7) 직장 탁아시설 등 가족친화적 제도의 도입 (9) 고충처리제도의 활성화 (10) 노동조합 활동보장 (11) 기업이익의 지역사회 재투자 (12) 협력(하청)회사와의 상생 (13) 기업의 환경오염 규제 (14) 기업의 투명경영 (15) 주주의 투자이익 확대	5점 척도
4. 주주와 기업의 관계	"귀하께서는 기업의 주주나 주식투자에 관한 다음과 같은 견해에 어느 정도 동의하십니까?" (1) 주주는 건전한 투자자로서 기업의 가치를 확대시킨다 (2) 주주는 기업 경영을 감시하는 역할을 한다	5점 척도
5. 주주의 사회적 관심	"우리나라의 경우 일반적으로 대주주가 회사의 경영을 담당합니다. 귀하는 기업경영을 책임지는 대주주에 대하여 어떤 이미지를 가지고 있습니까?" (1) 나눔의 정신을 실천한다 (2) 사회발전에 공헌한다 (3) 직원들의 사정을 이해한다	5점 척도
6. 개인 투자자의 사회적 책임	"주식시장에는 많은 개인 주자자들이 있습니다. 귀하는 개인 투자자에 대하여 어떤 이미지를 가지고 있습니까? (1) 나눔의 정신을 실천한다 (2) 사회발전에 공헌한다 (3) 직원들의 사정을 이해한다	5점 척도
7. 주식투자 경험	(1) 나는 주식에 직접 투자해 본 경험이 있다 (2) 나는 현재 주식에 직접 투자하고 있다 (3) 나는 현재 쌍용머티리얼의 '우리사주조합' 조합원이다	그렇다(=1)/아니다(=0)
8. 주가상승 – 직원이익	주가가 올라가면 직원이 이득을 얻는다	5점 척도
9. 주가상승 – 직원이익	(1) 주가가 올라가면 회사경영이 좋아진다 (2) 주가가 올라가면 회사의 이미지가 좋아진다	5점 척도

참고문헌

강철희·이성규·이상철·조주희, 2010,『계층갈등 완화를 위한 사회적 책임성 강화방안 연구: 사회지도층 책무 이행강화를 중심으로』, 사회통합위원회.

김상준, 2002, "노블리스 오블리주와 도덕권력,"『사회비평』, 159~176, 나남출판.

김일환, 2008, "현대사회와 유교의 사회적 덕목:충서와 노블레스 오블리주를 중심으로,"『유교사상연구』 32, 5~34.

남은영, 2012. 10. "노블레스 오블리주와 한국사회 발전: 노블레스 오블리주 실천이 공정성 및 신뢰에 미치는 영향" 주주-직원 공생(SOE Partnership) 프로젝트: 공평성, 기업의 사회적 책임, 노블레스 오블리주 연구 제1차 학술발표, 중민재단.

문용갑·김월화, 2005, "한국인의 기업의 사회적 책임 지향에 관한 연구,"『인간연구』 9, 151~182.

엄묘섭, 2007, "시민사회의 문화와 사회적 신뢰,"『문화와 사회』 3, 7~45.

예종석, 2006,『노블레스 오블리주: 세상을 비추는 기부의 역사』, 살림.

예종석, 2010, "노블레스 오블리주와 나눔문화의 정착방안," CEO Report, No.12, 1~19 경기 연구재단.

윤승준, 2002, "서양사에서의 노블레스와 사회적 의무,"『사회비평』 34, 177~192, 나남출판.

이재열, 2002, "신뢰와 사회적 자본: 개념적 정리,"『성찰의 사회학』 김경동 교수 정년 기념논총, 박영사.

이재열 외, 2009,『노블레스 오블리주 지표개발을 위한 연구용역』, 서울대학교 사회발전연구소.

이재혁, 2006, "신뢰와 시민사회: 한미 비교연구,"『한국사회학』 40(5), 61~98.

조용헌, 2009,『조용헌의 명문가』, 랜덤코리아하우스.

최연구, 2007,『노블레스 오블리주 혁명: 유럽의 거울로 보는 한국의 미래』, 한울.

한 철, 2009, "기업의 사회적 책임(CSR),"『기업법연구』 22(1), 149~172.

허영식, 2009, "기업의 사회적 책임과 기업시민성,"『한독사회과학논총』 19(2), 3~28.

현택수, 2002,『노블레스 오블리주: 정치인, 지식인, 대학생에게 고함』, 동문선.

Barnea, Amir and Amir Rubin, 2010, "Corporate Social Responsibility as a Conflict between Shareholders," *Journal of Business Ethics* 97, 71~86.

Carroll, Archie B., 1991, "The Pyramid of Corporate Social Responsibility: Toward the Moral Management of Organizational Stakeholders," *Business Horizons,* July~August.

Carrol, A.B. 1999, "Corporate Social Responsibility," *Business and Society* 38(3), 268~295.

Chris A. Mallin, 2009, *Corporate Social Responsibility: A Case Study Approach,*

Edward Elgar Publishing.

Dunning, John H., 2004, The Moral Imperatives of Global Capitalism: An Overview, in Dunning, J.H. (ed) *Making Globalization Good: The Moral Challenges of Global Capitalism*, Oxford University Press.

Edmans, Alex, 2011, "Does the Stock Market Fully Value Intangibles? Employee Satisfaction and Equity Prices," *Journal of Financial Economics* 101, 621~640.

Freeman, R.E., 1984, *Strategic Management: A Stakeholder Perspective*, Englewood Cliffs, NJ: Prentice Hall.

Friedman, Milton, 1970, "The Social Responsibility of Business is to Increase its Profits," The New York Times Magazine, September 13.

Fukuyama, F., 1995, *Trust: The Social Virtues and the Creation of Prosperity*, New York: Free Press.

Gond, Jean-Pascal, Assâad El-Akremi, Jacques Igalens and Valérie Swaen, "Corporate Social Responsibility Influence on Employees," Research Paper Series, International Centre for Corporate Social Responsibility.

Glac, Katherina, 2010, "The Influence of Shareholders on Corporate Social Responsibility," History of Corporate Responsibility Project, Working Paper No. #2. Minneapolis, MN: Center for Ethical Business Cultures.

Holme, R and Watts, P., 2000, 'Making Good Business Sense,' World Business Council For Sustainable Development.

Han Sang-Jin, Shim Young-Hee, and Park Sae-seul, 2014, "Communicative Reciprocity and Responsible Liberalism: From Corporate Social Responsibility to Stockowner-Employee Partnership-An Empirical Analysis," A paper prepared for presentation at a special session of LIBEAC at the 2014 ESHET conference to be held at Lausanne, Swiss, May 28~31.

Jean-Pascal Gond, Assâad El-Akremi, Jacques Igalens, Valérie Swaen, *Corporate Social Responsibility Influence on Employees*. No. 54-2010 ICCSR Research Paper Series, International Centre for Corporate Social Responsibility.

Levine, D.I., 1990, "Participation, Productivity, and the Firm's Environment," *California Management Review* 32(4), 86~100.

Lazonick, William, "From Innovation to Financialization: How Shareholder Value Ideology is Destroying the US Economy," *The Political Economy of Financial Crises*, Gerald Epstein and Martin H. Wolfson eds., Oxford University Press.

Lazonick, William, and Mary O'Sullivan, 2000, "Maximizing Shareholder Value: A New

Ideology for Corporate Governance," *Economy and Society* 291, 13~35.

Marens, R., 2002, Inventing Corporate Governance: The Mid-Century Emergence of Shareholder Activism, *Journal of Business and Management* 8(4), 365~389.

National Consumers League, 2007, *Rethinking Corporate Social Responsibility*, Executive Summary.

Net Impact, 2012, "Talent Report: What Workers Want in 2012," Executive Summary.

Pfeffer, Jeffrey, 2009, "Shareholders First? Not So Fast…," *Harvard Business Review*, July.

Riordan, C. M., Gatewood, R. D., & Bill, J. B., 1997, Corporate Image: Employee Reactions and Implications for Managing Corporate Social Performance, *Journal of Business Ethics* 16, 401~412.

Schueth, Steve, 2003, Socially Responsible Investing in the United States, J*ournal of Business Ethics* 43, 189~194.

Tobak, Steve, 2010, "Why Shareholders and Customers Come First While Employees Get the Shaft," *CBS Money Watch*.

Wang Weiping, 2011, "The Relation of Benefit Distribution Between Shareholder and Employee & Its Effect on Corporate Performance: a Case Study of Chinese 90 Listed Companies," *Reformation and Strategy*, 2011. 6.

김상욱·장상수

한국 근로자들의 공정성 인식*

: 조직 공정성 및 한국사회 공정성, 1995~2011

1. 머리말

동서고금을 막론하고 인류사회에서 '사회적 공정성'은 대단히 중요한 핵심적 사회가치로 간주되어 왔는데, 이는 무엇보다도 공정성이 결여되는 사회에서 개개인이 느끼는 심리적 좌절과 파행, 그리고 그로 인한 전 사회적 혼란과 답보가 원숙한 사회발전에 커다란 장애물로 작동한다는 공감대에 그 뿌리를 두고 있다. 특별히 현대 자본주의 사회체제는 시장경제 제도 아래 다수의 개인들이 자유롭게 이윤추구를 시도하는 등의 경제활동에 종사하며 민주정치 제도 아래 개개인의 권리와 의무가 중시되는 방식의 정치활동을 보장하고 있는데, 이 과정에 일정 부분의 사회적 불평등(social inequality)이 현실적으로 존재하는 것이야 불가피하다고 하더라도 개인들에 대한 사회공정

* 이 논문은 2011년도 정부(교육과학기술부)의 재원으로 한국연구재단의 지원을 받아 연구되었음(NRF-2011-32A-B00104)을 밝힙니다.

성의 보장을 최소한의 제도적 장치로 구비하고 증대시키려는 사회적 노력은 가히 기본적 요구사항이 아닐 수가 없다.

공정성(equity), 정의(justice), 형평(fairness)[1] 등이 핵심적 사회가치로 간주될 수밖에 없는 이면에는 여느 집단 혹은 사회이건 일정 시점에서 볼 때 가용한 제반 사회적 자원들(resources) (예, 경제적 부(富), 정치적 권리, 사회적 기회 등)이 희소할뿐더러 그 총량이 한정적(zero-sum)이라는 근원적 사실에 기인한다. 그 결과, 희소 사회적 자원의 분배(distribution) 문제가 중요한 사회적 화두로 대두될 수밖에 없으며, 공정한 분배를 도모하기 위한 사회적 차원의 노력은 "평등과 마찬가지로 중요한 원칙"(Rubinstein, 1988)이자 사회생활의 핵심적 도덕적 기준)으로 인식되어 왔다. 간단히 말해, 평등원리의 확산과 실제 불평등 사이의 간극, 그리고 그 속에서 대두되는 공정사회에 대한 요구와 관심은 그 자체로 이미 근현대사회를 특징 지우는 핵심적 특성임과 동시에 사회공정성에 대한 지속적인 학술적 연구관심의 배경이자 이유이기도 하다.

특별히 한국사회에서 사회공정성이 전 사회적인 화두로 급부상하게 된 것은 지난 이명박 정부에서부터였는데, 당시 정치권을 중심으로 이른바 '공정사회' 담론을 지속적으로 쏟아내고, 때마침 국내를 급습한 '마이클 센달 신드롬(Michael Sandel syndrome)'까지 겹쳐지기 시작하면서 공정성은 학계의 담장을 뛰어넘는 일약 사회적 이슈로 부각되는 등 커다란 사회적 반향을 일으킨 바 있다. 사회적 공정성에 대한 사회 일반 및 세간의 조명과 관심은 그 자체로 크게 환영하고

1 공정성, 정의, 형평 등의 용어는 대체로 분과학문별로 서로 다른 용어를 사용하는 데서 유래하는 차이일 뿐 그 본질적 의미에 있어서는 대동소이하다고 말할 수 있다.

반색하지 않을 수 없는 일이겠지만, 정작 문제시되기로는 공정성 및 공정사회와 관련한 학계의 면밀한 개념정의 및 논의가 결여된 상태에서 다분히 정치적·정책적 차원의 구호 및 논란이 지속되고 반복되는 현실이라 아니할 수 없다.

한편, 사회 일반은 그렇다 하더라도 국내 학계 내부에서의 공정성에 대한 연구관심 및 접근법에 있어서도 커다란 공백이 노정되곤 하는데, 이는 다름 아닌 거대담론 위주의 논의 및 연구가 지배적일 뿐 엄정한 실증적 '팩트'에 기반한 경험연구가 여실히 부족하다는 점이다. 무릇 사회현상에 대한 올바른 이해를 위해서는 이론(theory)과 사실(facts) 사이의 적절한 균형이 필수적인데, 어떠한 이유에서인지 유독 공정사회와 관련하여서는 국내에서 담론과 이론이 무성할 뿐 양질의 사회조사(social survey) 자료를 바탕으로 객체적 사실을 체계적으로 파악하려는 노력이 상대적으로 등한시되어 왔다.

이러한 연구공백을 메우려는 노력의 일환으로 이 글에서는 한국사회의 공정성과 관련하여 엄정한 학술적 논의 및 면밀한 실증조사 자료의 분석을 동시에 부가시키는 방식의 연구결과를 제시하고자 한다.

조금 더 구체적으로 말하자면, 사회공정성에 대한 저간의 학술적 연구관심은 다양한 각도에서 지속되어 왔는데, 이를테면 공정성의 준거 혹은 차원을 무엇(결과, 과정, 정보 등)으로 삼을 것인가, 공정성의 대상을 무엇(근무조직(workplace justice), 전체 사회(societal justice) 등)으로 할 것인가, 공정성의 초점을 무엇(소득, 재산, 사회적 기회, 조직생활, 행정, 조세 등)으로 할 것인가 등에 따라 실로 다양한 연구결과들이 산출되어 왔다. 역사적으로 보면 이미 아주 오래전 아리스토텔레스(Aristoteles)를 필두로 사회공정성의 중요성이 비중 있게 간파된 바 있었으며, 근래에 들어서는 사회학, 정치학, 경제학, 심리학 등 여러 사회과학 분과 학문들마다 공정성의 차원, 대상, 초점을 달리해가면서 연구결과들을 양산한 바 있다.

그런데 이러한 다각도의 연구관심은 시간적 변이를 반영하는 경향이 있어서, 예전의 연구들이 주로 분배의 결과, 근무조직, 경제생활(소득, 재산)에 주된 관심을 보였다면, 근래의 연구들은 상대적으로 분배의 과정 및 정보, 전체 사회, 비경제생활까지도 두루 포함하는 폭넓은 연구관심을 나타내는 경향이 있다.

이 글에서는 한국의 조직근로자(임금근로자)들을 대상으로 이들의 눈에 비친 소속 근로조직 및 전체 한국사회의 공정성을 시간적 변화추이 및 유관요인-인과요인 등 다각도의 관점에서 경험적으로 고찰하기로 한다. 특별히 이러한 고찰에 있어서 공정성의 3대 차원(결과, 과정, 정보) 및 양대 대상(근무조직, 전체사회)을 중심으로 다음과 같은 연구문제들에 대한 실증적 해답을 제시하고자 한다.

1) 한국 근로자들이 인식하는 각 차원별 조직공정성(workplace justice)은 지난 20여 년간 어떠한 변화추이를 나타내고 있는가?
2) 사회공정성(societal justice)의 수준은 각 차원(결과, 과정, 정보)별로 어떠한 차이를 보이는가?
3) 조직공정성 및 사회공정성의 각 차원과 관련한 유관-인과 요인들은 어떠한 요소들인가?

이 글의 말미에서도 다시금 지적하겠지만, 국내의 수많은 기업에서 조직생활을 영위하는 임금근로자들은 그 잔여범주로서의 자영업자 및 무직자(주부, 학생 등), 비경제활동인구(연소자, 고령자) 등과 비교해

볼 때 사회경제적 역량 및 활동성이 우월한 인구집단으로서, 이들이 체감하고 인식하는 바의 사회적 공정성은 특별히 중요한 학술적·정책적 의미를 보유하는 것으로 여겨지며, 이 점은 전술한 '엄정한 학술성에 기반한 실증분석'과 더불어 이 연구가 기존 연구들과 차별화되는 특성 가운데 하나로 지목할 수가 있을 것이다.

2. 이론적 논의

조직공정성(organizational justice)이란 근로자가 자신의 소속 직장 혹은 근무조직(workplace or employing organization)에 대해 느끼는 공정성으로서, 분배공정성(distributive justice), 절차공정성(procedural justice), 정보공정성(informational justice)이라는 세 가지 핵심적 하위차원들을 포함한다.

분배공정성은 근로자 본인의 개인적 투입(inputs: 능력, 기술, 노력, 학력, 경력 등) 대비 직장으로부터 받는 대우 혹은 산출(outputs: 급여, 승진, 고용보장 등)이 공정 혹은 불공정한 정도(Homans, 1961; Adams, 1965)를 가리킨다. 기실, 분배공정성에 대한 연구관심은 Stouffer(1949)의 상대적 박탈감(relative deprivation) 연구, Festinger(1957)의 사회비교 및 인지부조화 연구, Homans(1961)의 분배정의 연구, Adams(1965)의 형평 연구 등으로 그 기원이 거슬러 올라가며, 사회학, 정치학, 경제학, 심리학, 경영학 등 다양한 분야에서 다각도의 연구가 진행되어 왔다. 이를테면, Walster와 동료연구자들(1978)에 따르면, 사람들은 개인적 투입 대비 산출이 불공정할수록 심리적 긴장을 하게 되고 그러한 긴장은 불공정성이 크면 클수록 더 커지며, 투입 대비 산출이 과소할 경우에는 분노를 느끼게 되지만 과도할 경우에는 죄책감을 경험한다고 한다. 또한 일군의 연구자들(Berger et al., 1986; Jasso, 1980, 1983)은 기존 Homans(1961)를 비롯한 교환이론적 관점에 내재된 결함을 개인들간의 국지적인 비교만을 강조하고 사회적 기준을 간과하였다고 지적하면서 지위-가치 이론(status-value theory)을 제안하기도 하였다. 그리고 Lerner(1982)는 투입-산출 사이의 형평만이 유일한 배분 원칙이 아님을 적시하면서 세 가지 배분 원칙을 제시하였는데, 형평-균등-필요 원칙이 그것이다. 그는 모든 상황에 맞는 단 하나의 배분 원칙은 있을 수 없으며, 복수의 사회구성원들이 서로를 어떠한 관계로 지각하느냐에 따라 배분 원칙이 서로 달리 작동할 수 있음을 지적하였다. Leventhal(1976) 또한 공정성 판단모형을 제시하면서 사람들이 사전적으로 상이한 정의규범(justice norm)을 채택하는 상황에 대한 심층적 규명을 시도한 바 있다.

한편, 이와 같은 공정성 연구는 분배공정성만으로 모든 공정성 현상들을 설명해내려 시도한다는 점에서 한계를 모면할 수가 없었다. 무엇보다도 중요한 이유는 기존의 대다수 연구들이 투입-산출 사이의 불균형에 대한 개인적 대응적 행동 및 반응을 구체적으로 제시하지 못하였기 때문이다(Greenberg, 1990). 이로 인해 공정성에 대한 새로운 연구관심이 대두되기 시작하였는데, 투입-산출 간 관계와 관련한 의사결정이 이루어지기까지의 과정과 절차 자체에 대한 관심으로서의 절차공정성(procedural justice) 연구가 바로 그것이다. 분배공정성이 분배결정의 결과(outcome)에 대한 공정성을 다룬다면, 절차공정성은 그와 같은 결정이 이루어지기까지의 과정(procedure)이 과연 얼마나 공정하였는지의 문제를 다룬다(Greenberg, 1990; Tyler and Lind, 1992). 다시 말해, 분배공정성이 투입과 산출 사이의 비율에 초점이 있다면, 절차공정성은 산출을 결정하는 과정 그 자체에 그 초점이 있다. 사실, 절차공정성 이론의 개발은 Thibaut & Walker(1975)에 의한 분쟁해결 과정에 대한 반응연구로부터 비롯된 것인데, 이들은 두 가지 통제유형에 대한 가상의 분쟁해결 절차에 대한 반응을 비교하였다. 구체적으로, 과정통제(process control)는 증거를 제시하고 변론을 벌이는 동안 행사할 수 있는 통제를 가리키며, 결정통제(decision control)는 결과의 판정에 영향을 미칠 수 있는 통제를 가리킨다. 그 이후 Leung and Lind(1986)은 상이한 문화에 따라서 개인들이 선호하는 절차가 다를 수 있음을 강조하였는데, 이를테면 개인주의 가치가 지배적인 서양사회에서는 중재재판 절차가 선호되지만, 집단주의 가치기 지배적인 동양사회에서는 당사자들이 서로 양보하는 조정절차가 선호됨을 역설하였다. 그리고, Leventhal(1976)은 결과 및 과정에 대한 선호는 분쟁당사자들의 지배적인 동기구조에 따라 변이를 보일 수 있음을 적시하면서, 과정과 무관하게 결과만 유리하면 된다고 믿는 사람들은 결정통제를 선호하는 반면 결과야 어떻든 결정과정의 공정한 규칙과 절차를 중시하는 사람들은 과정통제에 더 의미를 부여함을 밝혔다.

분배공정성 및 절차공정성 각기에 대한 연구관심을 뛰어넘어 양자를 유기적으로 통합하려는 접근(예, Folger, 1987) 또한 일부 시도되었음에도 불구하고 여전히 제3차원의 공정성 연구에 대한 주창이 있었으니, 이는 다름 아닌 정보공정성(informational justice)이다. 본시 정보공정성의 시효는 Bies & Moag(1986)에서 찾을 수 있는데, 이들은 Lind

& Tyler의 집단가치모형의 모호성을 지적하면서 이 모형에 제시된 대부분의 변수는 상호작용공정성(interactional justice)이라고 재해석한 바 있다. 상호작용공정성은 결정의 근거를 설명해주는 정당화, 신뢰감, 존경심, 적절성 등에 의해 결정된다고 보았는데, 차후 Greenberg (1990, 1993a, 1993b)는 상호작용공정성을 다시금 두 가지 독립적인 차원들로 분리하여 인간관계공정성(interpersonal justice) 및 정보공정성(informational justice)으로 재해석하였다. 인간관계공정성이 상대가 자신을 얼마나 존경심과 정중성을 유지한 채 취급하였는가의 문제라면,[2] 정보공정성은 상대가 얼마나 절차에 대해 솔직하고 제시하며 시의적절하게 설명해주었는지의 문제에 해당한다. 간단히 말해, 정보공정성은 중요한 의사결정들이 내려진 이후 필요한 조치(결정 내용, 과정, 영향, 보완책 등)가 적절히 취해지는 정도(Greenberg, 1990, 1993a, 1993b)를 가리키는 것으로서, 사람들이 불공정을 인식하는 계기는 투입과 산출의 비율이 적절하지 못한 경우(분배공정성), 그리고 산출의 결정과정이 불투명한 경우(절차공정성) 이외에, 산출과 관련한 여하한 의사결정이 이루어진 연후 합당한 후속조처가 제대로 구비되지 않을 경우에도 그러하다는 주장을 담고 있다.

이상의 3대 차원의 공정성(분배공정성, 절차공정성, 정보공정성) 논의는 그 대상이 비교적 소규모 조직에서의 미시적·심리적 과정에로 국한되는 경향을 보였는데, 이는 무엇보다도 공정성과 대비되는 개념으로서의 불평등(inequality)에 대한 연구가 거시사회학자 및 경제학자들을

2 인간관계공정성은 그 개념적 특성상 근로조직(employing organization or workplace)과 일정 부분 거리가 있음으로 해서 조직 혹은 전체 사회를 대상으로 하는 공정성 논의에서는 배제되곤 한다.

중심으로 거시적·구조적 접근을 지향해 온 것과 무관하지가 않다. 다시 말해, 공정성 연구는 그 동안 미시사회학자 및 심리학자들을 중심으로 미시적·심리적 접근을 도모하는 양상으로 진행되어 왔는데, 근래 들어 여러 연구들은 공정성 연구의 이와 같은 한계를 지적하면서 공정성 연구의 대상은 소규모 조직을 탈피하여 대규모 조직 및 전체사회에로까지 확대 재생산할 수 있음을 강조한다. 다시 말해, 근로자들이 소속 조직에 대해 체감하는 각 차원별 공정성은 그 대상을 전체사회(society)에로도 그대로 확대 적용시킬 수 있는 것이어서, 사회공정성(societal justice)이라는 개념을 구축해낼 수 있음을 지적한다. 분배공정성의 세 가지 차원과 마찬가지로, 사회공정성 또한 분배공정성, 절차공정성, 정보공정성이라는 하위차원들을 두루 포괄한다. 조직공정성과 더불어 한국사회공정성을 개념화하고 측정하려는 시도는 비교적 간단명료하여서, 직장에 대한 공정성 인식과 한국사회에 대한 공정성 인식은 최소한 경험적으로 볼 때 별개의 사안일 뿐만 아니라 최근 국내에서 근로자-고용주 사이의 정의 혹은 공정성 문제 못지않게 개인(시민)-국가 사이의 정의 혹은 공정성 문제가 중요한 화두로 급상승하는 사회적 추세를 반영함에 다름이 아니다.

조직공정성이 중시되는 주된 이론적 논거로는 분배, 과정, 정보 등이 공정하게 다루어지는 것은 그 자체로서 당사자들에게 중차대한 보상이 된다는 이유 이외에도 여러 노동지향(employee work orientations)(예, 직무만족, 조직몰입, 직업몰입, 구직 및 이직 행위 등)의 핵심적 선행변인(antecedents)으로 작동하기(Mowday, Porter, and Steers, 1982; Kim and Mueller, 2011) 때문이다. 조직공정성과 마찬가지로 사회공정성 또한 그 자체로서 이미 사회구성원 혹은 시민들에게 중요한 보상의 의미를 지니는 것 이외에도 여러 가지 중요한 사회의식 및 행위(예, 투표행위, 친사회적 행동, 사회참여 등)의 핵심적 선행변인으로 작용하기 때문이다.

3. 자료 및 측정

이 연구에서 사용하는 실증분석 자료는 두 가지로서, 《한국사회의 공정성 조사》 및 《한국종합사회조사(KGSS: Korean General Social Survey)》가 그것이다.

《한국사회의 공정성 조사》는 지난 1990년 이후 대략 5년 주기로 반복적으로 시행되어온 대단위 학술사회조사로서, 이제까지 모두 네 차례(1995, 2000, 2005, 2009)에 걸쳐서 동일한 측정문항을 사용하여 조직공정성을 조사해낸 바 있다. 이 조사는 한국사회과학협의회(KOSSREC)의 지원으로 1990년에 시작되어 2014년 현재까지 20년 이상 계속되고 있는 지속사업이다. 이 조사에서는 한국의 급속한 경제성장 과정에서 발생한 여러 사회경제적 불평등 및 공정성·형평 문제에 주된 초점을 맞추고 있다. 제1차(1990)조사부터 3차조사(2000)까지는 한국사회과학협의회의 실무적 주도 아래 조사가 이루어진 바 있으며, 제4차(2005), 제5차(2009), 제6차(2014) 조사는 《한국종합사회조사(KGSS: Korean General Social Survey》의 특별주제모듈(special contract module)로 포용되어 조사가 이루어져오고 있다.[3]

---

3 KGSS 및 유관 국제사회조사들(ISSP, EASS)의 방법론적 특성 및 세부 조사 내용 등과 관련하여서는 김상욱 등(2013)을 참고하기 바란다.

《한국사회의 공정성 조사》는 특정한 주제(불평등 및 공정성)에 대해 수준 높은 거국적, 시계열적 연차조사를 지속시키기로는 국내에서 그 유래를 찾아보기 어려울 정도의 자료의 보고 역할을 하고 있다. 이는 마치 미국에서 불평등연구를 위해 1960년대 초반부터 이어져 온 OCG(Occupational Change in a Generation) 연구나 일본에서 1955년 이래 지속되고 있는 SSM(Social Stratification and Social Mobility) 조사연구에 비교될 수 있는 현대 한국사회 연구를 위한 대표적인 실증조사 자료의 하나로 인정받기에도 전혀 손색이 없다.

전술한 조사 자료 가운데 이 연구의 핵심적 관심이 되는 종속변수(결과변인)로서의 조직공정성(workplace justice) 및 사회공정성(societal justice)에 각각에 대한 측정은 다소 상이한 시점에서 이루어졌다. 구체적으로, 조직공정성 측정은 KGSS의 특별주제모듈로 포용되는 방식으로 조사가 이루어진 《한국사회의 공정성》 제4차 조사(2005) 및 제5차 조사(2009)에서 시도되었으며, 한국사회공정성 측정은 2011-KGSS에서 한 차례 시도되었다. 양대 공정성 공히 복수의 문항들을 동원한 표준화된 척도(standardized measurement scales)를 기반으로 측정이 이루어졌으며, 그 세부적 내용은 다음과 같다.

[조직공정성 1: 분배공정성]

귀하는 직장으로부터 받는 대우가 다음 사항들에 비하여 어느 정도 공정 또는 불공정하다고 느끼십니까?

귀하의 …… 에 비해	매우 공정	약간 공정	그저 그렇다	약간 불공정	매우 불공정
1) 두뇌(능력)	_①_	_②_	_③_	_④_	_⑤_
2) 일과 관련된 기술	_①_	_②_	_③_	_④_	_⑤_
3) 노력	_①_	_②_	_③_	_④_	_⑤_
4) 학력	_①_	_②_	_③_	_④_	_⑤_
5) 경력	_①_	_②_	_③_	_④_	_⑤_

[조직공정성 2: 절차공정성]

귀하는 직장에서 인사정책(예: 급여, 승진)에 관한 중요한 결정이 내려질 때 다음과 같은 사항들이 일어나는 것이 어느 정도 사실이라고 생각하십니까?

	매우 그렇다	다소 그렇다	보통이다	별로 그렇지 않다	전혀 그렇지 않다
1) 혈연, 지연, 학연 등 연고가 작용한다	_①_	_②_	_③_	_④_	_⑤_
2) 결정권자의 편견과 감정이 작용한다	_①_	_②_	_③_	_④_	_⑤_
3) 적용되는 기준(방침)이 수시로 바뀐다	_①_	_②_	_③_	_④_	_⑤_
4) 외부압력이나 '빽'에 의해 영향을 받는다	_①_	_②_	_③_	_④_	_⑤_
5) 결정에 의해 영향 받는 대부분 사람들의 의견을 반영하지 않는다	_①_	_②_	_③_	_④_	_⑤_
6) 필요한 정보를 충분히 수집하지 않는다	_①_	_②_	_③_	_④_	_⑤_

[조직공정성 3: 정보공정성]

귀하는 직장에서 인사정책에 관한 중요한 결정이 내려진 후에 다음과 같은 조치들이 취해지는 것이 얼마나 사실이라고 생각하십니까?

	매우 그렇다	약간 그렇다	그저 그렇다	거의 그렇지 않다	전혀 그렇지 않다
1) 결정된 내용을 직원들에게 알려준다	_①_	_②_	_③_	_④_	_⑤_
2) 결정과정을 직원들에게 알려준다	_①_	_②_	_③_	_④_	_⑤_
3) 결정사항이 직원들에게 미칠 영향을 설명해 준다	_①_	_②_	_③_	_④_	_⑤_
4) 불이익을 당할 사람들을 위해 보완책을 마련한다	_①_	_②_	_③_	_④_	_⑤_

[사회공정성 1: 분배공정성]

한국사회로부터 귀하가 받는 대우는 다음 사항들에 비하여 어느 정도 공정 또는 불공정하다고 느끼십니까?

귀하의 …… 에 비해	매우 공정	약간 공정	그저 그렇다	약간 불공정	매우 불공정
1) 두뇌(능력)	_①_	_②_	_③_	_④_	_⑤_
2) 일과 관련된 기술	_①_	_②_	_③_	_④_	_⑤_
3) 노력	_①_	_②_	_③_	_④_	_⑤_
4) 학력	_①_	_②_	_③_	_④_	_⑤_
5) 경력	_①_	_②_	_③_	_④_	_⑤_

[사회공정성 2: 절차공정성]

한국사회에서 중요한 결정을 내릴 때 다음과 같은 사항들이 일어나는 것이 어느 정도 사실이라고 생각하십니까?

	매우 그렇다	다소 그렇다	보통이다	별로 그렇지 않다	전혀 그렇지 않다
1) 혈연, 지연, 학연 등 연고가 작용한다	_①_	_②_	_③_	_④_	_⑤_
2) 결정권자의 편견과 감정이 작용한다	_①_	_②_	_③_	_④_	_⑤_
3) 적용되는 기준(방침)이 수시로 바뀐다	_①_	_②_	_③_	_④_	_⑤_
4) 외부압력이나 '빽'에 의해 영향을 받는다	_①_	_②_	_③_	_④_	_⑤_
5) 결정에 의해 영향 받는 대부분 사람들의 의견을 반영하지 않는다	_①_	_②_	_③_	_④_	_⑤_
6) 필요한 정보를 충분히 수집하지 않는다	_①_	_②_	_③_	_④_	_⑤_

[사회공정성 3: 정보공정성]

한국사회에서 중요한 결정을 내린 후에 다음과 같은 조치들을 취하는 것이 어느 정도 사실이라고 생각하십니까?

	매우 그렇다	다소 그렇다	보통이다	별로 그렇지 않다	전혀 그렇지 않다
1) 결정된 내용을 사람들에게 알려준다	_①_	_②_	_③_	_④_	_⑤_
2) 결정과정을 사람들에게 알려준다	_①_	_②_	_③_	_④_	_⑤_
3) 결정사항이 사람들에게 미칠 영향을 설명해 준다	_①_	_②_	_③_	_④_	_⑤_
4) 불이익을 당할 사람들을 위해 보완책을 마련한다	_①_	_②_	_③_	_④_	_⑤_

한편, 조직공정성 및 한국사회공정성의 변이를 예측하고 설명해내기 위한 독립변수(예측변인)로는 모두 세 가지 종류의 변수들이 동원되었는데, 그 첫째는 사회인구학적 변인들(성별, 연령, 교육수준, 종교, 가구소득, 계층귀속감)이며, 둘째는 직장 혹은 조직의 근무특성들(직업, 고용지위, 근무형태, 고용부문, 노동조합)이고, 셋째는 정치·경제·사회적 성향들(이념성향, 사회신뢰, 국정운영평가, 정치경제전망, 국가자긍심)이다. 이와 같은 예측변인들에 대한 측정이 3개 년도(2005, 2009, 2011) 조사를 통해 동일한 방식으로 이루어졌음은 물론이며, 본 연구에서 시도하는 이원(bivariate) 및 다원(multivariate) 분석에서는 이들 3개 년도의 조사자료들을 일시에 누적(cumulate)시키는 방식으로 분석을 수행하였다.

해당 누적자료에 포함된 결과변인과 예측변인 등 모든 변수들의 기술통계는 〈표 1〉에 자세히 제시되어 있다.

〈표 1〉 기술통계표

변인	표본수(N) [조사년도]	문항수	평균	범위 (최소－최대)	표준 편차	Cronbach's Alpha
결과변인						
조직공정성_분배	1,166 [2005, '09]	5	3.291	1~5[1)]	.770	.892
조직공정성_절차	1,152 [2005, '09]	6	2.812	1~5[1)]	.862	.806
조직공정성_정보	1,152 [2005, '09]	4	3.136	1~5[1)]	.877	.797
사회공정성_분배	613 [2011]	5	3.169	1~5[1)]	.688	.871
사회공정성_절차	613 [2011]	6	1.947	1~5[1)]	.552	.772
사회공정성_정보	613 [2011]	4	2.814	1~5[1)]	.844	.832
예측변인						
성별	1,781 ['05, '09, '11]	1	.577	0~1[2)]	.494	–[3)]
연령	1,779 ['05, '09, '11]	1	39.72	18~84	11.032	–[3)]
교육수준[4)]	1,781 ['05, '09, '11]	1	13.63	0~20	3.151	–[3)]
종교	1,780 ['05, '09, '11]	1	.550	0~1[5)]	.498	–[3)]
가구소득[6)]	1,725 ['05, '09, '11]	1	416.044	25~1,050	230.497	–[3)]

계층귀속감	1,779 ['05, '09, '11]	1	4.76	1~10[7]	1.569	–[3]
직업[8]	1,773 ['05, '09, '11]	1	–	–	–	–[3]
고용지위	1,781 ['05, '09, '11]	1	.781	0~1[9]	.414	–[3]
근무형태	1,781 ['05, '09, '11]	1	.828	0~1[10]	.378	–[3]
고용부문	1,780 ['05, '09, '11]	1	.225	0~1[11]	.418	–[3]
노동조합	1,781 ['05, '09, '11]	1	.163	0~1[12]	.369	–[3]
이념성향[13]	1,781 ['05, '09, '11]	1	–	–	–	–[3]
사회신뢰	1,781 ['05, '09, '11]	1	2.100	1~3[14]	.864	–[3]
국정운영평가	1,781 ['05, '09, '11]	1	2.303	1~5[15]	.952	–[3]
정치경제전망	1,781 ['05, '09, '11]	1	3.384	1~5[16]	.722	–[3]
국가자긍심	1,781 ['05, '09, '11]	1	3.031	1~4[17]	.732	–[3]

1) 1=낮음; 5=높음. 2) 0=여성; 1=남성.
3) 단일문항으로 구성된 변인의 경우 Cronbach의 α계수를 측정할 수 없음(Nunnally, 1978).
4) 수학년수. 5) 0=없음; 1=있음.
6) 월평균(만원). 7) 1=낮음; 10=높음.
8) ISCO-88(ILO): 관리직(172, 9.7%); 전문직(209, 11.8%); 준전문직(414, 23.4%); 사무직(301, 16.9%); 판매서비스직(228, 12.9%); 노무직(449, 25.3%).
9) 0=임시일용직; 1=상용직.
10) 0=시간제; 1=전일제. 11) 0=민간; 1=공공.
12) 0=非노조원; 1=노조원. 13) 보수(570, 32.0%); 중도(521, 29.3%); 진보(619, 34.8%).
14) 1=낮음; 3=높음. 15) 1=부정적; 5=긍정적.
16) 1=부정적; 5=긍정적. 17) 1=낮음; 4=높음.

4. 분석결과

1) 한국근로자들의 조직공정성(workplace justice): 차원별 변화추이 분석

《한국사회의 공정성 조사》에서는 지난 1995년 이래 약 5년 주기로 모두 네 차례(1995, 2000, 2005, 2009)에 걸쳐 동일한 측정문항을 사용하여 분배공정성을 조사한 바 있다. 〈그림 1〉에 제시된 바와 같이, 1995년에는 분배공정성이 평균 2.84이었으나, 2000년 3.16, 2005년 3.36, 2009년 3.29 등 지난 10여 년 동안 지속적인 상승세를 나타내고 있다가 근래 들어 다소 하락하는 경향을 보인다.

〈그림 1〉 조직공정성(1): 분배공정성, 《한국사회의 공정성 조사》
(1995, 2000, 2005, 2009)

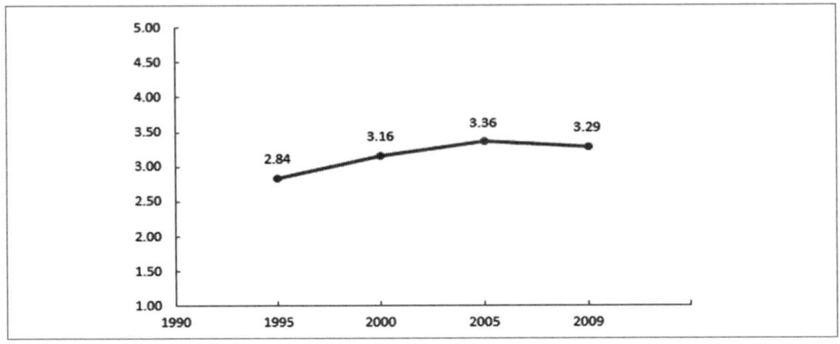

[1 = 불공정; 5 = 공정]

둘째, 절차공정성은 〈그림 2〉에 제시된 대로 1995년 2.65, 2000년 2.77, 2005년 3.28, 2009년 2.81을 나타내, 분배공정성과 마찬가지로 지난 10 여 년 동안 지속적인 상승 추세를 보이고 있다가 근래에 들어 다소 주춤하는 추세를 보인다.

〈그림 2〉 조직공정성(2): 절차공정성, 《한국사회의 공정성 조사》
(1995, 2000, 2005, 2009)

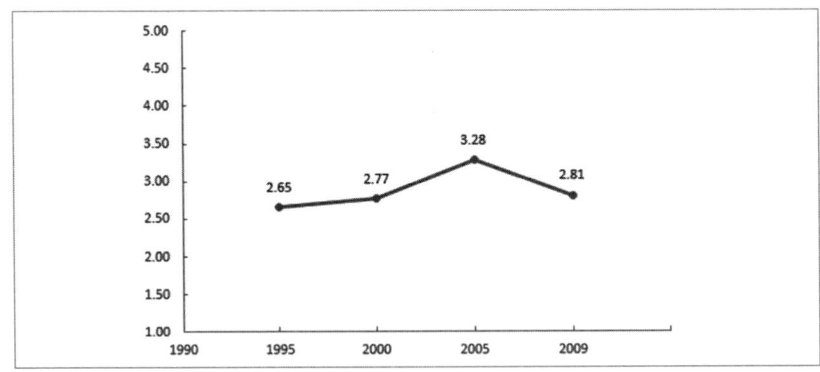

[1 = 불공정; 5 = 공정]

〈그림 3〉 조직공정성(3): 정보공정성, 《한국사회의 공정성 조사》
(1995, 2000, 2005, 2009)

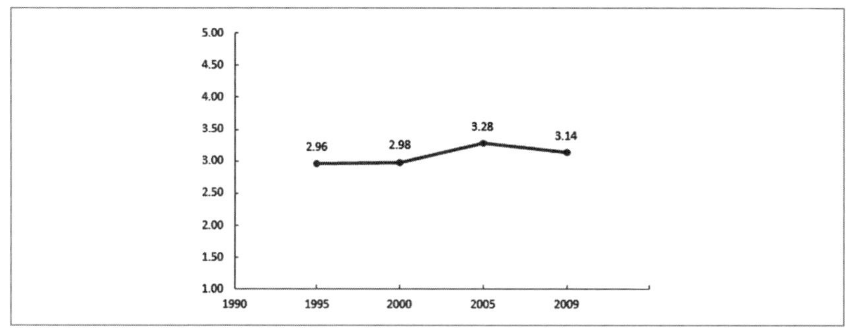

[1 = 불공정; 5 = 공정]

셋째, 정보공정성은 평균이 1995년 2.96, 2000년 2.98, 2005년 3.28, 2009년 3.14 등으로 나타나(〈그림 3〉), 분배공정성 및 절차공정성과 마찬가지로 정보공정성 또한 지난 10여 년 동안 꾸준한 상승추세를 보이다가 근래 들어 다소 주춤하는 추세이다.

조직공정성의 세 가지 차원들을 서로 비교해보면, 분배공정성 및 정보공정성에 비해서 절차공정성이 일관되게 낮은 수준을 유지하고 있음을 알 수 있다. 이는 한국의 조직근로자들이 각종 보상분배의 결과 및 내용보다는 해당 의사결정 과정의 공정성이 저하된다고 인식하는 것으로서, 근무조직내 과정의 투명성이 고양될 필요가 절실함을 시사하는 결과이다.

2) 한국근로자들의 사회공정성(societal justice): 차원별 비교 분석

조직공정성에 대한 이상의 측정 및 분석과 병행하여 2011년도 《한국종합사회조사(KGSS)》에서 이른바 '한국사회' 공정성에 대한 측정 및 분석을 최초로 시도하였다. 전술하였다시피 사회공정성은 조직공정성에서 공정성 측정을 위한 준거를 이루었던 소속직장 혹은 근무조직을 한국사회로 그대로 대치시킨 것이다. 조직공정성과 마찬가지로 한국사회공정성 또한 분배공정성, 절차공정성, 정보공정성 등 세 가지 하위차원들을 두루 포괄하는 방식으로 측정을 행하였음은 물론이다.

한국사회공정성에 대한 분석결과는 〈그림 4〉에 제시되어 있는데, 전체 한국사회공정성은 대체로 중간 정도에 위치하여 있지만, 하위차원별로 구분해보면 분배공정성(3.17) 및 정보공정성(2.81)에 비해서 절차공정성(1.95)이 상당 부분 결여되어 있음을 확인할 수 있다.

조직공정성 및 한국사회공정성에 대한 이상의 분석결과들을 상호 비교해보면, 조직공정성에 비해서 사회공정성이 세 차원 공히 일관되게 낮을 뿐만 아니라 조직공정성 및 한국사회공정성 모두 분배공정성 및 정보공정성에 비해서 절차공정성이 일관되게 저하되는 경향을 발견할 수가 있다. 이는 직장에서는 물론이고 전체 사회와 관련해서도 한국의 근로자들은 의사결정 과정에서의 투명성 회복이 절실하다고 생각하고 있음을 시사하는 결과이다.

〈그림 4〉 한국사회공정성: 분배공정성, 절차공정성, 정보공정성, 《KGSS》(2011)

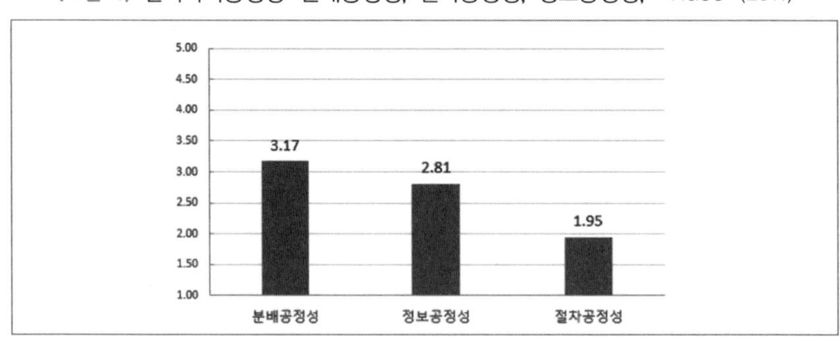

[1 = 불공정; 5 = 공정]

3) 한국근로자들의 조직공정성 및 사회공정성: 유관-인과 요인 분석

한국근로자들의 조직공정성 및 사회공정성의 유관(correlates) 및 인과(causal) 요인 분석에 앞서 양대 공정성의 하위차원들 사이의 상관관계를 먼저 살펴보면(〈표 2〉), 해당 상관상계 계수의 크기 자체가 .13~.29 정도이어서, 그 크기가 일반적 예상보다는 매우 작은 편임을 확인할 수 있다. 이는 각종 보상 분배의 결과, 절차, 내용 등이 서로 밀접한 연계를 보이기보다는 비교적 독립적인 차원들을 구성하고 있음을 시사하는 결과로 해석된다.

결과변인들(차원별 조직공정성 및 사회공정성) 각각이 예측변인들과 갖는 이원(bivariate) 상관관계를 분석한 결과는 〈표 2〉에 제시되어 있다.

〈표 2〉 상관관계표

변인[1]	1	2	3	4	5	6	7	8	9	10	11	12	13
1. 조직공정성_분배	1.00												
2. 조직공정성_절차	.13丰	1.00											
3. 조직공정성_정보	.29丰	.21丰	1.00										
4. 사회공정성_분배	--	--	--	1.00									
5. 사회공정성_절차	--	--	--	.13‡	1.00								
6. 사회공정성_정보	--	--	--	.19丰	.18丰	1.00							
7. 남성	-.03	-.03	-.03	.04	-.04	.04	1.00						
8. 연령	-.00	.07	-.02	-.01	-.01	.02	.04	1.00					
9. 수학년수	.07†	-.09‡	.01	.07	-.12‡	-.08	.15丰	-.42丰	1.00				
10. 유종교	.09‡	.04	.05	.11‡	-.03	-.02	-.13丰	.12丰	-.02	1.00			
11. 가구소득	.14丰	-.04	.04	.14丰	-.07	.04	.02	-.05†	.44丰	.03	1.00		
12. 계층귀속감	.19丰	.02	.07†	.25丰	.09†	.14丰	.11丰	-.07‡	.39丰	.00	.44丰	1.00	
13. 직업_관리직	.06†	.05	.02	.07	-.02	-.01	.20丰	.13丰	.13丰	-.00	.19丰	.13丰	1.00
14. _전문직	.04	-.02	-.02	-.02	-.01	-.08†	-.13丰	-.06‡	.35丰	.02	.25丰	.20丰	.12丰
15. _준전문직	.07	-.05	.07†	.08	.00	.02	.10丰	-.11丰	.20丰	-.02	.11丰	.08丰	-.18丰
16. _사무직	-.05	-.07	-.05	.04	-.06	-.01	-.14丰	-.19丰	.09丰	-.02	-.03	-.00	-.15丰
17. _판매서비스직	.05	.02	.05	-.04	.07	.04	-.22丰	.04	-.18丰	.04	-.13丰	-.12丰	-.13丰
18. 상용직	.08‡	-.02	.04	.04	-.02	-.04	.17丰	-.08丰	.27丰	-.05†	.25丰	.18丰	.16丰
19. 전일제	.02	-.09‡	.02	.03	-.10†	-.03	.20丰	-.05	.24丰	-.04	.17丰	.11丰	.13丰
20. 공공부문	.05	-.06	.00	.06	.09†	.01	-.03	.08丰	.18丰	.04	.10丰	.13丰	-.06†
21. 노조원	.03	-.09‡	-.02	-.04	-.04	-.03	.08丰	.03	.06‡	.01	.05†	.04	.01
22. 이념성향_보수	.02	.01	.01	.03	.03	.01	-.01	.10丰	-.03	.06†	-.02	.00	.01
23. _진보	-.02	-.02	-.03	-.01	-.08	-.01	.02	-.05†	.12丰	-.01	.08丰	.06‡	.06†
24. 사회신뢰	.11丰	.07†	.08‡	.08	.09†	.09†	-.09丰	.03	.02	.02	.06丰	.10丰	.01
25. 국정운영평가	.03	.11丰	.09‡	.18丰	.24丰	.20丰	.02	.13丰	-.11丰	.08丰	-.08丰	.05†	.02
26. 정치경제전망	.07†	.03	.09‡	.12丰	.09†	.13丰	.04	.05	.05†	.07‡	.10丰	.14丰	.02
27. 국가자긍심	.11丰	.06†	.13丰	.23丰	.11‡	.17丰	.05†	.11丰	-.08丰	.09丰	.01	.12丰	-.03

변인[1]	14	15	16	17	18	19	20	21	22	23	24	25	26	27
1. 조직공정성_분배														
2. 조직공정성_절차														
3. 조직공정성_정보														
4. 사회공정성_분배														
5. 사회공정성_절차														
6. 사회공정성_정보														
7. 남성														
8. 연령														
9. 수학년수														
10. 유종교														
11. 가구소득														
12. 계층귀속감														
13. 직업_관리직														
14. _전문직	1.00													
15. _준전문직	-.20丰	1.00												
16. _사무직	-.17丰	-.25丰	1.00											
17. _판매서비스직	-.14丰	-.21丰	-.17丰	1.00										
18. 상용직	.08丰	.15丰	.03	-.22丰	1.00									
19. 전일제	.05	.12丰	.07‡	-.22丰	.49丰	1.00								
20. 공공부문	.30丰	.01	.01	-.04	.04	.03	1.00							
21. 노조원	.00	.01	.01	-.08丰	.17丰	.08丰	.14丰	1.00						
22. 이념성향_보수	-.03	.01	-.05†	.01	.01	.00	-.03	.00	1.00					
23. _진보	.07‡	-.01	.03	-.03	.04	.02	.04	.01	-.50丰	1.00				
24. 사회신뢰	.02	-.00	.02	.03	.02	-.01	.08丰	-.01	-.06‡	.03	1.00			
25. 국정운영평가	-.01	-.05	-.04	-.00	-.02	-.04	.05†	-.00	.04	-.08丰	.04	1.00		
26. 정치경제전망	.05†	.05†	-.02	-.08丰	.04	.05	.05†	-.02	-.02	.05‡	.08丰	.26丰	1.00	
27. 국가자긍심	-.03	.01	-.06‡	.01	.02	-.06†	.04	.01	.01	.01	.11丰	.19丰	.19丰	1.00

1) 자세한 측정내용은 〈표 1〉을 참조.

† p < .05, 양측검증. ‡ p < .01, 양측검증. 丰 p < .001, 양측검증.

표에 나타나 있는 바와 같이, 교육수준, 종교, 가구소득, 계층귀속감, 직업, 고용지위, 근무형태, 고용부문, 노조, 사회신뢰, 국정운영평가, 정치경제전망, 국가자긍심 등이 여러 공정성 차원들과 복합적인 이원상관을 나타내고 있다. 구체적으로 말해서: 고학력일수록 분배공정성(조직)은 높지만 절차공정성(조직, 한국사회)은 낮게 인식하고 있으며; 종교를 믿는 사람들이 그렇지 않은 사람들에 비해 분배공정성(조직, 사회)을 높고 인식하고; 가구소득이 높을수록 분배(조직, 사회)공정성을 높게 인식하며; 스스로 높은 계층이라고 인지하는 사람들일수록 결과(조직, 사회)공정성 및 정보(조직, 사회)공정성을 높게 인식하고; 직업지위가 높을수록 분배(조직)공정성을 높게 인식하는 경향이 있으며; 상용직 근로자들이 임시일용직 근로자들에 비해 분배(조직)공정성을 높게 평가하고; 시간제 근로자들에 비해 전일제 근로자들이 절차(조직, 사회)공정성이 낮은 것으로 인식하며; 민간부문이기보다는 공공부문에 근무하는 근로자들이 절차(사회)공정성을 높게 인식하고; 노조원 신분을 유지하는 사람들일수록 절차(조직)공정성을 높게 인식하며; 사회적 신뢰, 국정운영평가, 정치경제전망, 국가자긍심 등 여러 태도에 있어서 긍정적인 견해를 표명하는 사람들일수록 세 가지 차원(분배, 절차, 정보) 모두에서 두 대상(근무조직, 한국사회) 공히 공정성 인식이 높은 경향이 있다.

이와 같은 이원분석 결과는 공정성의 차원별·대상별 복잡다단함으로 인해 쉽게 일반화시키기가 어려운 것이 사실이지만 그럼에도 불구하고 대체로 "사회경제적 지위가 우세한 사람들(예, 고학력, 고소득, 고지위, 상용직, 전일제, 노조원 등)은 그렇지 못한 사람들(예, 저학력, 저소득, 저지위, 임시일용직, 시간제, 비노조원 등)에 비해서 자신의 근무조직 및 전체 한국사회 공히 대체로 각종 보상의 분배 결과에 대해서는 공정하다고 인식하지만 정작 그 절차에 대해서는 불공정하다는 인식을 견지하는 경향이 있다"는 사실을 확인하게 해준다. 아울러, "사회 일반에 대한 핵심적 태도(사회신뢰, 국정운영평가, 정치경제전망, 국가자긍심 등)에 있어서 긍정적인 태도를 견지하는 사람들일수록 대상(조직, 사회) 및 차원(결과, 절차, 정보)과 무관하게 공정성 인식이 높은 경향이 있다"는 사실까지도 확인해볼 수 있다.

한편, 이상의 분석결과는 단순한 이원상관관계의 분석일 뿐 제반 변인들이 일시적으로 통계적으로 통제된 상태에서 각 변인들의 인과적 영향을 보여주지는 못하는 한계를 지닌다. 그와 같은 다원적(multivariate) 인과분석을 위해 OLS 회귀분석을 각 차원별로 시도하였는데, 그 결과는 〈표 3〉과 같다.

〈표 3〉 조직공정성 및 사회공정성의 하위차원들에 대한 OLS 회귀분석 결과

변인1)	조직공정성_분배 (N=1,148)		조직공정성_절차 (N=1,148)		조직공정성_정보 (N=1,148)	
	b2)	B3)	b2)	B3)	b2)	B3)
남성	-.082	-.052	-.040	-.023	-.096	-.054
연령	-.000	-.004	.001	.045	.011	.028
수학년수	.016	.061	-.020*	-.071	.007	.024
유종교	.085*	.062	.042	.027	.048	.030
가구소득	.000	.013	.000	.036	-.000	-.012
계층귀속감	.005	.020	.005	.015	.010	.032
직업_관리직	.086	.089	.157*	.145	.033	.030
_전문직	-.046	-.048	.120	.111	-.120	-.110
_준전문직	.045	.049	-.066	-.065	.094	.091
_사무직	-.130*	-.139	-.136*	-.130	-.102	-.096
_판매서비스직	.086	.090	-.065	-.062	.096	.090
상용직	.137*	.073	.107	.051	.062	.029
전일제	-.017	-.008	-.187*	-.082	.054	.023
공공부문	.061	.040	-.079	-.046	.033	.019
노조원	.024	.011	-.200**	-.087	-.069	-.030
이념성향_보수	-.011	-.000	-.027	-.015	-.015	-.008
_진보	-.053	-.032	-.039	-.022	-.065	-.035
사회신뢰	.078**	.090	.057*	.059	.062*	.063
국정운영평가	.007	.009	.085**	.091	.053	.056
정치경제전망	.034	.031	-.001	-.011	.061	.049
국가자긍심	.094**	.090	.035	.030	.116***	.097
절편	2.376***		2.768***		2.134***	
F	3.022 (p 〈 .000)		3.103 (p 〈 .000)		2.516 (p 〈 .000)	
R2 / Adj. R2	.053/.036		.055/.037		.045/.027	

변인1)	사회공정성_분배 (N=613)		사회공정성_절차 (N=613)		사회공정성_정보 (N=613)	
	b2)	B3)	b2)	B3)	b2)	B3)
남성	.047	.034	.001	.001	.067	.039
연령	-.002	-.037	-.008***	-.162	-.006	-.079
수학년수	-.008	-.040	-.034***	-.210	-.028	-.113
유종교	.133*	.096	-.042	-.038	-.066	-.039
가구소득	-.000	-.003	.000	.070	-.000	-.033
계층귀속감	.079***	.194	.029*	.087	.066**	.132
직업_관리직	.232*	.110	.062	.037	-.011	-.004
_전문직	.077	.040	.002	.001	-.131	-.056
_준전문직	.214*	.124	-.002	-.002	.037	.017
_사무직	.200*	.108	-.063	-.043	.013	.006
_판매서비스직	.101	.045	.055	.031	.101	.037
상용직	-.007	-.004	.066	.049	-.084	-.041
전일제	.040	.022	-.111	-.076	.023	.010
공공부문	.045	.026	.134*	.097	.014	.006
노조원	-.066	-.035	-.057	-.038	-.041	-.018
이념성향_보수	.029	.019	.007	.006	.012	.007
_진보	.014	.010	-.041	-.035	.046	.026
사회신뢰	.027	.033	.037	.056	.062	.061
국정운영평가	.080**	.115	.113***	.204	.129***	.152
정치경제전망	.010	.011	.021	.028	.059	.053
국가자긍심	.169***	.175	.028	.036	.130**	.109
절편	1.906***		2.126***		2.108***	
F	4.785 (p 〈 .000)		3.987 (p 〈 .000)		3.067 (p 〈 .000)	
R2 / Adj. R2	.145/.115		.124/.093		.098/.066	

1) 자세한 측정내용은 〈표 1〉을 참조. 2) 비표준화 계수. 3) 표준화 계수.
* p < .05, 양측검증. ** p < .01, 양측검증. *** p < .001, 양측검증.

〈표 3〉에 나타난 결과를 각 차원별로 자세히 살펴보면, 첫째 근무조직에 대한 분배공정성에 영향을 미치는 요인으로는 종교, 직업, 고용형태, 사회신뢰, 국가자긍심 등이 확인되어서, 구체적으로 말해, 조직에 대한 높은 분배공정성 인식은 종교를 믿는 사람들, 노무직, 상용직, 고신뢰군, 고(국가)자긍심군 등에서 발견된다. 둘째, 근무조직에 대한 낮은 절차공정성은 고학력자, 사무직, 전일제, 노조원, 저신뢰군, 부정적(국정운영)평가군 등에서 주로 발견된다. 셋째, 사회적 신뢰가 높고 국가자긍심이 높은 사람들일수록 근무조직의 공정성을 높게 평가한다. 넷째, 한국사회에 대한 높은 분배공정성 인식은 계층귀속감이 높은 사람들, 관리직·준전문직·사무직 근로자, 국정운영을 우호적으로 평가하는 사람들, 국가자긍심이 높은 사람들 사이에서 주로 발견된다. 다섯째, 한국사회에 대한 낮은 절차공정성 인식은 고연령자, 고학력자, 계층귀속감이 낮은 사람들, 민간부분 근로자, 국정운영을 부정적으로 평가하는 사람들 사이에서 주로 발견된다. 마지막으로, 한국사회의 정보공정성을 높게 평가하는 사람들은 주로 계층귀속감이 높은 사람들, 국정운영평가 및 국가자긍심 등에 있어 긍정적 태도를 견지하는 사람들이다.

이상의 인과요인 분석 결과 또한 상당히 복잡해서 한마디로 단순화시키기는 그다지 쉽지가 않다. 그럼에도 불구하고 몇 몇 패턴을 추려볼 수가 있는데, 이는 전술한 이원분석에서 나타난 결과와 유사한 경향이 있다. 다시 말해, "사회경제적 지위가 우세한 사람들일수록 자신의 근무조직 및 전체 사회 공히 관련해서 각종 보상 분배의 결과(분배공정성)에는 만족하지만 보상 분배를 위한 절차(절차공정성)에는 제대로 만족하지 못하는 경향"이 있으며, "사회 일반에 대한 핵심적 태도(사회신뢰, 국정운영평가, 정치경제전망, 국가자긍심 등)에 있어서 긍정적인 태도를 견지하는 사람들일수록 대상(조직, 사회) 및 차원(결과, 절차, 정보)과 관계없이 높은 공정성 인식을 보유하는 경향" 또한 발견된다.

5. 결론 및 논의

'한국 임금근로자들의 근무조직 및 한국사회에 대한 주요 차원별 공정성 인식'이라는 주제를 가지고 시대별 변화추이, 유관요인, 인과요인 등을 대단위 사회조사자료를 바탕으로 실증적인 탐구를 시도해 본 이 소고를 통해 여러 가지 흥미로운 연구결과들을 밝혀낼 수가 있었다. 그 주요 내용을 각 세부주제별로 정리함과 동시에 간략한 함의(implications)까지도 제시해보면 다음과 같다.

첫째, 조직공정성은 세 가지 하위차원(분배공정성, 절차공정성, 정보공정성) 모두 국내에서 지난 15년 동안 일관되고도 지속적으로 상승하는 추세를 보이지만 근래에 들어서 세 차원 모두 다소간 저하되는 양상을 발견할 수 있다. 특별히 최근 들어 조직공정성이 저하되는 결과를 주목할 필요가 있는데, 이는 한국의 사업장 혹은 근로조직체에서 제반 보상 분배의 결과, 과정, 정보 등에 대해 한국인들이 점차 부정적, 회의적 인식을 견지하고 있음을 시사하는 결과로 해석해볼 수 있다.

둘째, 조직 및 한국사회 공정성의 하위차원들 사이의 낮은 상관관계에서 확인해볼 수 있듯이, 각종 보상 분배의 결과, 절차, 내용은 서로 밀접한 연계를 보이기보다는 비교적 독립적인 차원들을 구성하고 있음을 알 수 있다. 다시 말해, 보상 분배의 결과가 공정하다고 해서 해당 절차 및 내용까지도 반드시 공정하지는 않다는 인식이 팽배하다는 의미이다.

셋째, 조직공정성에 비해서 한국사회공정성이 세 차원 공히 일관되게 낮으며, 조직공정성 및 한국사회공정성 모두 분배공정성 및 정보공정성에 비해서 절차공정성이 일관되게 저하되는 경향이 발견된다. 이러한 결과는 한국사회의 경우 근로조직보다는 전체사회에 대한 공정성이 훨씬 더 문제시되고 있을 뿐만 아니라 보상 분배의 결과 및 내용보다는 과정과 절차가 생략되고 무시되는 등 소홀히 다루어지고 있다는 인식이 지배적임을 시사하는 결과이다.

넷째, 사회경제적 지위가 우세한 사람들일수록 그렇지 못한 사람들에 비해서 자신의 근무조직 및 전체 사회 공히 대체로 각종 보상의 분배 결과에 대해서는 공정하다고 인식하지만 정작 그 절차에 대해서는 불공정하다는 인식을 견지하는 경향이 있다. 이는 본 연구의 분석결과 가운데 가장 주목을 요하는 부분인데, 왜냐하면 이른바 여론주도층, 사회지도층 등 경제적·사회적·정치적 측면에서 상대적으로 우월한 위치를 점하는 사람들의 경우 보상분배의 결과보다는 과정(process)과 절차(procedures)를 훨씬 더 중시함에 비해서 정작 그 부분의 공정성, 형평, 정의가 상당 부분 결여된 것으로 인식하는 경향을 확인케 해주는 결과이기 때문이다. 추론컨대, 지난 과반세기 실로 급속하고도 지속적인 경제발전 및 민주화로 점철되어온 한국사회에서 정치권, 관계, 학계, 시민사회 등에서 대부분 보상분배의 결과에만 천착하고 치중하였을 뿐 그 과정에는 상대적으로 소홀한 경향을 인정하지 않을 수 없을 것이다. 바로 이와 같은 부분이 여론 및 사회주도층에서 이제 본격적으로 문제시되기 시작하였다는 사실은 향후 우리 사회가 이 부분의 소통역량을 강화시키고 사회적 해결책을 집중적으로 강구해낼 필요가 있음을 시사한다.

다섯째, 사회적 신뢰, 국정운영평가, 정치경제적 전망, 국가자긍심 등 사회 일반에 대한 핵심적인 태도에 있어서 긍정적인 사람들은 공정성 인식의 대상(조직, 사회) 및 차원(결과, 절차, 정보)과 무관하게 높은 공정성 인식을 견지하는 경향이 있다. 이러한 결과는 향후 한국사회의 공정성이 고양되기 위한 주된 필수조건 가운데 하나가 다름 아닌 일반 시민들의 긍정적 사회태도 함양을 도모케 하는 것으로서, 다양한 제도적, 물질적, 정신적 노력을 통해 사람들로 하여금 사회적 신뢰를 높이고 국정평가를 우호적으로 할 수 있게 하며 발전전망을 갖게 하고 국가에 대한 자긍심을 높일 수 있는 방식으로 전 사회적 노력을 경주할 경우 사회 저변의 공정성 인식이 가일층 고양될 수 있음을 알 수 있게 한다.

마지막으로, 한국의 조직근로자(임금근로자)들을 중심으로 이들의 눈에 비친 소속 근로조직 및 한국사회의 공정성을 대단위 사회조사 자료들-《한국사회의 공정성 조사》(1990, 1995, 2000, 2005, 2009), 《한국종합사회조사(KGSS)》(2005, 2009, 2011)-을 바탕으로 실증적으로 접근하고 해부한 본 소고의 분석결과들은 이 분야 기존연구들과 차별화되는 몇 가지 중요한 의미를 보유하는 것으로 여겨진다. 우선, 이미 지적한 바 있듯이, 사회공정성에 대한 기존 연구들은 다분히 담론적인 논의의 수준을 좀처럼 벗어나지 못하는 경향이 있었는데, 본 연구는 그와 같은 한계를 탈피해서 공정성의 대상 및 차원 등에 대한 대단위 학술사회조사 자료를 바탕으로 면밀한 계량적 분석결과를 제시하였다는 점에서 나름의 의미를 부여할 수 있을 것이다. 다음으로, 본 연구의 분석

대상은 임금근로자들로 한정된 것이기에 전체 국민을 대표하기에는 일정 부분 한계가 있는 것이 사실이지만, 잔여범주로서의 자영업자 및 무직자(주부, 학생 등), 비경제활동인구(연소자, 고령자) 등과 비교해볼 때 임금근로자들은 사회경제적 역량 및 활동성이 상당히 우월한 인구집단이라는 점에서 이들이 체감하고 인식하는 바의 공정성은 특별히 중요한 학술적·정책적 의미를 보유하는 것으로 해석된다.

본 연구를 통해 실증적으로 해부하고 진단된 실증 분석의 결과는 향후 한국사회의 공정성을 제고하기 위한 처방전의 하나로 작동할 수 있기를 기대해본다.

참고문헌

김상욱·김지범·신승배, 2013, 『한국종합사회조사(KGSS) 2012』, 서울: 성균관대학교 출판부.

Adams, J. S., 1965, "Inequity in Social Exchange," Pp. 267~299 in Berkowitz (Ed.), *Advances in Experimental Social Psychology*. N.Y.: Academic Press.

Berger, J., H. Fisek, R. G. Norman, and D. G. Wagner, 1986, "The Formation of Reward Expectations in Status Situations," Pp. 127~168 in D. M. Messick and K. S. Cook (Eds.), *Equity Theory: Toward a General Theory of Social Interaction*. N.Y.: Praeger.

Bies, R. J. and J. F. Moag, 1986, "Interactional Justice: Communication Criteria of Fairness," Pp. 43~55 in R. J. Lewicki, B. H. Sheppard, and M. Z. Bazerman (Eds.), *Research on Negotiations in Organizations*.

Festinger, L., 1957, *A Theory of Cognitive Dissonance*, Evanston, IL: Row, Peterson & Co.

Folger, R., 1987, "Reformulating the Preconditions of Resentment: A Referent Cognitions Model," Pp. 183~213 in J. C. Masters and W. P. Smith (Eds.), *Social Comparison Justice and Relative Deprivation*.

Greenberg, J., 1990, "Organizational Justice: Yesterday, Today, and Tomorrow," *Journal of Management* 16, 399~432.

____________, 1993a. "The Social Side of Fairness: Interpersonal and Informational

Classes of Organizational Justice," Pp. 79~103 in R. Cropanzano (Ed.), *Justice in the Workplace: Approaching Fairness in Human Resource Management*. N.J.: Erlbaum.

__________, 1993b, "Stealing in the Name of Justice: Informational and Interpersonal Moderators of Theft Reactions to Underpayment Inequity," *Organizational Behavior and Human Decision Processes* 54, 81~103.

Homans, G., 1961, *Social Behavior: Its Elementary Forms*. N.Y.: Harcourt, Brace, and World.

Jasso, G., 1980, "A New Theory of Distributive Justice," *American Sociological Review* 45, 3~32.

__________, 1983, "Fairness of Individual Rewards and Fairness of the Reward Distribution: Specifying the Conflict between the Micro and Macro Principles of Justice," *Social Psychology Quarterly* 46, 185~199.

Kim, S. W. and C. W. Mueller, 2011, "Occupational and Organizational Commitment in Different Occupational Contexts: The Case of South Korea," *Work and Occupations* 30 (1), 3~36.

Lerner, M. J., 1982, "The Justice Motive in Human Relations and the Economic Model of Man: A Radical Analysis of Facts and Fictions," Pp. 78~82 in *Cooperation and Helping Behavior: Theory and Research*. N.Y.: Aacademic Press.

Leung, K. and E. A. Lind, 1986, "Procedural Justice and Culture: Effects of Culture, Gender, and Investigator Status on Procedural Preference," *Journal of Personality and Social Psychology* 50, 1134~1140.

Leventhal, G. S., 1976, "Fariness in Social Relations," Pp. 211~239 in *Contemporary Topic in Social Psychology*. N.J.: General Learning Process.

Mowday, R. T., L. W. Porter, and R. M. Steers, 1982, *Employee-Organization Linkages*, NY: Academic Press.

Rubinstein, D., 1988, "The Concept of Justice in Sociology," *Theory and Society* 17, 527~550.

Stouffer, S. A., et al., 1949, *The American Soldier*.

Thibaut, J. and K. Walker, 1975, *Procedural Justice: A Psychology Analysis*, Hillsdale, N.J.: Erlbaum.

Tyler, T. R. and E. A. Lind, 1992, "Intrinsic versus Community-Based Justice Models: When Does Group Membership Matter?" *Journal of Social Issue* 46, 84~93.

Walster, E., B. Ellen, and W. Geroge, 1978, *Equity: Theory and Research*. Boston, M.A.: Allyn and Bacon.

최태욱

분배친화적 민주체제

: 합의제 민주주의

1. 민주주의의 다양성[1]

사실 민주주의의 구현은 불가능하다. 엄밀한 의미에서 민주주의란 국가가 그 '주인'인 시민의 뜻과 선호에 따라 운영돼가는 정치체제를 말한다. 그러나 '불가능 정리(Impossibility Theorem)'가 밝히고 있듯, 시민사회의 뜻과 선호를 정확히 알아내는 것은 가능하지 않은 일이다(Arrow, 1963). 주인들 간의 선호는 서로 다르기 마련이고 그 선호의 순위를 결정하는 것이 가능하지 않은데 어떻게 국가를 (파악 자체가 불가능한) 주인의 뜻에 따라 운영해갈 수 있겠는가.

대의제 민주주의는 이 불가능 상황을 극복하고 그나마 민주주의에 가까운 정치체제가 작동되도록 하기 위하여 디자인된 것이다. 그것은 일종의 사회계약의 제도화라고 할 수 있는데, 그 주요 내용은 다음과 같다. 첫째, 시민들의 다종다양한 선호와 이익을 복수의 정당들

1 제1장은 주로 최태욱(2012)의 관련 부분을 일부 발췌하여 수정·보완한 내용으로 구성돼 있다.

이 분담하여 대변한다. 둘째, 정당 정치인들은 선거경쟁을 거쳐 시민의 대리인 자격으로 정부를 구성한다. 셋째, 이렇게 구성된 정부가 내리는 결정을 일반 시민들의 뜻이라고 인정하고 수용한다. 결국 민주주의는 이러한 '제도 디자인'에 의해 그 명맥을 유지하고 있는 셈이다. 민주주의가 절차적 민주주의일 수밖에 없는 이유인 것이다.

레이파트(Lijphart, 2012)는 이 절차적 민주주의를 그 제도 디자인의 내용에 따라 크게 두 유형으로 분류하는 데에 성공했다. 하나는 흔히 영국식이라고 불리는 '다수제 민주주의(majoritarian democracy)'이고, 다른 하나는 (대륙)유럽식이라고 하는 '합의제 민주주의(consensus democracy)'이다. 제도 디자이너들의 의도에 따라 양 민주주의의 성격과 결과가 서로 다르게 나타나고 있음은 물론이다. 이는 자본주의가 그렇듯 민주주의에도 다양성이 존재하며, 따라서 어떠한 민주주의를 어떻게 발전시켜갈 것인지는 운명이 아닌 선택의 문제임을 시사한다.

1) 다수제 민주주의와 합의제 민주주의의 5대 특성

아래 〈표 1〉은 다수제 민주주의와 합의제 민주주의의 5대 특성을 요약한 것이다.[2] 첫 번째 것은 선거제도에서 나타나는 특성이다. 다수제 민주주의 국가에서는 다수대표제 혹은 다수결형 선거제도를 통해 의회를 구성한다. 예컨대, 그 전형인 소선거구 일위대표제의 경우

---

2 레이파트는 각 민주주의 유형의 10가지 특성을 제시하며, 그 중 다섯은 '집행부-정당 차원'(executives-parties dimension)이고 다른 다섯은 '연방제-단방제 차원'(federal-unitary dimension)이라고 하였다. 본고에서는 집행부-정당 차원에 속하는 특성을 '5대 특성'으로 규정하고, 오직 그 다섯 변수만에 의해 합의제와 다수제 민주주의를 유형화하기로 한다.

지역구 득표율 1위에 오른 후보만이 그 지역의 다수를 대표하여 의회에 진출한다. 2위 이하의 후보들은 자신들의 득표율이 아무리 1위의 그것과 별 차이가 나지 않는다할지라도 누구도 의회의 대표자격을 얻지 못한다. 따라서 2위 이하의 후보들에게 던져진 표는 모두 사표(死票)로 처리될 뿐이다. 여기서는 각 정당의 득표율과 의석 점유율 간에 '비례성(proportionality)'이 전혀 보장되지 않는다. 가령 A, B, C, D 네 정당이 선거 경쟁을 하고 각 정당의 전국 득표율은 각각 33%, 32%, 20%, 15%인 경우를 상정해보자. 여기서 A당과 B당의 전국 득표율은 30%대로 서로 비슷하지만 만약 과반의 지역구에서 A당 후보들이 (예컨대 33%를 간신히 상회할 정도의 지역 득표율로) 1위에 오를 경우 그 당의 전체 의석 점유율은 50%가 넘어 의회 내 단독 다수당이 될 수 있다. 그러나 B당은 A당과 비슷한 전국 득표율을 갖고도 대부분의 자당 후보들이 각 지역구에서 근소한 차이로 2위나 3위 등에 머물 경우 C당이나 D당과 함께 의석 점유율 10%대의 소정당이 될 수도 있다.

〈표 1〉 다수제 민주주의와 합의제 민주주의의 5대 특성

	다수제 민주주의의 전형	합의제 민주주의의 전형
(국회의원) 선거제도	일위대표제 등의 상대다수대표제 (승자독식제)	비례대표제 또는 비례성 높은 혼합형 선거제도
정당체계	양당제	(온건)다당제
행정부 구성	일당 혹은 소수 정당에 의한 독과점	다수 정당에 의한 분점 즉 연립정부
행정부-입법부간 힘의 분배	행정부 우위	입법부-집행부 간의 균형 혹은 전자의 우위
이익집단 간의 경쟁 구도	다원적, 분산적, 분쟁적, 대립적	사회적 합의주의 발달로 협력적

* 출처: 최태욱(2011a: 47)

이와는 달리 합의제 민주주의에서는 비례성이 보장되는 선거제도를 채택한다. 유권자들은 기본적으로 개별 후보가 아닌 정당에 대하여 투표한다. 각 정당의 득표율이 산출되면 그것에 비례하여 의석을 나누는 것이다. 만약 위 사례의 선거 경쟁이 비례대표제를 통해 이루어질 경우 A, B, C, D 네 정당의 의석 점유율은 그들 정당의 전국 득표율 그대로 각각 33%, 32%, 20%, 15%가 된다. 여기서는 1등 혹은 다수세력 대표에게 던진 표만이 의미가 있고 그 외의 모든 소수세력 대표들에게 던진 표는 사표가 되는 '소수 무시'의 문제가 발생하지 않는다. 크든 작든 모든 정당이 각자 사회구성원들로부터 지지받은 만큼의 대표권을 행사할 수 있게 된다.

두 번째 특성은 정당체계에서 나타나는 바, 이것은 선거제도와 밀접하게 연계돼있다. 소위 뒤베르제의 법칙으로 널리 알려져 있듯, 소선거구 일위대표제는 양당제를 그리고 비례대표제는 다당제의 발전을 유도하는 경향이 강하다. 소선거구 일위대표제에서는 선거경쟁이 거듭될수록 결국 지역구 1등을 많이 배출할 수 있는 거대 정당 둘만이 각각 좌-우 혹은 진보-보수 진영의 대표로 살아남을 수 있는 반면, 비례대표제에서는 등수 혹은 승패에 관계없이 자신들이 획득한 지지율만큼의 의석을 배정받으므로 다양한 사회 세력을 대표하는 여러 정당들이 건재할 수 있기 때문이다. 그렇다면 다수제 민주주의와 합의제 민주주의의 전형적 정당체계가 각각 양당제와 다당제라는 것은 쉽게 이해할 수 있는 특성이다.

세 번째 특성인 행정부의 구성 차이도 선거제도 및 정당체계와 연관돼있다. 소선거구 일위대표제로 양당제를 유지하고 있는 영국과 같은 다수제 민주주의 국가의 전형적인 행정부 형태는 단일정당정부이다. 선거경쟁이 주로 거대 정당 둘 사이에서 벌어질 경우 어느 한 당이 의회의 다수당이 되는 것은 통상적인 일이다. 따라서 의원내각제라면 의례히 그 다수당이 단독으로 행정부를 구성한다. 대통령중심제가 반드시 다수제 민주주의의 권력구조인 것은 아니지만 적어도 행정부 구성 측면에서 그것은 다수제적 성격을 띤다. 특별한 상황이 아닌 한 대통령을 배출한 정당이 대개 단독으로 행정부를 꾸미기 때문이다. 한편, 대륙 유럽 국가들의 경우에서 보듯, 합의제 민주주의의 행정부는 전형적으로 연립정부이다. 셋 이상의 유력 정당들이 비례대표제로 의석을 나누는 환경에서 어느 한 정당이 총의석의 과반을 차지할 가능성은 그리 높지 않다. 따라서 단일 정당에 의한 행정부 구성은 드문 경우이고 다양한 사회집단을 대변하는 여러 정당들 간의 연립정부 형성이 통상적이 되는 것이다.

네 번째 특성은 행정부와 입법부 간의 힘의 분배 양상이다. 이것 역시 선거제도 및 정당체계 그리고 행정부 구성 방식과 밀접히 관련돼있다. 다수제 민주주의의 행정부는 권력 혹은 영향력 행사 측면에서 통상 입법부에 대하여 우월한 위치에 있다. 영국의 예를 보자. 소선거구 일위대표제로 공고화된 양당제 하에서 의회는 단일 다수당이 장악하기 마련이며 행정부는 그 다수당이 홀로 구성한다. 여기서 그 행정부의 수반인 수상 혹은 총리는 바로 의회 다수당의 최고 지도자이므로 사실상 그는 입법부까지 자신의 영향력 하에 둘 수 있다. 명백한 행정부 우위제인 것이다. 그러나 비례대표제와 다당제 그리고 연립정부 형태를 특성으로 유지하는 (대륙)유럽식 합의제 민주주의에서는 사정이 전혀 다르다. 어느 한 정당도 독자적으로 안정적인 행정부를 구성하기 어려운 제도 조건 하에서 오직 연립의 형태로 스스로를 지탱해야하는 행정부는 항시적으로 의회 구성원인 각 정당들의 선호에 민감할 수밖에 없다. 합의제 민주주의의 행정부가 입법부에 대하여 힘의 우위를 주장할 수 없고 항상 힘의 균형을 도모해야하는 이유이다.

마지막인 다섯 번째 특성은 이익집단들 간의 경쟁 구도, 즉 이익집단대표체계에서 드러난다. 다수제 민주주의에서는 최소한의 단위까지로도 세분화된 무수한 이익집단들이 각기 다원주의적으로 활동한다. 서로가 독립하여 흩어져있는 상태에서 이들은 분쟁적이거나 심지어는 적대적인 경쟁 구도를 형성한다. 한편, 합의제 민주주의에서는 주요 이익집단들이 '사회적 합의주의(social corporatism)' 혹은 그와 유사한 거버넌스 체계를 형성하여 그 체계 내에서 상호 협력적으로 경쟁한다.[3] 예컨대, 전국의 노동자들과 사용자들이 각각 자신들의 중앙집중적이며 독점적인 대표 체계를 갖추어 정부의 중재 하에 서로 정기적으로 만나 사회적 대화를 통해 사회협약을 새로 맺거나 개정해가는 방식이다.

이 다섯 번째 특성은 앞서 말한 네 가지의 정치제도적 특성들, 즉 선거제도, 정당체계, 행정부 형태, 그리고 행정부와 입법부 간의 권력관계 등과 인과관계적인 제도적 연계성을 갖고 있는 것은 아니다. 하지만 (왜 그런지에 대한 설명을 여기서 하기는 어렵지만) 그 친화성은 명확하게 존재한다. 합의제 정치제도들과 사회합의주의 간의 높은 상관관계는 실증적으로도 이미 여러 연구에서 증명된 바 있다(Lijphart and Crepaz,

---

3 '조합주의'보다는 '사회적 합의주의'가 더 좋은 번역이라고 생각한다. 그것이 social corporatism의 본래 의미를 더 잘 전달한다.

1991; Crepaz and Lijphart, 1995; Lijphart, 2012).

5대 특성을 중심으로 한 이상의 논의를 되짚어보면, 양대 민주주의 유형 간의 핵심적 차이가 정치권력의 분산 정도와 그 행사 방식에 있음을 파악할 수 있다. 다수제 민주주의에서는 선거에서 승리한 다수파 정치세력에게 정치권력이 집중되는 것이 원칙이다. 권력의 행사도 패자에 대한 고려 없이 승자 독단으로 이루어질 수 있다. '승자독식 민주주의'라고 부르는 이유이다. 반면 합의제 민주주의에서는 정치권력이 여러 세력, 정확히 말하자면 여러 정당들에게 분산되어 상호 의존과 협력을 통해서만 그것이 사용되도록 설계되어 있다. 따라서 정치과정은 상이한 정치세력들 간의 대화와 타협에 의해서만 진행될 수 있다. 합의에 의한 권력 사용이 제도적으로 강제된 상태인 것이다.

2) 다수제 민주주의의 약점

이상 다수제 민주주의와 합의제 민주주의의 5대 특성을 간략히 살펴보았다. 물론 이 특성을 이념형 그대로 유지하고 있는 민주국가는 소수에 불과하다. 거의 모든 민주국가들은 다수제와 합의제의 원형을 양 극단으로 하는 연속선상의 어느 한 지점에 위치하고 있을 뿐이다. 그러나 중간 지점으로부터 전형적인 다수제나 전형적인 합의제의 어느 한 쪽에 가까이 갈수록 해당 국가의 민주주의는 다수제적 혹은 합의제적 성격이 강한 것이라고 평가할 수 있다. 여기서 특기할 것은 이른바 선진국들의 경우엔 합의제 민주주의가 확실한 대세를 이루고 있다는 사실이다. 영국을 제외한 거의 모든 유럽 선진국들은 합의제 민주국가로 분류된다.[4] 한편, 위에서 본대로 민주주의의 유형을 결정하는 가장 핵심적인 정치제도는 선거제도인데, 경제 선진국들의 모임인 OECD 34개 회원국 중 다수제 민주주의의 전형적 선거제도인 다수대표제를 택하고 있는 나라는 미국, 영국, 캐나다, 호주 등 대여섯에 불과하고 나머지는 모두 합의제 민주주의의 전형인 비례대표제 혹은 비례성이 상당히 보장되는 혼합형 선거제도를 택하고 있다. 이 사실은 선진국 민주주의의 표준이 합의제 민주주의임을 확인해주는 것이라 할 수 있다.

다수제 민주주의는 영국 의회가 열리는 궁전의 이름을 따서 '웨스트민스터 모델(Westminster model)'이라고도 불리는데, 이는 다수제 민주주의를 애초 영국인들이 디자인했기 때문이다. 이 모델은 그 후 영국의 식민지였던 미국, 그리고 캐나다, 호주, 뉴질랜드 등의 영연방 국가들은 물론 그 외 전 세계의 수많은 나라들로 수출되었다. 미국의 영향으로 우리나라 역시 이 모델을 수입했음은 주지의 사실이다. 사실 19세기 말에서 20세기 초까지만 하더라도 상당수의 대륙유럽 국가들 역시 다수대표제 등 영국식 경향이 강한 민주주의를 채택하고 있었다. 그러나 그들은 하나 둘씩 합의제 민주주의로 전환하였고 지금에 이르러서는 유럽을 중심으로 선진국 민주주의의 표준이

---

4 프랑스는 현재는 비록 비례대표제가 아닌 다수대표제 국가이지만 국회의원이나 대통령을 공히 결선투표제로 선출하는 까닭에 정당체계는 항상 다당제를 유지하고 있다. 비례대표제 시절의 유산이 미친 영향도 물론 있다. 또한 프랑스의 분권형 대통령제는 대선과 총선 일정을 일치시킨 2000년의 개헌 탓에 실질적으로는 대통령중심제처럼 작동하고 있으나, 지금도 합의제적 운영이 불가능한 것은 아니다. 참고로, 1945년부터 2010년 사이 프랑스를 단일정당정부가 통치한 기간은 전체의 47.5%이다(Lijphart, 2012: 99). 과반의 기간은 연립정부 시기였다는 것이다. 프랑스를 합의제적 전통이 강한 민주국가로 볼 수 있는 이유이다.

합의제 민주주의로 수렴될 지경에까지 왔다.

비교적 최근에도 이 같은 전환이 목격되었다. 그 당사국은 놀랍게도 영국의 원형보다도 다수제적 성격이 더 강한 민주주의를 운영한다고 평가받아오던 뉴질랜드였다. 길고 험난한 선거제도 개혁 과정을 거쳐 1993년 뉴질랜드는 마침내 소선거구 일위대표제를 독일식 비례대표제로 대체하였다. 그 후에는 당연히 다당제의 발전, 연립정부 형태의 부상, 의회의 위상 강화 등의 변화가 이어졌다. 더 흥미로운 사실은, 다수제 민주주의의 원조 국가인 영국에서조차 1970년대 초반 이후 줄곧 비례대표제 도입 요구가 증대되어가고 있다는 점이다. 그리고 실제로 1970년대 중반에는 북아일랜드의 모든 지방선거를 비례대표제로 치르기로 결정하기도 하였다. 또한 1999년부터 유럽의회의 영국의원 선출은 비례대표제에 의해 이루어지고 있다. 현재는 영국의 중앙 정치 차원에서도 대기업과 자민당 등이 주도하는 선거제도개혁 운동이 시민들로부터 상당히 커다란 관심과 지지를 받고 있다. 조만간 영국의 국회의원 선거제도 역시 비례성이 보장된 새로운 제도로 전환되리라는 예측이 무성하다. 이 같이 다수제 민주주의가 쇠락하고 합의제 민주주의가 대세를 이루게 된 까닭은 무엇일까? 아무래도 다수제 민주주의에 심각한 약점이 존재하는 게 아닐까?

다수제 민주주의의 특성을 한 마디로 표현하면 승자독식(winner-takes-all) 또는 패자전몰(loser-loses-all) 제도라는 것인데, 다수제 민주주의의 근본 문제는 바로 여기에 있다. 영국인들은 의회에서 다수당 지위를 차지한 특정 정당에게 정치권력을 몰아주기 위해 다수제 민주주의를 만들었다. 선거에서 승리한 단일 정당이 입법부와 행정부를 모두 장악할 수 있도록 하면 임기동안 그 정당이 자율성과 책임성을 갖고 효율적으로 국정 운영을 해 나갈 수 있을 것이라고 생각한 것이다. 여기서 효율적인 국정 운영이란 결국 정치권력을 차지한 다수당이 민주국가의 주인인 시민의 뜻을 독점적으로 해석하고 구현해가는 것을 의미한다. 이때 선거에서 패배한 정당과 그 정당이 대변하는 사회세력들은 당연히 국정 운영 과정에서 배제된다.

어쩌면 디자이너들의 의도대로 이 다수제 민주주의는 정부의 효율성 유지 혹은 제고에 유리한 것일 수도 있다. 그러나, 사실은 꼭 그렇지도 않지만, 설령 그렇다고 할지라도 그 효율성이란 것이 과연 누구를 위한 것이냐는 문제는 끊임없이 제기될 수 있다.[5] 오직 임기동안의 다수파를 위한 효율성이라면 (역시 민주국가의 주인임에 분명한) 소수파 국민의 이익은 배제되고 무시돼도 괜찮다는 의미인가. 더구나 많은 경우 다수제 민주주의 제도 하에서의 다수파는 사실상 '제조된 다수(manufactured majority)'에 불과하다. 예를 들어 어느 소선거구에서 A, B, C 세 당의 후보들이 각축을 벌인 결과 각각 33%, 32%, 31%의 지역구 득표율을 획득했다고 하자. 일위대표제이므로 오직 A당 후보만이 소위 다수대표로서 의회에 진출하게 된다. 그러나 실상 그는 겨우 33%의 지역구민을 대표하는 '소수대표(minority representation)'일 뿐이다. B당 후보를 지지했던 32%의 소수파와 C당 후보를 지지했던 31%의 소수파를 포함하여 지역구민의 절대 다수인 67%가 반대하거나 지

5 레이파트는 합의제 민주주의와 비교할 때 다수제 민주주의의 정부들이 과연 보다 효율적인지를 따져보기 위해 경제성장율, 인플레이션, 실업률 등을 지표로 삼아 회귀분석을 실행하였다. 그러나 그 결과는 합의제 민주정부들의 효율성이 오히려 더 뛰어나다고 할 수는 있을지언정 다수제 민주정부들이 더 효율적이라고는 결코 말할 수 없다는 것이었다(Lijphart, 2012: 261~268).

지하지 않은 후보가 그들의 명목상의 대표가 되어 의석을 차지하게 되는 것이다. 결국 이 지역 사회에서는 실질적 다수가 모두 패자 그룹으로 분류되어 정책의 수립 및 집행 과정에서 배제되거나 소외될 수 있다.

이러한 현상은 단지 지역구에만 국한되지 않는다. 상기한 A당이 위 지역구에서와 마찬가지 방식으로 소수대표 의원을 전국의 과반 지역구에서 배출했다고 하자. 이 경우 A당은 의회의 단독 다수당이 되겠지만 그것은 소수대표들로 구성된 '제조된' 다수당일 뿐이다. 이 정당의 전국 득표율은 30%에서 40% 정도에 불과하지만 소선거구 일위대표제라는 불비례적 선거제도로 인해 다수당으로 만들어져 의회를 장악한 것이기 때문이다. 의원내각제라면 이 소수대표 정당이 행정부도 장악한다. 결국 이 민주국가는 60%에서 70% 정도의 다수 시민이 반대한 소수대표 정당에 의해 운영된다. 여기서도 패자 배제 혹은 소외의 정치가 주를 이룬다면 오히려 다수에 속하는 시민들이 상당한 고통 혹은 불이익을 (적어도 해당 정부의 임기동안) 받게 된다. 대통령제의 경우도 한국에서와 같이 대선이 상대다수제에 의해 치러질 경우 마찬가지의 현상이 자주 일어난다. 30%에서 40%의 득표율로도 1등만 하면 대통령이 되는 제도이기 때문이다.

의회 및 행정부 구성에서 일어나는 이 같은 소수대표 혹은 불비례성의 문제는 자칫 사회통합의 위기로 이어질 수 있다. 비록 소수대표일지라도 일단 합법적으로 정부를 장악한 정치세력은 승자독식 제도의 특성을 활용하여 독선, 독주, 심지어는 독재에 가까운 방식으로 국가를 운영해갈 수 있다. 이 경우 다 합치면 다수가 될 수도 있는 여러 소수파 그룹들이 정치과정과 그 과실 분배 과정에서 소외됨으로써 사회 혼란과 정치 불안의 가능성이 열리게 된다. 사회경제적 약자를 포함한 최대한의 사회구성원들의 안정적인 정치참여 보장을 지향한다는 '포괄의 정치(politics of inclusion)'가 아닌 '배제의 정치(politics of exclusion)'가, 그것도 특정 소수의 이익을 위해 사회 구성원의 다수가 배제되는 정치가 작동될 수가 있다는 것이다.

3) 다수제 민주주의의 사회경제적 문제점

위에서 본 유형론에 따르자면, 원칙적으로 다수제 민주주의는 배제의 정치, 합의제 민주주의는 포괄의 정치를 바탕으로 하여 돌아간다(Crepaz and Vicki Birchfield, 2000). 다수제형 민주정부가 오직 다수(the majority of the people)의 이익과 선호에 응답하는 정부라면, 합의제형 민주정부는 소수파들이 포함된 최대다수(as many people as possible)에 대해 책임을 지는 정부이다(Lijphart, 1984: 4). 두 민주주의 유형 간의 이러한 성격 차이는 서로 다른 사회경제적 효과를 낳는다.[6] 그 성격 차이를 다시 요약해보자. 승자독식 모델인 다수제 민주주의에서는 선거에서 승리한 정치세력이 정치권력을 독차지한다. 그들은 자신들만으로 정부를 구성하고 패자나 저항 혹은 거부 세력에 대한 배려에는 별 신경을 쓰지 않는다. 결국 정권교체기마다 정치과정에서의 배제 세력은 양산되고, 따라서 이들과 정부 간 그리고 입장이 다른 이익집단들 간의 적대적 대립과 갈등은 상시적 문제로 존재한다. 포괄

6 다수제 민주주의와 합의제 민주주의 간의 사회경제적 효과 차이에 대한 본 절의 설명은 최태욱(2011c)의 관련 부분을 인용한 것이다.

의 정치가 작동되지 않는 것이다.

반면, 승자독식이 제도적으로 불가능하거나 매우 어려운, 그리하여 정치세력 상호간의 의존과 협력이 필수적인 합의제 민주주의에서는 정치권력이 분산되며 따라서 정치과정은 양보와 타협에 의해 진행된다. 여기서는 약자나 소수자 그리고 저항 혹은 거부세력에 대한 포용이 일상의 정치문화로 자리 잡게 된다. 합의제 민주주의의 본질이 포괄의 정치에 있다고 할 때, 그것을 작동케 하는 핵심 기제는 비례대표제라 할 수 있다. 선거제도의 높은 비례성 덕분에 약자와 소수자를 포함한 다양한 사회세력들을 대변하는 다수의 정책 및 이념정당들이 의회에 진출할 수 있으며, 이는 대부분의 경우 다당제 하의 연립정부 형태로 이어지곤 한다. 한편, 이 제도 패키지, 즉 비례대표제, 다당제, 연립정부 등에 의해 가동되는 협의주의 정치가 사회합의주의 거버넌스와 같이 간다는 것은 상기한 대로이다. 결국 합의제 민주주의는 비례대표제를 시작으로 하여 상호 맞물려 있는 포괄성 혹은 포용성 높은 정치제도 및 그것들과 친화성을 유지하는 사회경제 제도로 이루어진 민주주의 체제인 것이다. 따라서 사회구성원 모두의 동등하고 효과적인 정치참여가 보장되는 '정치적 자유'는 다수제 민주주의에서 보다는 (다른 조건이 일정하다면) 포괄의 정치가 제도화돼있는 이 합의제 민주주의에서 더욱 풍성하다는 것은 당연한 이치라 할 것이다.

사실 그것은 정치적 자유만이 아니다. 빈곤이나 소외 또는 공포로부터의 자유를 포함하는 '사회적 자유' 역시 (다른 조건이 일정하다면) 합의제 민주주의가 더욱 안정적으로 지켜줄 수 있다. 포괄의 정치가 작동되는 곳에서는 사회경제적 약자들의 선호와 이익이 동등하고 효과적인 참여 보장에 의해 정치과정에 제대로 투입되기 때문이다. 사회정책이나 경제정책 등이 사회경제적 강자들의 이익에 편향되어 수립되거나 집행될 가능성이 낮다는 것이다. 다수제 민주국가들보다 합의제 민주국가들에서의 빈부격차가 덜하고, 복지수준이 더 높으며, 약자나 소수자 배려가 더 철저하다는 것(Lijphart, 2012: ch. 16), 그리하여 합의제 민주주의가 다수제 민주주의보다 사회통합과 정치안정 측면에서 뛰어나다는 점은 실증 연구에 의해서도 증명되고 있다(Armingeon, 2002). 특히 조세나 복지정책 등을 통한 합의제 민주정부의 재분배 수행능력은 다수제 정부에 비해 월등하게 높은 것으로 나타난다(Crepaz, 2002). 강명세가 작성한 아래 〈표 2〉는 이를 한눈에 쉽게 알아볼 수 있게 해준다.[7]

〈표 2〉 정치제도의 재분배 효과, 1970~2010

정치제도	시장소득 지니계수	가처분소득 지니계수	재분배 효과
다수대표제	38.5	35.9	2.6
비례대표제	41.4	32.0	9.4
대통령중심제	48.1	41.4	6.7
의회중심제	38.8	31.4	7.4
단일정당정부	38.7	35.0	3.7
연립정부	41.3	32.6	8.7

출처: 강명세(2013, 78)

7 강명세는 이 표를 룩셈부르크 소득연구소(Luxembourg Income Study)가 발표한 40개국의 소득자료를 연구하여 작성하였다. 그 가운데 독립변수에 해당하는 민주주의 제도들과 종속변수인 시장소득 및 가처분소득 등에 관련된 자료가 없거나 충분하지 않은 나라들은 연구대상에서 제외했다. 또한 인구학적 요인을 통제하기 위해 25세에서 59세 사이의 청·장년층 소득만을 연구대상으로 삼았다.

표에서 '시장소득 지니계수'는 임금, 급여, 이자, 자본소득 등과 같이 정부의 재분배정책이 개입하기 이전에 오직 시장에서의 경제활동으로 얻은 소득 간의 불평등 정도를 백분율로 표시한 것이다. 0에서 먼 수치일수록 그것은 불평등이 심함을 의미한다. 한편, '가처분소득 지니계수'는 정부의 조세 징수 및 소득이전 조치 이후의 소득 간 불평등 정도를 나타낸다. 주로 생활보장, 사회보험, 아동수당 등의 사회보장급여를 의미하는 소득이전은 징세와 함께 정부의 핵심 재분배 정책 수단인바, 시장에서 번 소득은 조세를 빼고 이 이전소득을 더하고 난 후 비로소 각 시민들이 실제로 쓸 수 있는 가(可)처분소득이 된다. 따라서 시장소득 지니계수와 가처분소득 지니계수 간의 차이는 정부의 재분배정책 효과가 어느 정도인지를 알려주는 지표라 할 수 있다.

표는 다수대표 선거제도를 채택하고 있는 국가들에서 시장소득과 가처분소득의 불평등 지수는 각각 38.5와 35.9로서 정부정책의 재분배 효과는 2.6에 불과했음을 일러주고 있다. 그러나 비례대표제 국가들에서는 그보다 무려 6.8이나 높은 9.4의 재분배 효과가 발생했다. 이와 비슷한 차이는 단일정당정부 국가와 연립정부 국가 사이에서도 목격된다. 후자(8.7)에서의 재분배 효과는 전자(3.7)에 비해 5점 가량이나 높게 나타났다. 비례대표제가 다당제를 견인하고 그것은 다시 연립정부 형태의 권력구조로 발전하면서 합의제 민주주의가 정착해간다는 것은 위에서 말한 대로이다. 결국 비례대표제와 연립정부가 합의제 민주주의의 핵심 정치제도라는 것인데, 〈표 2〉는 그 정치제도를 택하고 있는 나라들의 재분배정책 효과가 다수제 민주주의의 핵심 제도인 다수대표제와 단일정당정부구조를 취하고 있는 나라들에 비해 월등히 높다는 사실을 보여주고 있다. 다시 말해서, 합의제 정치제도의 재분배 효과가 더 뛰어나다는 것이다.

이러한 실증연구 결과들은 다수제와 합의제 민주주의는 서로 분명하게 다른 사회경제적 효과를 낳는다는 사실을 말해준다. 합의제 민주주의가 복지 및 분배친화적 민주체제라고 한다면, 다수제 민주주의는 시장 및 경쟁친화적 민주체제라고 할 수 있다. 이는 한 마디로 합의제 국가들이 다수제 국가들에 비해 더 높은 수준의 사회경제적 민주주의를 달성할 수 있다는 의미이다. 실제로 스웨덴, 덴마크, 노르웨이, 독일, 네덜란드, 오스트리아 등과 같이 경제민주화와 보편주의 복지국가 건설에 성공한 대표적인 국가들은 모두 합의제형 민주체제를 운영하고 있다. 결국 절차적 민주주의의 유형에 따라 실질적 민주주의의 수준이 달라질 수 있다는 것인데, 그것이 한국처럼 경제민주화와 복지국가 건설을 시대적 과제로 안고 있는 나라에게 주는 함의는 과연 무엇이겠는가.

2. 합의제 민주주의를 향한 정치제도 개혁의 순서

최근 국회와 각 정당 그리고 시민사회 일각에서 권력구조의 개편을 위한 개헌 논의가 활발히 이루어지고 있다. 현재 가장 강력한 개헌 추진 집단은 새누리당과 새정치민주연합의 국회의원들이 초당적으로 구성한 '개헌추진 국회의원 모임'이다. 이들은 가급적 빠른 시일 내에 개헌안을 확정하여 그것을 국회 발의를 거쳐 국민투표에 부치겠다는 야심찬 포부를 밝히고 있다. 이 모임의 야당 간사인 우윤근

의원은 "새로운 대한민국의 미래를 위해서는 다수결에 의한 승자독식의 제왕적 대통령제를 폐하고 협의 민주주의 형태의 분권형 또는 내각제 개헌이 이뤄져야 한다"며 "이제는 '87년 체제'의 종언을 고해야 한다"고 말하고 있다. 여야 의원 150여명이 서명한 터라 발의 요건은 이미 채워졌고, 따라서 적절한 시기만 오면 이들의 주도로 정치권의 개헌 논의는 본격적인 국면으로 접어들 것이 예상되고 있다.

권력독점형에서 권력분점형으로의 헌법 개정 요구는 '87년 체제'의 성립 이후 끊임없이 분출돼왔지만, 최근의 것은 과거의 것들과 사뭇 다른 양상을 보이고 있다. 그 어느 때보다도 다양한 주체가 적극적인 태도를 취하며 상당히 체계적인 방식으로 개헌문제를 제기하고 있는 것이다. 그것이 만약 승자독식 체제에서 벗어나 합의제 민주체제로의 발전을 목표로 하는 것이라면 이는 매우 고무적인 현상이라고 평가할 수 있다.

그러나 의원내각제나 분권형 대통령제로의 전환 그 자체가 바로 합의제 민주주의의 발전을 의미하는 것은 아니라는 점에 유의해야 한다. 합의제 민주주의를 얘기할 때 그 '합의' 형성의 현실 주체는 정당이다. 다수의 유력 정당들이 의회 및 정부에 포진하여 그들이 각기 대표하는 사회경제적 이익집단들의 다양한 선호를 테이블 위에 모두 올려놓고 정치적 협상과 타협을 통해 상생의 정책을 만들어 갈 때 합의제 민주주의가 작동한다고 하는 것이다. 그렇게 볼 때 이념과 정책 중심으로 '구조화된 다당제'의 확립은 합의제 민주주의 발전의 전제 조건이라고 말할 수 있다. 합의제 민주주의의 실현은 '정당의 구조화'가 이루어졌을 때만 가능하다는 것이다.

이 전제 조건이 충족되지 않은 상태, 곧 자기만의 분명한 이념과

정책 기조를 유지함으로써 사회의 특정 이익을 안정적으로 대표하고 각자가 정부의 정책결정과정에 직접 참여하거나 상당한 영향력을 행사할 수 있는 다수의 유력 정당들이 확고히 서있지 않은 상태에서는 어떠한 권력구조도 합의제 민주주의를 제대로 구현해내지 못한다. 섣부른 권력구조의 개편은 합의제 민주주의의 발전에 기여하기는커녕 자칫 개악으로 귀결될 수도 있다.

따라서 권력구조 개편 논의는 앞으로도 계속 진전시켜가되, 그 실천은 충분한 시간을 갖고 점진적·단계적으로 이루어지도록 해야 할 것이다. 아래에서 상세히 설명하겠지만, 한국 민주주의의 합의제로의 발전을 위해선 권력구조의 개편에 앞서 우선 선거제도가 비례성을 충분히 확보하는 방향으로 개혁돼야 한다. 그래야 정당의 구조화가 이루어지기 때문이다.

1) 선(先)선거제도 개혁

다시 말하지만, 정당의 구조화가 이루어지지 않은 상태에서의 의원내각제나 분권형 대통령제의 도입은 자칫 권력구조의 개악이 될 수 있다.[8] 지역주의가 여전히 (실재적 혹은 잠재적) 유력 변수로 남아있는 한국의 현 선거정치 환경에서 의원내각제나 (분권형 대통령제에서의) 책임총리제 도입은 지역과 인물 중심의 다당제 형성을 촉진할 가능성이 크다. 군소 지역정당(들)일지라도 지역 지지기반을 잘 관리하여 필요

8 선거제도 개혁 없는 권력구조만의 개편이 초래할 수 있는 위험성에 대한 아래 설명의 상당 부분은 최태욱(2003)에서 인용한 것임

최소한의 의원 수만 확보할 수 있다면 연립내각에 직접 참여하거나 그 형성 과정에 유의미한 영향력을 미침으로써 상당한 정치권력을 확보할 수 있기 때문이다. 그 경우 한국정치의 고질병인 지역할거주의는 더욱 기승을 부리게 될 것이며, 권력구조는 결국 지역정당들 혹은 그 보스들 간의 '과두체제'로 개악되는 꼴이 된다. 그러한 방식의 권력 나눠먹기 현상이 만연하게 되면 불안정한 연립정부의 구성과 (중심 이념이나 정책이 부재한 상태에서의) 잦은 정권교체 등으로 인해 정부의 효율성과 수행능력은 크게 저하될 수밖에 없다.

그 경우엔 또한 연립정부의 장점인 타협과 합의의 정치가 정책과 이념 중심으로 이루어지는 것이 아니라 특정 인물이나 지역 이익 중심으로 이루어지는 까닭에 노동이나 중소상공인 등과 같은 사회경제적 약자 집단들의 선호와 이익이 정책과정에 체계적으로 반영될 가능성은 그리 높지 않다. 연정에 참여하는 정당 및 정치가들은 정책이나 이념을 좌표로 하는 책임윤리를 지키기보다는 정치적 보스의 사적 필요성이나 지역 이기주의적 요구에 타협할 가능성이 크기 때문이다. 결국 보수, 중도, 진보 등을 표방하는 다수의 유력 정당들이 존재하여 그 정당들이 각기 자신들이 대표하는 여러 계층과 사회집단들의 이익을 적절히 집약하고 상호 절충함으로써 국가 정책을 합의로 결정해간다는, 그리하여 사회통합을 유지한다는 합의제 정치의 본연의 기능은 기대하기 어렵다는 것이다.

한편, 지금의 추세대로 지역 중심 (다당제가 아닌) 거대 양당제가 계속 발전해 갈 경우엔 의원내각제에서는 물론 분권형 대통령제에서도 실질적으로는 현행 대통령제와 크게 다를 바 없는 제 1당(과 심지어는 그 1인자)에 의한 승자독식 현상이 유지될 가능성이 높다. 영국의 예가 보여주듯, 양당제와 의원내각제의 결합은 여당 (혹은 여당의 1인자인 수상) 독주의 '다수제 민주주의'로 귀결되곤 한다. 어차피 행정부는 양대 정당 중 의회의 다수당이 된 어느 한 정당에 의해 단독으로 구성되고, 그 정당의 대표인 수상은 행정부는 물론 입법부까지 장악할 수 있기 때문이다. 양당체제에서의 분권형 대통령제에서도 여소야대 상황에서의 동거정부 형성 경우 외에는 여당이 대통령과 내각을 독점하는 '다수제 정치'가 통상적이기 마련이다. 양당제가 유지되는 한 의원내각제나 분권형 대통령제로의 권력구조의 개편은 합의제 민주주의의 발전으로 연결되지 않는다는 것이다.

따라서 한국적 상황에서 포괄의 정치를 구현할 수 있는 합의제 민주주의의 발전을 도모코자 한다면 권력구조의 개편보다는 선거제도의 개혁에 우선 힘써야 한다. I장에서 본 바와 같이, 정당 득표율과 의석 배분 간의 비례성이 충분히 보장되는 독일식 비례대표제 등의 도입은 이념과 정책 중심의 정당 간 경쟁을 촉진하여 정당의 구조화를 견인하기 때문이다. 요컨대, '선(先)선거제도 개혁, 후(後)권력구조 전환'의 원칙에 따라 합의제 민주주의를 위한 제도 개혁 작업을 수행해 가야한다는 것이다. 더구나 권력구조의 개편은 개헌을 요구하는 지난한 과제이지만 선거제도의 개혁은 법률 개정만으로도 이룰 수 있는 일이기도 하다. 사회적 공감대가 충분히 형성되지 않은 상태에서 개헌을 무리하게 시도하기 보다는 당장은 선거제도의 개혁에 에너지를 집중하는 것이 현실적으로도 타당한 전략이라 할 수 있다.

2) 후(後)권력구조 개편

권력구조의 개편 작업은 독일식 비례대표제 등과 같은 비례성 높은 선거제도의 도입으로 이념과 정책을 기반으로 하는 구조화된 다당제가 구축되면 그 이후 정당 간 합의에 의해 자연스레 진행돼갈 공산이 크다. 왜 그러한지 살펴보자. 다당제와 대통령제의 결합은 (정당의 구조화 여부와는 관계없이) 여소야대라고 하는 제도 간의 부조화 문제를 수시로 발생시킨다. 사실 분점정부 혹은 여소야대 상황은 다당제-대통령제에서는 가끔 혹은 빈번히 일어나는 현상 정도가 아니라 오히려 '정상상태(normal state)'에 가깝다. 그래서 다당제와 대통령제의 만남은 제도적 부조화 문제를 수시로 일으키는 "곤란한 결합(difficult combination)"이라고 평가받기도 한다(Mainwaring, 1993). 이것은 반드시 '이원적 정통성' 때문만이 아니라, 다당제에서는 대통령이 '정당권력(partisan power)'을 확보하기가 쉽지 않기 때문이다(이종찬, 2000: 45).[9] 대통령의 정당권력이란 행정부가 국정을 원활히 수행함에 있어 필요한 정당(들)의 지지를 안정적으로 획득할 수 있는 능력을 의미한다. 집권 여당이 의회의 다수당 지위를 차지하고 있을 경우에는 대통령이 원하는 정책안이 성공적으로 법제화될 가능성은 당연히 높다. 대통령이 다수당인 여당을 통해 정당권력을 누릴 수 있기 때문

9 대통령과 의회는 모두 국민으로부터 선거를 통해 직접적으로 정통성을 부여받은 기구이다. 따라서 이 두 기구가 서로 갈등하고 대립할 경우 어느 쪽의 입장이 더 정통성이 있는 것인지를 가리기는 쉽지 않다. 바로 '이원적 정통성'(dual legitimacy)의 문제이다. 이 문제는 특히 여당이 의회 내 소수파이고 야당이 다수파가 되는 '여소야대,' 즉 '분점정부'(divided government) 상황에서 분명하게 나타난다. 다당제-대통령제 국가의 분점정부 문제에 대한 이하 설명은 최태욱(2003)의 해당 부분을 축약·보완한 것이다.

이다. 그러나 다당제에서는 어느 한 정당이 의회의 과반수 의석을 안정적으로 차지하고 있기는 쉽지 않다. 의석이 다수 정당에 의해 나눠지기 때문이다. 여당이라고 예외인 것은 아니다. 결국 소수파 여당과 다수파 야당연합이 의회 구성의 일반적 형태가 되고, 따라서 분점정부 상황 역시 일반적이 된다.

민주화 이후의 한국 정당정치에서는 지역할거주의에 기인한 바 큰 다당제 상황이 여러 차례 벌어졌다. 지역에 기초한 다수 정당들 간의 경쟁이 팽팽한 상태에서 분점정부 문제가 계속 발생했음은 물론이다. 실질적인 양당제 구도가 굳혀진 노무현 정부에서도 후반기에는 여소야대 상황이 벌어졌다. 이 문제의 해결을 위하여 노태우 정부 때에는 3당 합당, 김영삼 정부에서는 타당 의원의 영입, 김대중 정부 당시에는 'DJP공조'라는 일종의 정당연합, 그리고 노무현 정부 하에서는 대연정 등과 같은 인위적인 정계개편들이 시도되었다. 그러나 주지하듯 그것들은 모두 미봉책에 불과했고 오히려 정당간 반목과 대립의 심화, 국민들의 정당과 정치인에 대한 불신 확산, 의회정치의 위상 추락 같은 심각한 후유증만 남기곤 하였다. 사실 나누어 가지기 어려운 대통령권력의 속성상 대통령제하에서의 합당, 연합, 연정 등이 안정적으로 유지될 가능성은 구조적으로 낮은 것이었다(안순철, 2001: 6). 결국, 다정당체계와 대통령제 결합의 곤란함을 당장 극복하고자 추진됐던 무리한 시도들은 장기적으로는 정치적 파행과 부작용만 양산했을 뿐, 정부의 수행능력을 근본적으로 제고시키는 데에는 모두 실패했다.

이 같은 사실은 다당제에서 대통령제의 효율적 운영이 얼마나 어려운 일인지를 잘 보여주는 것이라 하겠다. 그런데 선거제도의 개혁으로 정당의 구조화가 이루어지면 과거의 그러한 미봉책마저도 사용하기 어려워진다. 이념 및 정책적 차이가 뚜렷한 정당들 사이에선 의원들의 당적 이동도 매우 어려운 일일뿐더러 소수 엘리트들 간의 정략적 거래를 통한 합당이나 정당연합 등과 같은 인위적 정계개편도 (비구조화된 정당들 사이에서처럼) 쉽게 이루어질 리는 없기 때문이다. 비례대표제와 구조화된 다당제가 확립되면 여소야대로 인한 정부의 정책수행과 국정운영 상의 어려움은 과거보다 더 심해지리라는 것이다.

결국 이처럼 심각해진 제도 간의 부조화 문제를 궁극적으로 해결하기 위해서는 대통령중심제를 의원내각제나 분권형 대통령제로 전환해야 한다는 공감대가 정당들 간에 형성될 가능성이 상당하다. 대통령을 배출하겠다는 정당이라면 그 누구도 이 문제로부터 자유로울 수는 없기 때문이다.[10] 구조화된 다당제는 대통령제보다는 의원내각제나 분권형 대통령제와 결합할 때 더 순조롭게 작동하며, 그때 정부의 수행능력이나 정치사회적 안정성도 더 높아진다는 사실은 이미 경험과 이론에 의해 공히 증명된 바이다. 유럽의 선진 합의제 민주주의 국가들이 예외 없이 이러한 제도 조합을 택하고 있는 이유 중의 하나가 바로 이러한 맥락에서임은 물론이다.

그렇다면 권력구조의 개편을 위한 개헌은 선거제도 개혁 이후의

---

10 물론 비례대표제-다당제-대통령제를 택하고 있는 라틴 아메리카의 많은 나라들에서처럼 대통령 결선투표제를 도입할 경우 연정형 대통령제의 작동이 수월해질 수는 있다. 그러나 그 경우에도 그것이 과연 연정의 안정성이나 제도화 수준의 측면에서 의원내각제나 분권형 대통령제에 비할 수 있을지는 의문이다. 의원내각제나 분권형 대통령제와는 달리 대통령중심제에서의 연립정부란 제도적 구속력보다는 행위자들의 전략이나 상황 판단에 의해 운영되는 다소 불안정한 성격의 것이기 때문이다. 이에 대해서는 3장에서 다시 상술하도록 한다.

추진 과제로 미루어 놓는 것이 백번 타당하다. 따라서 합의제 민주주의를 향한 정치제도의 개혁은 비례대표제의 획기적 강화, 정책과 이념 중심으로 구조화된 다정당체계의 확립, 그리고 의원내각제나 분권형 대통령제로의 권력구조 개편 등과 같은 순서로 추진돼야 한다. 다만, 비례대표제 개혁과 권력구조 개편은 둘 간의 제도적 상보성을 고려할 때 하나의 패키지로 동시에 진행돼도 무방할 것으로 보인다.

3. 한국형 합의제 권력구조

연정형 권력구조의 제도화는 합의제 민주주의 발전의 최종 단계 목표라 할 수 있다. 구조화된 다당제가 입법부에서의 포괄정치를 촉진하는 것은 명백한 사실이지만, 그 자체가 자동적으로 행정부에서의 포괄정치 발전으로까지 이어지는 것은 아니기 때문이다. 물론 대통령중심제 국가라 할지라도 연립정부는 얼마든 구성될 수 있다(Lijphart, 2002: 47). 의원내각제나 분권형 대통령제에 비해 연정 형성의 유인이 약한 것은 사실이지만, 브라질을 포함한 남미의 여러 국가에서 볼 수 있는 바와 같이, 순수 대통령제에서도 다양한 형태의 연합정치가 이루어지곤 한다(Cheibu, Przeworski, Saiegh, 2004). 그러한 경우들을 예로 들어 혹자는 한국에서도 헌법 개정 없이 이른바 '연정형 대통령제' 혹은 '책임총리제'의 발전이 가능하리라고 주장한다. 문제는 제도가 아닌 사람이라는 것이다. 즉 대통령을 포함한 여야당 지도자들의 의지와 실력만 있다면 행정각부를 통할하는 국무총리의 존재, 국회의원의 장관 겸직 허용, 국회의 총리 임명동의권 및 해임건의권 등 내각제적 요소가 상당히 있는 현행 헌법 아래에서도 책임총리가 내정을 주도하는 연립정부의 작동이 가능하다는 것이다. 실제로 노무현 전 대통령은 여소야대의 난국을 타개하기 위하여 당시 한나라당의 박근혜 대표에게 책임총리를 보장하겠다며 대연정을 제안하기도 했다.

1) 현행 헌법에서의 연정형 권력구조

그러나 연정형 대통령제와 관련해선 몇 가지 명심할 것들이 있다. 첫째, 연립정부의 형성이나 유지가 비교적 잘 되는 대통령중심제 국가들은 거의 모두가 결선투표제를 통해 대통령을 선출한다는 사실이다. 대통령 결선투표제는 사회적 균열을 제대로 반영하는 정책과 이념 중심의 다당제 발전을 촉진하는 효과가 있다. 이는 양당제를 추동하는 단순일위제의 효과와는 정반대의 경우에 해당한다. 단순일위제는 단 한차례의 선거에서 1등을 한 후보를 대통령으로 인정하는 제도이므로 유권자들은 소위 '전략적 투표'를 행하곤 한다. 선호하는 후보가 따로 있을지라도 그가 1등이 될 가능성이 낮다면 (자신의 표를 사표로 만들지 않기 위해) 1등이 될 만한 차선의 후보에게 표를 던진다는 것이다. 많은 사람들이 그렇게 하다 보니 표는 결국 대정당(후보)들에게 몰리기 마련이고, 이러한 선거의 되풀이는 종국에 거대 양당제로 귀결된다.

그러나 1차 투표에서 50%가 넘는 지지를 획득한 후보가 없을 경우엔 1등과 2등만을 상대로 2차 투표를 실시하는 결선투표제에선 다른 상황이 펼쳐진다. 여기에선 어차피 2차 투표가 있으므로 유권자들은 1차 투표에서 자신들의 선호를 있는 그대로 표출한다. 소정당(후보)들도 그들만의 정체성을 유지하며 상당한 주목을 받을 수 있는 것이다. 게다가 소정당들은 2차 투표를 앞두고 대정당들과 협상을 벌일 수 있다. 정당연합을 통해서만 과반 득표가 가능한 대정당들은 소정당들의 내각 참여 또는 정책 수용 요구에 반응해야하며, 그것은 바로 연립정부의 형성으로까지 이어지기도 한다.

둘째, 연정형 대통령제가 순항하는 국가들에선 대개 의회 선거제도도 다당제를 촉진하는 전면 비례대표제나 비례성이 매우 높은 혼합형 선거제도를 택하고 있다. 말하자면 대통령 결선투표제와 국회의원 비례대표제가 결합돼있다는 것이다. 이것이 시사하는 바는 대통령과 국회 선거제도는 같은 성질의 것이어야 한다는 점이다. 예컨대, 대통령은 결선투표제로 뽑으면서 의원들은 소선거구 일위대표제로 선출하는 나라에서는 다당제나 연립정부가 발전할 가능성이 그리 높지 않다. 소선거구 일위대표제는 대통령을 단순일위제로 뽑는 경우와 마찬가지로 양당제를 견인하는 효과를 내기 때문이다. 많은 실증 연구들도 대통령제 국가에서 다당제나 연립정부가 성공적으로 운영될 확률은 결선투표제만 있을 때가 아니라 그것이 비례대표제와 결합할 때 비로소 유의미하게 높아진다는 사실을 밝히고 있다(홍재우·김형철·조성대, 2012). 결선투표제 그 자체만의 다당제 및 연립정부 유인 효과는 제한적이다.

한국의 국회의원 선거제도는 소선거구 일위대표제 중심의 것이다. 대통령도 단순일위제로 선출한다. 노무현 정부 이후 이명박 정부와 박근혜 정부를 거치며 뚜렷이 관찰되는 바와 같이, 이러한 선거제도들이 견인하는 정당체제는 양당제이다. 양당제 국가에서 연정형 대통령제의 안정적 발전을 기대한다는 것은 무리다. 유력 정당 셋 이상이 상존하는 다당제 환경이 구축되어 여당이 홀로 의회의 다수파가 될 가능성이 구조적으로 낮아져야 연립정부 형성이 일반화될 수 있다. 따라서 II장에서 강조한 바와 같이 비례대표제의 획기적 강화로 한국에 구조화된 다당제가 확립된다면 얘기는 물론 달라진다. 그 경우엔 결선투표제의 도입만으로도 연정형 대통령제의 발전을 나름 기대해볼 수 있다. 그러나 비례대표제와 결선투표제가 모두 도입된다할지라도 대통령중심제에서 형성되는 연립정부를 안정적인 합의제적 권력구조의 한 형태라고 평가하기는 어렵다. 다음에 서술하는 세 번째 명심해야 할 사항 때문이다.

대통령중심제에서의 연립정부는 그 안정성이 궁극적으론 제도 보다는 사람에 의해 담보될 수 있을 뿐이라는 치명적인 취약점을 안고 있다. 여소야대 등으로 어려운 상황에 몰린 대통령이 야당(들)에 연정을 제안한 경우를 상정해보자. 우선 문제가 되는 것은 과연 야당(들)이 언제나 그 제안을 수용할 것인가이다. 수권 능력이 있는 야당(들)은 연정에 참여하지 않고 야당으로서의 역할을 충실히 하는 것이 오히려 차기 대선에서의 승리에 유리하다고 판단하는 경우가 많다. 수권 능력을 갖추지 못한 야당(들)도 차기 총선에서의 유불리를 따져 연정 참여를 거부하곤 한다. 이러한 경우들이 아닐지라도 사실 야당으로선 대통령이 주도하는 연립정부에 참여하는 것이 크게 매력적인 일은 되지 못한다. 현행 헌법은 그 내각제적인 요소에도 불구하고 대통령이 행정부의 수반이고 국무총리는 대통령을 보좌하며 대통령의 명을 받아 행정 각부를 통할하는 '하급자'의 위치에 있을 뿐이라는 점을 명확히 규정하고 있다. 물론 총리가 누구이며 대통령의 의지가 어느 정도인지에 따라 총리의 실제 권한은 많이 달라질 수도 있다. 그러나 총리에게 상당한 권한이 허용된다한들 그것이 법과 제도가 보장하는 것이 아닌 한 그것은 대통령의 자의에 따라 언제든 변할 수 있는, 불안정하거나 한시적인 권력에 불과하다. 총리와 함께 내각을 구성하는 장관들의 권한 역시 마찬가지이다. 더구나 대통령의 국무총리 임명에는 국회의 동의가 필요한 반면 해임에는 헌법상 아무런 제한이 없다. 상황이 조금이라도 달라지면 대통령은 언제든 국무총리나 장관을 해임할 수 있고 연정구조는 쉽게 바뀔 수 있다. 독자적 권한도 보장되지 않을뿐더러 불안정하기까지 한 그런 연립정부를 구성하자는 제안에 야당(들)이 언제나 흔쾌히 응할 리는 별로 없다. 현행 헌법아래에서의 연립정부란 결코 안정적인 정부형태가 될 수 없다는 것이다(장영수, 2012: 24~25).

2) 개헌을 통한 권력구조 개편

책임총리제가 정착되려면 총리는 대통령 개인이 아니라 헌법이 보장하는 안정적인 지위와 독자적인 실권을 지녀야 한다. 그리하여 대통령과 상하관계가 아닌 상호 견제하는 관계에 있어야한다. 그래야 진정한 권력분점형 연립정부가 작동될 수 있다. 결국 대통령제를 유지하면서 행정부에서의 포괄정치를 촉진하고자 한다면 개헌을 통해 분권형 대통령제로 가야 한다는 것이다. 아래에 상술하겠지만, 분권형 대통령제에서는 총리가 행정부의 수반이며 그 총리는 의회 다수파의 신임이 있어야 선출될 수 있고 또한 그 직을 유지할 수 있다.

의회에 총리선출권 및 내각불신임권이 있기 때문이다. 따라서 단일 정당이 의회의 다수파가 될 가능성이 낮은 구조화된 다당제가 확립될 경우엔 복수의 정당들이 형성하는 연립정부가 통상적인 정부형태로 정착한다. 같은 경우라면 그것은 의원내각제에서도 마찬가지이다. 요컨대, 구조화된 다당제는 분권형 대통령제나 의원내각제 등과 결합할 때 비로소 (제도적 조화를 이루며) 안정적인 합의제 민주주의의 완성으로 귀결된다는 것이다.

이렇게 완성된 합의제 민주체제에서는 사회경제적 약자들을 포함한 갈등 주체들의 선호와 이익이 동등하고 효과적인 참여 보장에 의해 정치과정에 제대로 투입된다. 사회적 갈등이 정당을 통하여 제도정치에 흡수되어 체계적 절차에 따라 조정된다는 의미이다. 그것은 입법부에서만 일어나는 과정이 아니다. 구조화된 다당제 국가에서의 의원내각제나 분권형 대통령제는 통상 연립정부의 형태를 띠게 되므로 행정부에서도 서로 다른 여러 정당들 간의 협조와 타협이 지속적이고도 교차적으로 일어난다. 따라서 여기선 사회정책이나 경제정책 등이 사회경제적 강자들의 이익에 편향되어 수립되거나 집행될 가능성은 낮다. 단일정당정부가 전형인 다수제 민주주의에 비해 합의제 민주주의에서 분배와 복지 정치가 더욱 안정적으로 이루어지는 까닭이다.

다행인 것은 87년 민주화 이후 한국 사회에선 단 한 해도 거르지 않고 권력구조 개편에 대한 공방이 줄기차게 이어져왔다는 사실이다. 그 결과 현재로선 한국 사회 구성원들의 대다수가 여와 야, 보수와 진보, 정치권과 시민사회의 구분 없이 현행 대통령제의 개혁 필요성에 대해 공감하고 있다. 다만 구체적인 개혁안에 대해서는 다양한 선호가 나타나고 있다. 크게 볼 때 세 가지 대안이 대립하고 있는 형국이다. 이하에서는 그 세 가지 개혁안을 하나씩 살펴보고 그것들이 각각 합의제 민주주의의 발전을 위하여 어느 정도의 기여를 할 수 있는지를 평가해본다. 말하자면 우리 사정에 적합한 합의제적 권력구조가 무엇인지를 따져보겠다는 것이다. 이어서 어떠한 과정을 거쳐야 그 합의제 권력구조로의 전환이 부드럽게 이루어질 수 있을지를 논하며 이 글을 마무리한다.

① 대통령제의 소폭 보완

현행 대통령중심제를 유지하되 다만 그 운영상의 문제점만을 해결하자는 주장은 대통령제의 '소폭' 개혁안이라고 분류할 수 있다. 그것은 다시 여러 주장으로 갈리지만 여기서는 그 중 비교적 잘 알려진 한 가지 안에 대해서만 간단히 살펴보기로 한다. 소위 '노무현안'이다.[11] 노무현 전 대통령은 5년 단임제를 4년 중임제로 고치고 대선과 총선의 시기를 일치시켜야 대통령제가 원활히 작동될 수 있다고 주장하며 이를 '원포인트 개헌'을 통해 성사시키고자 노력했다. 그러나 이 제안은 폭 넓은 지지를 얻지는 못했다. 단임제 대통령은 대표-책임의 원리에서 벗어날 가능성이 클뿐더러 레임 덕 현상으로 인해 임기 후반기에는 소신 있는 국정운영을 펼치기 어렵다는 등의 이유로 4년 중임제가 바람직하다는 주장이었지만, 그것은 사실상 8년의 임기 보장과 같은 의미가 아니냐는 반론이 거셌다. 4년 중임제를 택하

11 이하 노무현안에 대한 소개는 최태욱(2011b)의 해당 부분에서 발췌한 것임.

고 있는 미국의 경우에서도 연임에 실패한 대통령은 별로 없다는 사실은 이 비판자들의 주장에 힘을 실어주는 것이었다. 결국 4년 중임제는 그저 레임 덕 현상의 발생을 몇 년 연기시킬 뿐이지 문제의 근본적 해결책은 아니라는 것이었다. 타당한 비판이었던 것으로 생각된다.

대선과 총선을 동시에 실시함으로써 여소야대 현상의 만연을 방지해보자는 주장에 대해서도 이견이 많았다. 물론 그 경우 대통령을 배출한 정당이 의회의 다수당 지위를 차지할 가능성은 높아지겠으나 (그렇다고 확실한 보장책이 되는 것은 아닐뿐더러) 거기에는 적지 않은 부작용이 따르리라는 우려가 컸다. 한국의 제왕적 대통령제는 대통령 1인에게 제어가 어려울 정도의 막강한 권력이 집중되는 것이 큰 문제인데 그나마 몇 안 되는 대권 견제 기제인 대통령 임기 중의 총선과 그 결과 여소야대로 인한 분점정부가 등장할 수 있다는 압박감이 주는 긍정적 효과마저 소멸된다면 대통령의 권력은 지금보다 오히려 더 막강해질 수 있다는 것이었다. 사실상의 임기연장안일 뿐더러 대선-총선의 주기 일치로 여소야대의 가능성을 낮추자고 하는 개혁안은 결국 제왕적 대통령제의 강화 주장에 불과하다는 반대 논리는 시민사회에 상당한 반향을 일으켰다.

'노무현안' 외에도 삼권분립 강화안 등 다양한 소폭 개혁안들이 존재하지만, 그들 모두는 합의제 민주주의의 발전에 기여하기는 어려운 것들이라 할 수 있다. 국가원수와 행정부 수반직을 한 사람에게 몰아주는 대통령중심제를 유지하는 이상 아무리 대통령의 권력을 효과적으로 견제한다할지라도 그것은 합의제 민주주의의 핵심 요소인 구조화된 다당제와는 어차피 제도 간의 부조화와 그로 인한 상시적 갈등 문제를 야기할 것이기 때문이다. 아래에서 논의하는 분권형 대통령제와 의원내각제에서는 이러한 치명적 문제의 발생은 피할 수 있다.

② 의원내각제로의 전환

의원내각제에도 다양한 형태가 있다. 그 중 여기서 논의하는 의원내각제는 다음과 같은 일반적 형태의 것이다. 즉 행정부는 다당체계에서의 연립내각 형태로 의회에서 구성되며, 그 행정부와 의회 간에는 힘의 관계가 균형을 이루는 한편, 수상 혹은 총리의 내각 리더십은 전면적으로 보장되는 유형이다. 한국형 대통령제를 의원내각제로 전환할 경우 그 개혁효과는 실로 대단할 것으로 보인다. 주요 개혁효과 몇 가지를 살펴보자.

첫째, 의원내각제의 성격상 당연히 행정부와 입법부 간에 힘의 균형이 잡힌다. 의원내각제의 행정부는 의회에서 구성되어 의회에 대해 책임을 지기 때문이다. 따라서 행정부의 독주 가능성은 현저히 낮아진다. 일반적 유형의 의원내각제에선 의회는 내각불신임권을, 행정부는 의회해산권을 갖는다. 내각불신임권 등의 행정부 견제 기제를 거론하며 혹자는 다당제의 연립정부 형태로 구성되는 의원내각제의 행정부는 구조적으로 불안한 것이라는 지적을 한다. 하지만 그것은 기우에 불과하다. 주지하듯, 유럽의 많은 선진국들은 (형태의 차이는 물론 있지만) 의원내각제를 운영하고 있다. 그러나 그들 중 행정부의 불안정성으로 인해 어려움을 겪고 있는 나라는 없다. 각자 스스로들의 안정화 기제를 가동시키고 있기 때문이다. 예컨대, 그들은 대부분 군소정당의 난립에 따른 행정부의 불안정성을 극복하기 위하여 비례대표 선거제도에 저지조항을 설치함으로써 유력 정당수가 3개 내지 5개 정도인 온건 다당제를 유지한다. 독일의 경우 5%라는 높은 저지조항 외에도 후임 수상을 미리 선출해두지 않으면 불신임 권한을 행사하지 못하도록 하는 소위 '건설적 불신임제'를 통해 의회의 견제권한 남용을 방지한다.

둘째, 지역주의와 금권정치를 부추기는 한국형 대통령제의 부작용이 제거된다. 그 부작용은 바로 '대권' 쟁취를 위한 '대선' 과정에서 집중적으로 발생하곤 하였다. 그런데 의원내각제에서는 그 대선 자체가 존재하지 않는다. 의원 선출 과정에서도 정당들은 지역감정의 활용과 같은 극한 자극은 상호 삼간다. 의원내각제는 합의제적 권력구조이므로 거기서는 서로 다른 여러 정당들 간의 협조와 타협이 지속적이고도 교차적으로 일어난다는 사실을 모두 알고 있기 때문이다. 또한 행정부는 의회에서 구성되므로 지금과 같이 대선에 투여되는 막대한 선거비용의 낭비가 방지된다. 의원내각제에서의 수상 선출이란 사실상 정당의 지도자 선출 문제에 해당한다. 정당 내에서 행해지는 선거 비용이 많이 들어야 얼마나 들겠는가.

셋째, 정당정치가 활성화된다. '대권'의 정치적 구심력은 이념이나 정책 기조를 뛰어넘을 정도로 막대하며, 따라서 한국의 정당 정치인들은 대통령이나 대통령감을 중심으로 이합집산을 거듭해왔다는 사실은 익히 아는 바이다. 정치의 핵심 주체는 인물이지 정당이 아니었던 것이다. 그러나 의원내각제에서는 정당이 주체가 된다. 총리와 각료들은 각각 그들이 속한 정당의 내부규율은 물론 내각전체의 집단적 의사결정과정, 그리고 무엇보다 의회의 견제에 의해 제도적으로 구속된다. 기본적으로 그들은 정당과 의회의 일원임을 잊을 수 없으며, 그들의 정치행위는 정당의 이름으로, 정당의 책임 하에 수행된다. 따라서 여기에 제왕적 대통령제에서와 같은 반정당적, 반의회적 정치행태가 자리 잡을 틈은 거의 없다. 이렇게 정당은 정치의 중심에 서게 되는 것이다.

넷째, 대통령제에서 자주 문제가 되는 '이원적 정통성'과 대통령의 '정당권력' 부족으로 인한 행정부와 의회간의 교착, 그리고 그로 인한 정부의 수행능력 장애가 일어나지 않는다. 우선 의원내각제에서는 의회만이 유일하게 선거를 통해 국민으로부터 직접 정통성을 부여받으므로 대통령제에서와 같이 이원적 정통성에 따른 분점정부의 발생 문제는 존재하지 않는다. 게다가 의원내각제에서는 (연립)내각의 구성 자체가 의회에서 실질적 다수를 차지하는 정당(들)에 의해 이뤄지므로 (돌발변수가 개입하지 않는 한) 수상 혹은 총리가 의회 내에서의 정당권력 부족 문제로 고생하는 일은 애초부터 생기지 않는다. 또한 내각제에서의 행정부 권력은 정당 간에 서로 나누어 가질 수 있는 것이므로 대통령제 하의 정당연합과는 달리 연립정부의 참여 정당들 사이에는 상호간에 제도적인 유인요인이 존재한다. 의원내각제의 연립정부가 안정적인 수행능력을 발휘할 수 있는 까닭이다.

다섯째, 행정부의 민주적 책임성이 높아진다. 국민 직선으로 선출된 임기제 대통령은, 특별히 탄핵의 사유 등이 발생하지 않는 한, 임기 중 국민이나 국회에 대하여 책임을 지지 않는다. 독주나 독선이 용이한 구조라는 것이다. 그러나 의원내각제의 행정부는 의회에서 구성될 뿐만 아니라 임기 보장이 없으므로 내각불신임권을 쥐고 있는 의회에 대하여 항시적으로 책임을 져야하는 위치에 있다. 행정부의 실정이 중차대할 경우 의회는 국민을 대신하여 바로 응징할 수 있다.

또한 현행 대통령제에서는 정당의 구조화가 이루어지지 않은 까닭에 대통령에 대한 책임 묻기를 정당을 통해서도 하기 어려웠다. 정당들의 정체성과 제도적 지속성이 미흡하므로 '회고적 투표'를 통한 책임 추궁에 심각한 한계가 있었다는 것이다. 그러나 의원내각제는 전혀 다르다. 상기한대로 의원내각제 정치의 주체는 정당이다. 대표-책임의 민주주의 원리가 인물이 아닌 정당 차원에서 철저히 구현되는 시스템인 것이다. 정당의 책임성은 정치 지도자의 검증 과정에서부터 담보된다. 수상이나 각료 등 의원내각제에서의 정치 지도자들은 소속 정당의 위계구조를 따라 능력 검증의 과정을 장기간에 걸쳐 철저히 받아 탄생된다.[12] 그러한 지도자들이 자신이 속한 정당의 이름으로 국민에 대하여 책임을 지고 국정을 운영해가는 것이다.

여섯째, 장기적 측면에서 볼 때 대통령제보다는 다당제-의원내각제 국가의 '정책 안정성(policy stability)'이 더 뛰어나다(Rogowski, 1987). 대통령제에서는 물론이고 양대정당체계의 의원내각제에서도 선거 이후 정권이 바뀌게 되면 국가의 이념이나 정책들이 일시에 전환되는 경우는 자주 목격되는 일이다. 양자 모두 승자독식의 권력집중형 구조이기 때문이다. 김대중 정부와 노무현 정부에서 10년간 추진됐던 대북 '햇볕 정책'이 이명박 정부에 와서 일거에 뒤집힌 경우나, 신자유주의 경제정책을 추진하되 분배와 복지정책은 나름 강화함으로

12 결국 구조화된 정당의 위계질서는 그 자체가 지도자 검증 과정인 것이다(최장집, 2007: 184~185).

써 이른바 한국형 '제3의 길'을 가겠다던 민주정부 10년의 사회경제 정책 기조가 역시 이명박 정부에서 강력한 신자유주의 기조로 급전된 경우 모두 대통령중심제이기에 일어난 일이라고 할 수 있다.

그러한 일은 다당제에 기초한 의원내각제 국가에서는 웬만해선 발생하지 않는다. 단일정당정부에 의한 승자독식이 거의 불가능하기 때문이다. 여기서는 연립정부가 일반적인 정부형태이므로 국가정책은 기본적으로 특정 정당의 독주에 의해서가 아니라 다수 정당간의 협조와 타협에 의해 결정된다. 서로의 정책과 이념 차이가 심하게 나는 정당들간의 연립은 애당초 이뤄지지도 않으며, 연립이 구성되면 그것은 중도를 중심으로 하여 그 최근거리의 좌파 혹은 우파 경향 정당들 사이에 이뤄지는 것이 일반적인데, 그것도 일단 연립정부가 세워지면 참가정당들간의 견제와 균형 노력을 통한 일정한 정책 수렴화 현상이 지속적으로 일어난다. 설령 선거를 통하여 참가 정당 중 일부가 교체된다 할지라도 여전히 크게 다르지 않은 그들간의 수렴 노력은 계속된다. 다당제-연립정부 형태의 합의제 민주주의 국가에선 한번 형성된 주요 정책기조는 대개 커다란 변화 없이 상당기간 지속되는 경향을 보이는 까닭이다. 1980년대와 1990년대의 전세계적인 신자유주의 극성기에도 보편주의 복지체제 기조가 그 이전과 별 다름 없이 유지됐던 유럽의 선진 복지국가들은 모두 합의제 민주체제를 갖춘 나라들이었음을 상기할 필요가 있다.

지금까지 본 바와 같이, 권력분산형 의원내각제로의 전환은 여러 가지 훌륭한 개혁 효과의 발생을 기대케 한다. 그러나 한국의 의원내각제 도입은 쉽게 결정할 수 있는 문제가 아니다. 몇 가지 고민해야 할 지점이 있다. 그 중 두 가지만 언급하자면, 그 첫째는 한국과 같이 왕이 없는 나라가 의원내각제를 도입할 경우, 모든 국민을 대표하는 초당파적 국가원수 혹은 "권위중심체"의 부재로 인해 국가나 사회통합의 안정적인 구심점 확보가 어려울 수 있다는 점이다(황태연, 2005: 52~53). 이것이 아마도 입헌군주국이 아닌 유럽 공화국들의 대다수가 의원내각제 대신 분권형 대통령제를 택한 이유인지도 모른다. 한국이 만약 의원내각제를 택하면서 이 난점을 해결하고자한다면 독일이 그랬듯이 상징적 국가원수로서 의회에서 선출하는 대통령을 따로 둘 수도 있을 것이다. 이 경우 그 대통령에게는 한국적 맥락에서 국가원수로서의 상징적 의미가 충분히 발휘될 수 있을 정도의 지위 및 권한이 주어져야할 것이다.

두 번째 고민은 과연 한국의 시민들이 87년 민주화 운동의 '쟁취물'인 직선 대통령제를 포기할 수 있겠는가 하는 문제이다. 다수의 시민들은 대통령직선제를 한국 민주화의 징표로 여기고 그에 대한 애정을 여전히 유지하고 있다. 대통령제에 익숙해져있음은 물론이다. 반면, 의원내각제와 관련하여서는, 그것의 제도적 장점은 인정할 수 있지만 그것이 과연 한국의 정치현실 속에서 작동 가능한 권력구조인지에 대해서는 미심쩍어 하는 시민들이 다수이다. 각종 여론조사 결과를 보더라도 시민 대다수는 제왕적 대통령제의 개혁 필요성은 인정하면서도 의원내각제의 전면 도입보다는 대통령 직선제를 유지하면서 권력의 집중이나 남용 문제를 해결하는 수준에서 방도를 찾아보자는 견해를 보이고 있다(성낙인, 2009: 21; 장영수, 2014: 3). 직선 대통령제에 대한 국민적 선호가 이처럼 높게 유지되는 한 이를 무시하고 의원내각제를 도입할 수는 없는 것으로 보인다.

③ 분권형 대통령제

분권형 대통령제는 대통령직은 존치시키되 행정부 수반으로서의 대통령 권력을 의회에서 선출하는 총리와 분담케 하는 권력구조이다. '분권형 대통령제(semi-presidential government)'라는 개념을 최초로 정의한 뒤베르제에 의하면, 분권형 대통령제는 다음 세 가지 요소가 결합된 권력구조이다(Dueverger, 1980: 142). 첫째, 대통령은 국민의 보통선거권 행사에 의해 (직선 혹은 간선으로) 선출된다. 둘째, 대통령은 국가원수로의 권한과 함께 (국방이나 외교 등 일정한 영역의 정책결정과정에서) 상당한 실권을 보유한다. 셋째, 대통령과는 별도로 그 직이 전적으로 의회의 선출권과 불신임권에 의해 유지되는 총리 및 장관들로 구성되는 행정부가 존재한다. 결국 분권형 대통령제의 핵심은 국민이 뽑는 대통령과 의회가 선출하는 총리 간의 분권 구조에 있다고 할 것이다. 이 분권 구조, 즉 권력의 분산 정도와 범위가 어떠한지에 따라 무수하게 많은 형태의 분권형 대통령제가 탄생할 수 있음은 물론이다. 가장 일반적인 분권형 대통령제는 대통령은 국가원수직과 이른바 외치 영역에 해당하는 외교·안보·국방 정책 등을 담당하며, 총리는 내정과 관련된 그 나머지 정책들을 모두 맡는 형태의 것이다.

한국의 현행 대통령제를 (일반적 형태의) 분권형 대통령제로 전환할 경우 그것의 개혁 효과는 의원내각제로의 전환 경우 못지않게 상당히 클 것으로 예상된다. 무엇보다 분점정부 시 즉 의회의 다수파를 야당(들)이 차지함으로써 야당(연합)의 대표가 행정부를 총괄하는 총리가 될 경우 대통령의 독주 방지 효과는 분명히 나타날 것이다. 분권형 대통령제에서는 기본적으로 대통령과 행정부 간의 연계가 차단 혹은 제한됨으로써 대통령의 행정부 장악이 불가능하기 때문이다.

또한 분권형 대통령제에서의 대통령 권력이란 '제한되고 분산된 대권'에 불과하므로 대통령 선거 과정에서 현행 대통령제에서와 같이 '절대 대권'을 놓고 벌이는 영합게임적인 사투 양상도 완화될 것이다. 따라서 선거에서 이기기 위해 지역감정이나 금권 등을 무차별적으로 활용하곤 하는 작금의 악행과 그에 따른 폐해는 상당히 줄어들 것으로 기대된다. 가장 바람직한 개혁 효과는 아마도 정당정치의 활성화일 것이다. 이 효과는 의원내각제로의 전환에서와 거의 같은 원리에 의해 발생하는 것이므로 여기서는 중복 설명을 피하기로 한다. 그 밖에 책임정치가 강화된다든가 행정부와 입법부 간의 힘의 균형이 잡힌다든가 하는 등의 개혁 효과도 의원내각제로의 전환 경우와 유사하게 발생하므로 이들에 대한 설명 역시 생략하기로 한다.

다만 여소야대 현상의 발생과 그것이 해결되는 방식은 의원내각제에서와는 다소 다르다. 의원내각제에서는 통상 행정부가 의회의 다수파에 의하여 구성되므로 여소야대라는 문제 자체가 발생하지 않는다. 이 점은 분권형 대통령제의 (총리를 수반으로 하는) 행정부와 입법부 사이에도 마찬가지이다. 총리는 실질적으로 의회에서 선출되기 때문이다. 그러나 분권형 대통령제에서는 여소야대 형국이라는 것이 이른바 '동거정부' 형태로 발생할 수 있다. 대통령이 소속된 여당이 아니라 총리를 배출한 야당(연합)이 의회의 다수당 지위를 차지한 경우이다. 그러나 이 동거정부는 사실상 제도에 의해 "강제된" 대연정 상황인 것으로 볼 수 있다(황태연, 2005: 55). 순수 대통령제에서라면 일어났을 여소야대의 교착상태가 여기서는 동거정부라는 제도적 기제에 의해 해소된다는 것이다. 노무현이 전 대통령이 그리도 원했던 대연정은 분권형 대통령제였다면 당연히 이루어졌을 것이다.

이와 같이 상당한 개혁 효과를 기대할 수 있음에도 불구하고 분권형 대통령제로의 전환 역시 쉽게 결정할 수 있는 일은 아니다. 무엇보다 대통령과 총리 사이의 권력 배분의 어려움 때문이다. 흔히 외교, 안보, 국방 등의 정책 영역은 대통령이 맡고 사회나 경제 등 국내 정책 영역은 총리가 맡는다고 하지만 그 영역 구분이 결코 쉬운 게 아니다. 예컨대, 대외 통상과 금융거래 및 투자는 물론 세계화와 지역통합 그리고 FTA 등과 관련된 대외경제정책은 형식상은 외교정책이라 할지라도 국내 정치경제에 끼치는 효과가 막대함을 고려할 때 그것은 실질적인 국내정책에 해당한다. 안보도 이제는 경제 변수 등을 고려하지 않을 수 없는 포괄적 정책 영역에 속한다. 결국 대통령과 총리 간에 정책 영역의 분담 및 권력 배분 문제를 놓고 (제도 성숙에 이르기까지는) 끊임없이 갈등과 대립 상황이 벌어질 소지가 크다는 것이다.

다른 문제를 하나 더 든다면 형식만 권력분산형이지 실상은 권력집중형인 분권형 대통령제도 등장할 수 있다는 점이다. 이러한 경우는, 예컨대, 비슷한 이념과 정책 기조를 공유하고 있는 정당들 간의 연합체 혹은 특정 정당 하나가 의회의 다수파를 구성하고 그 정당이나 정당연합에서 대통령까지 배출된 상황에서 발생할 수 있다. 이때 대통령에게 프랑스 등에서와 같이 (결국 내각불신임권을 갖고 있는 의회의 동의가 필요하긴 하지만) 총리 임명권까지 있다면 여기서의 대통령은 사실상 대통령중심제에서의 경우와 유사하리만큼의 거대 권력을 행사할 수 있게 된다. 국가원수직은 물론 자신이 임명한 총리를 통해 실질적인 행정부 수반직도 겸할 수 있기 때문이다. 여기에 더하여 역시 프랑스에서와 같이 대선과 총선 시기를 일치시킴으로써 여소야대의 생성 가능성을 구조적으로 낮출 경우 분권형 대통령제의 의미는 거의 퇴색하게 된다. 그렇다면 이렇게 운영되는 분권형 대통령제를 합의제적 권력구조라고 하기는 어려울 것이다. 중요한 것은 분권형 대통령제라는 형식이 아니라 거기서 이루어지는 권력분산의 실질적인 양과 질이기 때문이다.

이러한 문제들에도 불구하고 합의제 민주주의의 발전을 위해 권력구조의 개편을 추진한다면 상기한 한국적 현실을 감안할 때 그 지향점은 의원내각제 보다는 분권형 대통령제가 돼야 하리라고 여겨진다. 일단 분권형 대통령제는 의원내각제와 달리 상당한 실권을 가진 대통령을 지금과 같이 국민이 직접 뽑는 권력구조이므로 그 도입 과정에서의 국민적 반대는 비교적 크지 않을 것으로 전망된다. 국민의 힘으로 이루어낸 대통령 직선제는 그대로 유지하되 단지 제왕적 대통령제의 폐해를 없애고 민의 반영에 뛰어난 합의제적 민주체제를 발전시켜가기 위해 대통령의 권한을 분산하는 방향으로의 개혁이 필요하다는 주장을 펼칠 경우 국민들은 그것을 충분히 납득할 수 있을 것이다.

그렇다면 남은 과제는 위에 기술한 분권형 대통령제의 문제를 해결하는 일이다. 우선 분권형 대통령제가 실질적인 대통령중심제로 바뀔 수 있다는 우려에 대해 생각해보자. 물론 그러한 우려는 충분히 할 만한 것이다. 그러나 정확한 평가를 위해서 과잉 우려는 삼가야 한다. 분권형 대통령제일지라도 대통령과 총리가 같은 정당(연합)에 속해있는 경우 대통령의 권력은 그렇지 않은 경우에 비해 매우 강력해질 수 있는 것은 사실이다. 그러나 그렇다고 해서 그 권력이 대통령제에서의 경우만큼 막강해질 수 있는 것은 결코 아니다. 분권형 대통령제에서의 총리는 헌법이 보장하는 (대통령으로부터의) 독립성을 보유하고 있기 때문이다. 총리의 진퇴는 오직 의회만이 결정할 수 있다. 따라서 총리는 "일단 임명된 순간부터는 (자신을 임명한) 대통령에 대해 상대적 독자성을" 갖고 내각 주도권이나 장관 인사권 등의 자기 권한을 자유로이 행사할 수 있다(황태연, 2005: 56). 총리의 이러한 독립성과 독자성으로 인해 대통령의 권력은 어느 경우든 분점될 수밖에 없는 것이다.

물론 분권형 대통령제의 합의제적 특성을 제대로 살리기 위해서는 가능한 한 대통령이 과도한 권력을 차지할 수 있는 조건이나 환경을 애당초 만들지 않는 것이 가장 바람직하다. 그 목적을 달성하기 위해선 무엇보다 구조화의 수준이 높은 다정당체계를 구축해 놓아야 한다. 진보, 중도, 보수 등으로 구분되는 다양한 이념 및 가치의 공간마다 각기 유력 정당들이 하나 이상씩 포진해 있는 높은 수준의 정당구조화를 이룬 분권형 대통령제 국가에서는 단일정당이 의회의 다수파가 되거나 이념이나 가치지향이 유사한 여러 정당들이 정당연합체를 결성하여 그들만으로 다수파 진영을 구축하는 경우는 웬만해선 발생하지 않는다. 유력 정당들이 여럿인 구조에서 어느 한 정당이 홀로 다수파가 될 가능성은 낮으며, 그 유력 정당들이 서로 분명하게 구분되는 이념 또는 가치 정체성으로 각자 무장하여 서로 다른 정책기조로 치열하게 경쟁하는 구조에서는 이른바 '범진보'나 '범민주' 또는 '범보수'연합 따위의 진영정치가 발전할 가능성도 낮기 때문이다. 이렇게 다정당체계의 구조화 수준을 높이기 위해선 비례성이 충분히 보장되는 선거제도는 물론 특히 유력한 중도정당의 존재가 매우 중요하다. 중도정당이 국회 의석을 그 좌우 쪽에 위치한 정당 혹은 정당연합이 자기(들)만으로는 국회의 다수파를 구성할 수 없을 정도로 많이 차지하고 있을 경우엔 언제나 초이념적인 연립정부가 구성될 수밖에 없다. 따라서 그 경우엔 대통령과 총리가 동일한 정당(연합)에서 배출될 가능성이 현저히 낮아진다.

분권형 대통령제에 있어 더 심각하고 풀기 어려운 문제는 대통령과 총리 사이의 권한 분배와 관련된 것들이다. 그 둘 간의 역할분담이 확실하지 않을 경우엔 권한 행사를 둘러싼 잦은 갈등으로 인해 국정운영이 교착 상태에 빠질 수도 있다(장영수, 2012: 25). 그러나 권한을 어떻게 나눌지에 대한 절대적 기준은 존재하지 않는다. 국가 구성원들의 대다수가 동의할 수 있는 분권의 합리적 기준을 스스로 마련해야 한다. 물론 공론화 과정을 거쳐 사회적 합의를 도출해내는 것이 바람직하다. 이와 관련하여 황태연(2005, 49~52)의 제안은 좋은 참고가 될 수 있다. 그는 국가의 원수인 "대통령은 전 국민의 이익과 전체적 가치관을 대변하고 집행하는 초당파적 임무"를 부여받은 헌법기관인바, 그러한 대통령에게는 초당파적인 입장에서의 숙고와 심의, 그리고 판단이 요청되는 영역에서의 결정 권한을 주어야 한다고 주장한다. 한편, 사회구성원들의 다양한 선호와 이익이 여러 정당들에 의해 대표되고 경합하는 의회에서 선출되는 총리는 "불가피하게 당파적일 수밖에 없는 내정의 각 부문을 관장"하도록 해야 한다고 강조한다. 그는 또한 유럽의 많은 입헌군주국들이 정치적 안정을 누리는 까닭은 상당 부분 "초당적 절대존엄"인 왕의 존재 덕분이라며, 공화국들이 왕 대신 대통령을 세움으로써 같은 효과를 얻고자 한다면 그 대통령은 "당파적 정쟁에 말려들지 않게끔 전국민적 임무만을" 맡게 함으로써 국가원수로서의 권위와 존엄성을 유지할 수 있도록 해야 한다고 역설한다.

이 같은 합리적 제안을 염두에 둔다면 한국의 분권형 대통령제에서는 통일과 국방 정책만을 대통령에게 맡기고 그 나머지인 외교와 내치 영역은 모두 총리의 소관 사항으로 돌리는 것이 바람직하지 않을까한다. 외교정책마저도 총리에게 넘기자고 하는 것은 그 영역에서는 상기한 대로 국내정치적 파급효과가 큰 대외경제정책 등이 큰 비중을 차지하는 고로, 대통령이 그러한 영역을 담당할 경우 그는 계급, 계층, 집단별 이해관계의 갈등과 대립 상황 속에서 자신의 초당파적 위치를 유지하기가 쉽지 않을 것이기 때문이다. 외교에 비하여 국방과 통일은 초당파적, 거국적, 전 국민적 이슈로서의 성격이 매우 뚜렷한 정책 영역에 속한다. 국방과 통일이야말로 당파적 유불리를 초월하여 오롯이 국민적 공감대에 기반을 두어 수립하고 추진해야할, 따라서 전 국민을 대표하는 대통령이 전담하기에 매우 적합한 정책 영역이라 할 것이다. 실제로도, 분권형 대통령제 국가들 가운데 대통령의 외교권을 인정하는 나라들은 소수에 불과하지만 군통수권을 대통령에게 부여한 나라들은 대다수를 차지하고 있다(장영수, 2014: 12).

역할분담을 위와 같이 분명히 하더라도 대통령과 총리 간의 체계적인 협의 기제는 별도로 준비돼있어야 한다. 국방과 통일 정책이 여타 영역과 아무리 차별성이 큰 영역일지라도 세부로 들어가면 외교는 물론 경제, 산업, 사회, 복지, 교육, 국토해양 등 거의 모든 정책 영역과 중첩되는 부분이 즐비하기 마련이다. 대통령과 총리는 이러한 부분들에서 권한 충돌 가능성이 상존함을 당연한 것으로 여겨 그에 대한 조정이 상시적으로 이루어질 수 있는 유기적인 협의체계를 마련해 놓아야 한다(장영수, 2014: 14).

그와 같은 협의체계가 제대로 작동하여 대통령과 총리 사이의 잠재적이거나 실재적인 갈등이 적시에 순조롭게 조정될 수 있을 때 분권형 대통령제는 안정적인 권력구조로 정착할 수 있다. 실제로 오스트리아, 핀란드, 프랑스, 아일랜드, 이탈리아, 포르투갈 등의 많은 선진국들이 분권형 대통령제를 그렇게 성공적으로 운영해왔다. 그 나라들만이 아니다. OECD 34개 회원국 가운데 대통령중심제를 택하고 있는 나라는 한국, 미국, 칠레, 멕시코 등 4개국에 불과하다. 나머지 30개국은 의원내각제 15개국과 분권형 대통령제 15개국으로 정확히 반씩 나뉜다. 15개 의원내각제 국가 중 독일과 아이슬란드를 제외한 13개 국가가 입헌군주국이다. 독일과 아이슬란드는 실권이 없는 대통령을 상징적 국가원수로 두고 있다. 그리고 15개 분권형 대통령제 국가들은 모두 왕이 없는 공화국들이다. 선진국들의 모임이라는 OECD 회원국들의 절대다수가 대통령중심제가 아닌 의원내각제나 분권형 대통령제 국가라는 사실이 시사하는 바는 크다. 그리고 그 절반이 분권형 대통령제 국가라는 점 역시 의미 깊다. 분권형 대통령제는 의원내각제에 못지않게 상당히 안정적인 정부형태임을 웅변하는 것이다.

이상의 논의 결과를 종합해본다면, 공화국인 한국이 현행 대통령중심제에서 벗어나 합의제 민주주의에 부합하는 권력구조로의 전환을 모색할 경우 선택지는 둘로 좁혀지는 것으로 나타난다. 하나는 직선 대통령을 상징적 국가원수로 두고 의원내각제를 전격 도입하는 것이고, 다른 하나는 분권형 대통령제로 전환하는 것이다. OECD 국가들의 정부형태 분포가 말해주듯, 어느 경우든 권력구조 자체의 불안정성으로 인해 선택을 꺼려할 필요는 전혀 없다. 최종 결정은 오직 국민의 선호에 따라 내려지면 된다.

4. 나가며

이상 논의한 바와 같이 복지와 분배친화적인 합의제 민주주의를 발전시켜가기 위해서는 비례대표제의 강화로 구조화된 다당제를 구축한 이후 최종적으론 헌법 개정을 통해 지금의 제왕적 대통령제를 의원내각제나 분권형 대통령제 등으로 개편해야 한다. 합의제 민주주의는 그때 비로소 제도적으로 완성된다. 마침 정치권에서는 개헌 논의가 그 어느 때보다 활발하게 이루어지고 있다. 원칙적으론 환영할 만한 일이다. 그러나 결코 서둘러서는 안 된다. 보다 급한 것은 선거제도의 개혁이다. 앞서 강조했듯이, 한국 정치의 핵심 문제는 정당체제의 후진성이다. 사회갈등의 주요 주체들이 정치적 대표성을 확보하지 못하고 있는 작금의 인물과 지역 중심 정당체제를 그대로 둔 채 권력구조만 의원내각제나 분권형 대통령제 등으로 전환한다면 그것은 오히려 개악이 될 가능성이 농후하다. 명망가나 소지역 중심의 지역할거주의는 더욱 기승을 부릴 것이고, 지역정당들 혹은 그 보스들 간의 정권 나눠먹기 양상이 만연되면서 권력구조는 결국 정치엘리트들 간의 과두체제로 전락할 공산이 크다. 독일식 비례대표제 등과 같이 이념, 가치, 정책 중심의 온건 다당제를 견인하는 선거제도의 도입이 선행돼야한다. 권력구조의 개편은 그 후에 이루어져야 다양한 사회경제적 이해관계를 대표하는 여러 정당들이 권력을 분점함으로써 그들 간의 대화와 타협으로 사회갈등이 정치적으로 조정돼가는 진정한 합의제 민주주의가 발전해갈 수 있다.

개헌 국면에 들어가서도 서둘러선 안 된다. '대통령 직선 의원내각제'가 좋을지 분권형 대통령제가 좋을지, 만약 분권형 대통령제로 간다면 대통령과 총리 간에는 어떻게 권력을 나눌지 등은 특정 정치가나 학자 혹은 다른 어떤 사회적 엘리트 집단이 해결할 수도 없고 해결하려 들어서도 안 될 문제이다. 그것은 반드시 국민적 공감대의 형성을 전제로 풀어야할 중차대한 문제이다. 우리 사회 전체의 중지를 모아야한다. 개헌을 위한 광범위한 공론장(公論場)을 개설하여 그 장에서 충분한 공론의 검토를 거쳐 권력구조 개편안이 도출되도록 해야 한다. 지금부터 4~5년간에 걸쳐 사회구성원 모두가 진지한 노력을 꾸준히 경주한다면 사회적 합의가 형성될 수 있을 것이다. 안정적인 새 권력구조의 창출과 한국형 합의제 민주주의의 완성은 그렇게 느리지만 지속적인 노력으로 도출해낸 사회적 합의에 기초할 때 가능한 일이다.

참고문헌

강명세, 2013, "재분배의 정치경제: 권력자원 대 정치제도," 『한국정치학회보』 47집 5호.

성낙인, 2009, "새로운 헌법의 모색과 방향: 87년 체제의 극복," 『입법과 정책』 제1권 제1호.

안순철, 2001, "한국 정치의 제도적 개혁과 조화: 의원내각제, 다정당체계, 비례대표제," 『한국정치학회 춘계학술대회』

이종찬, 2000, "권력구조 운영, 위임 대통령제, 한국 사례," 국제평화전략연구원 엮음, 『한국의 권력구조 논쟁 II』, 서울: 풀빛.

장영수, 2012, “개헌을 통한 권력구조 개편의 기본방향: 분권형 대통령제의 가능성을 중심으로,” 『고려법학』 제67호.

장영수, 2014, “개헌을 통한 권력구조 개편: 의원내각제 혹은 분권형 대통령제,” 동아시아 미래재단 신년세미나 발제문, 중소기업중앙회관, 2014년 1월 16일.

최장집, 2007, “민주주의를 둘러싼 오해에 대한 정리: 절차적 민주주의의 재조명,” 최장집·박찬표·박상훈, 『어떤 민주주의인가』, 서울: 후마니타스.

최태욱, 2003, “세계화와 한국의 정치개혁,” 윤영관·이근 엮음, 『세계화와 한국의 개혁과제』, 서울: 한울출판.

______, 2011a, “복지국가 건설과 ‘포괄정치’의 작동을 위한 선거제도 개혁,” 『민주사회와 정책연구』 통권 19호.

______, 2011b, “정치개혁: 유러피언 드림, 아메리칸 로드?” 강원택·장덕진 엮음, 『노무현 정부의 실험: 미완의 개혁』, 서울: 한울.

______, 2011c, “한국형 조정시장경제와 합의제 민주주의,” 최태욱 편, 『자유주의는 진보적일 수 있는가』, 서울: 폴리테이아.

______, 2012, “절차적 민주주의의 문제와 한국의 사회갈등,” 최태욱 편, 『갈등과 제도: 한국형 민주·복지·자본주의 체제를 생각한다』, 서울: 후마니타스.

황태연, 2005, “유럽 분권형 대통령제에 관한 고찰,” 『한국정치학회보』 제39권 2호.

홍재우·김형철·조성대, 2012/13, “대통령제와 연립정부: 제도적 한계의 제도적 해결,” 『한국정치학회보』 제46권 1호.

Armingeon, Klaus, 2002, “The effects of negotiation democracy: A comparative analysis,” *European Journal of Political Research* vol.41.

Arrow, Kenneth, 1963, *Social Choice and Individual Values*, 2nd ed. New Haven: Yale University Press.

Cheibu, Jose Antonio, Adam Przeworski, Sebastian M. Saiegh, 2004, “Government Coalitions and Legislative Success Under Presidentialism and Parliamentalism,” *British Journal of Political Science* vol.34. no.4.

Crepaz, Markus M., 2002, “Global, Constitutional, and Partisan Determinants of Redistribution in Fifteen OECD Countries,” *Comparative Politics* vol.34. no.2.

Crepaz, Markus M., and Arend Lijphart, 1995, “Linking and Integrating Corporatism and Consensus Democracy: Theory, Concepts and Evidence,” *British Journal of Political Science* vol.25. no.2.

Crepaz, Markus M. and Vicki Birchfield, 2000, “Global Economics, Local Politics: Lijphart's Theory of Consensus Democracy and the Politics of Inclusion,” Markus Crepaz et al. eds., *Democracy and Institutions: The Life Work of Arend Lijphart*,

Ann Arbor: The University of Michigan Press.

Duverger, Maurice, 1980, "A New Political System Model: Semi-Presidential Government," *European Journal of Political Research* vol.8. no.2.

Lijphart, Arend, 1984, Democracies: P*atterns of Majoritarian and Consensus Governments in Twenty-One Countries*, New Haven: Yale University Press.

Lijphart, Arend, 2002, "The Wave of Power-sharing Democracy," in Andrew Reynolds. ed. *The Architecture of Democracy: Constitutional Design, Conflict Management, and Democracy*, Oxford: Oxford University Press.

Lijphart, A., 2012, *Patterns of Democracy: Government Forms and Performance in Thirty-Six Countries*, New Haven and London: Yale University Press.

Lijphart, Arend, and Markus M. Crepaz, 1991, "Corporatism and Consensus Democracy in Eighteen Countries: Conceptual and Empirical Linkages," *British Journal of Political Science* vol.21.

Mainwaring, Scott, 1993, "Presidentialism, Multipartism, and Democracy: The Difficult Combination," *Comparative Political Studies* vol.26. no.2.

Rogowski, Ronald, 1987, "Trade and the variety of democratic institutions," *International Organization* vol.41. no.2.

강명세

나눔의 정치·제도적 기반*

1. 민주주의와 나눔의 정치

경제 불황이 지속하면서 소득양극화는 사회적 양극화로 발전하고 중산층은 사라진다는 우려가 깊어간다. 재분배의 성격과 정도는 정치체제에 독립적이지 않으며 어떤 정치제도인가에 따라서 달라진다(Acemoglu and Robinson, 2013). 가장 크게는 독재나 권위주의에 비해 민주주의에서 재분배의 가능성이 더 높다. 민주주의의 효과를 가리켜 "20세기 이전에는 정치적 권리가 억압되었기 때문에 사회지출도 거의 없었다"고 지적했다(Lindert, 2004: 22). 독재자는 국가권력을 독점하고 시민-투표자에 대해 책임을 지지 않으며 사회로부터 추출한 렌트를 극대화하며 재분배할 이유가 없다. 반대로 민주주의에서는 정치적 경쟁이 존재하면 정치엘리트는 다수의 지지를 얻기 위해 시민이

* 이 글에 대해 진솔한 논의를 제공한 이연호(연대)에게 감사드린다.

원하는 요구를 정책에 반영할 동기를 갖는다. 특히 정치인은 중위투표자의 요구에 민감하게 반응한다. 정치적으로 캐스팅 보트를 쥐고 있는 중산층 투표자가 재분배를 요구하면 다른 계급이나 집단의 요구에 비해 실현되기 쉽다. 모든 민주주의가 나눔의 정치를 실현하지 않는다. 나눔의 정치가 가능하려면 정책결정에 참여하는 정치엘리트가 나눔의 정치가 자신의 정치적 이해와 부합하다고 판단할 때이다. 그런 제도 하에서 나눔의 정치가 활성화된다면 그런 제도를 도입해야 한다. 그러나 제도의 변경이나 개혁 역시 인사이더의 이해가 동의하지 않으면 현상유지를 타파할 수 없다.

개별적 선호가 정책으로 전환하는 것을 이해하려면 사회구조와 제도의 관계를 이해해야 한다. 시민의 개별적 선호는 소득과 직업을 비롯한 사회적 속성에 따라 계급/집단의 선호로 표현된다. 예를 들어 소득을 기준으로 고소득 집단, 중간소득층, 그리고 저소득 집단이 존재한다. 개인의 집합화는 정치제도의 차이에 따라 다르게 표출된다(Acemoglu and Robinson, 2006; Persson and Tabellini, 2003, 2008). 다수제 선거제도는 시민의 선호를 양당제로 결집하는 반면 비례대표제는 다당제 정당체제를 만든다. 선거에서 중간소득층의 선호는 전체의 방향을 결정하는 중대한 역할을 한다. 그러나 중간층의 목소리는 선거제도에 따라 전혀 다르게 들린다. 중간소득 투표자는 선거제도에 따라 자신을 직접 대표하는 정당의 존재 여부에 따라 어느 후보와 정당을 지지할 지 다른 상황에 처한다. 양당제 정당구조에서는 중간층의 이해를 직접적으로 대표하는 정당이 없다. 보수정당이나 진보정당 어느 것이든 부유층이나 저소득층의 이해를 우선적으로 대표하며 중간층의 이해는 부분적으로 대표된다(Iversen and Soskice, 2009). 양당 중 어느 한 정당이 정부를 구성한다. 한편 비례대표제 하에서 다당제가 생기며 중간층을 대표하는 별도의 정당이 존재한다. 다당제에서는 어느 일당이 50% 이상을 차지하지 못하며 정당은 연합을 통해 정부를 차지한다. 단독정부와 연합정부는 지지기반이 다르며 추구하는 정책목표가 다르다. 여기에 중위투표자의 고민이 있다.

2. 정치제도와 재분배

같은 민주주의 체제에서도 시민의 선호는 동일하게 반영되지 않는다. 시민의 개별적 선호는 정치제도를 여과하면서 다르게 반영된다. 정치제도와 정부지출 및 재정정책의 관계에 대해서 몇 가지 이론이 제시되었다. 첫째, 정부지출의 대상이 다르다. 비례대표제에서 발생하는 다당제는 각 정당이 자신의 지지자를 위한 정책을 반영하려 하며 따라서 공공재에 대한 지출이 아니라 특정 집단을 겨냥한 지출이 일반적이다(Lizzeri and Persico, 2005). 둘째, 중간계급의 선택과 정부지출의 관계이다. 다수제에서 중간계급은 보수당을 지지하는 반면 비례대표제에서는 중도-좌파 연합의 정부에 참여한다(Ticci and Vindigni, 2005; Iversen and Soskice, 2006). 셋째, 일부는 선거제도와 정부지출의 내생적 관계에 주목한 연구이다(Persson and Tabellini, 2008).

선거제도는 정부지출에 직접적 영향을 주지 않는다. 정부는 정당이 집권한다. 선거구 규모는 정부지출에 긍정적 결과를 낳는다. 선거구가 클수록 정부의 공적 지출은 증가한다. 한편 다수제는 정부지출을 감소시키는 효과를 보인다. 연합정부가 단독정당이 집권하는 정부에 비해 공적 지출을 많이 한다. 선거제도가 정부지출에 주는 영향은 간접적이다. 선거제도는 정당구조에 영향을 줌으로써 정부형태에 영향을 준다.

〈표 1〉 선거제도와 정부의 정책지향, 1960~2011, OECD 22개국

		정부 성격	
		좌파 내각 과반	우파 내각 과반
선거제도	비례대표제	62.8	37.2
	다수제	20.5	79.5

자료: Brady, Beckfield, and Stephens, 2012

〈표 1〉은 좌파정당의 각료 비중이 과반 이상을 점했을 경우를 좌파내각, 반대로 우파정당이 내각의 50% 이상을 차지하면 우파내각이라고 설정한 후 각각의 값이 선거제도에 따라 어떻게 다른가를 보여준다. 비례대표제에서 좌파정부는 62.8%를 차지한 반면 우파정부는 37.2%를 차지했다. 한편 다수제에서는 정반대이다. 좌파정부는 20.5%인 반면 우파정부는 79.5%를 차지한다.

분배/재분배와 관련하여 투표자의 관심은 조세와 소득이전의 방향과 규모이다. 각 소득집단은 나름대로 분명한 선호를 갖는다. 고소득집단은 과세의 대상이며 가능하면 조세를 낮추는 정책을 선호한다. 저소득층은 반대로 소득이전을 요구하며 이를 위해서는 부유세 등 증세를 선호한다. 한편 중간소득층의 선호는 두 변수에 의해 결정된다. 첫째는 소득분포의 구조이다. 멜저와 리차드가 지적한 것처럼 소득분포에 따라 다른 선호를 형성한다. 평균소득과의 차이가 크지 않을 경우 자신도 과세의 대상이 될 수 있다는 점에서 증세를 반대한다. 한편

평균소득으로부터 멀어질수록 소득이전을 요구하며 따라서 증세정책을 지지한다(Meltzer and Richards, 1981; Lupu and Pontusson, 2010).

둘째, 제도가 중간층의 선호를 여과하여 중위투표자의 결정에 영향을 준다(Iversen and Soskice, 2008; Moene and Wallerstein, 2001). 다수제/양당제에서 중위투표자는 선거가 끝난 후 집권한 정당정부가 어떤 정책을 실시할 것인지에 대해 고민한다. 사민당이 집권하면 증세정책을 그리고 보수당 정부는 감세정책을 쓸 것으로 예측가능하다. 선거공약에서는 사민당이 중간계급에 대한 과세를 언급하지 않았으나 집권해서는 공약을 어겨도 중간소득과 고소득 집단에 대해 과세정책을 추진할 수 있다. 다른 한편 보수당 정부는 적어도 증세는 하지 않을 것이 확실하다. 이 두 가지 시나리오에서 손익계산을 하면 선택은 감세 혹은 증세는 하지 않을 것의 확실한 보수당으로 향한다. 한편 비례대표제에서의 선택은 중간계급의 정당이 보수당이나 사회당과 협상을 통해 정부에 참여할지를 결정한다.

아이버슨과 소스키스가 민주주의 내부에서 평등과 재분배의 커다란 편차에 주목한다(Iversen and Soskice, 2006). 당파성 문헌은 좌파정부의 집권이 불평등을 줄이고 재분배 정책을 추진하는 반면 우파 정부는 감세조치를 하여 불평등을 악화시킨다는 점을 보여주었다. 당파성 혹은 권력자원 문헌의 주장에 대해 이들은 왜 어떤 민주주의에서는 좌파정부가 다른 민주주의에서는 우파 정부가 지배적인가로 옮긴다. 그리고 정부의 당파성은 선거제도에서 비롯되는 연합정치의 산물임을 제시한다. 한편 다른 연구는 선거제도와 정당체제 그리고 정부의 규모는 모두 내생적 연관관계라는 가정에서 재정정책에 미치는 효과를 분석한다(Bawm and Rosenbluth, 2003).

정치제도가 다르면 게임의 규칙이 달라지면 따라서 행위자의 전략은 달라진다. 다수제 선거제도에서 정당은 연합하여 하나의 이름으로 선거에 임하는 것이 유리하다. 1등을 해야 의석을 차지할 수 있기 때문이다. 비례대표제에서 정당은 선거에서 연합해야 의석을 증가시키는데 이것은 도움이 되지 않는다. 개별정당은 선거에서 획득한 지지율에 상응하는 의석을 얻기 때문이다. 연정과 단정이 다른 정책을 실시하는 이유는 투표자는 연합정부에 참여한 정당을 차별적으로 인지한다는 점에 있다(Bawm and Robsenbluth, 2006). 자신의 정당을 일차적으로 지지하며 연정 내의 정당은 부차적이다.

진보정당이 집권하면 사회복지와 건강, 그리고 교육에 대한 공적 투자가 증가한다. 사회복지와 조세정책은 재분배에 기여하고 나아가 사회적 불평등을 감소시킨다. 반대로 보수당은 모든 조건이 같을 때 대조적 정책을 선호하며 의료와 교육에서는 사적 교육이 지배적이며 정부지출은 늘지 않는다. 〈그림 1〉은 선거제도와 재분배의 관계를 보여준다.

〈그림 1〉 선거제도와 재분배

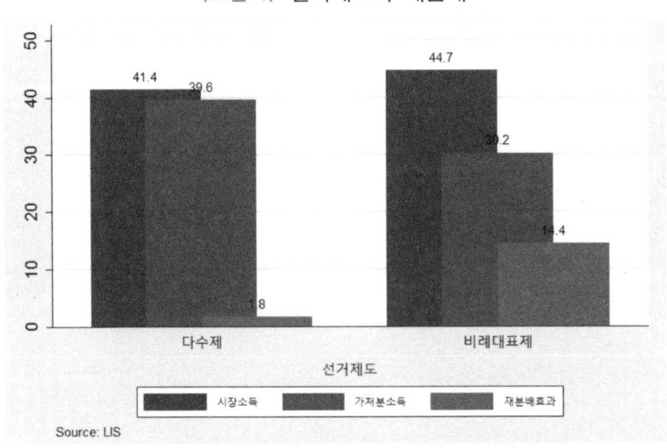

다수제에서는 소득불평등지수가 시장소득기준 41.4%에서 세후 및 소독이전 이후에는 39.6%로 0.8% 감소했다. 그러나 비례대표제에서는 시장소득기준 44.7%였던 지니계수는 세후 및 소득이전 정책 이후 30.2%로 14.4% 대폭 감소했다. 이러한 상관성은 비례대표제에서 재분배 정책이 적극적으로 이루어졌음을 의미한다. 선거제도는 고등교육에 대한 공적 및 사적 투자와도 관련을 갖는다. 교육은 단기적 급여나 서비스를 제공하는 일반의 사회보장제도와는 달리 장기적 소득을 보장해주는 사회보장제도이다. 고등교육에 대한 공적 투자의 증대는 중간계급과 저소득층 등 재정적 이유로 고등교육에 진학하기 어려운 집단에게 고등교육 접근성을 높여주어 향후 소득 향상을 이룩할 수 있도록 돕는다. 비례대표제에서는 GDP 대비 대학교육에 대한 공적 지출이 0.6%인 반면 다수제의 0.4%에 비해 50% 많이 지출한다.

〈그림 2〉 선거제도와 대학교육투자, 1997~2011

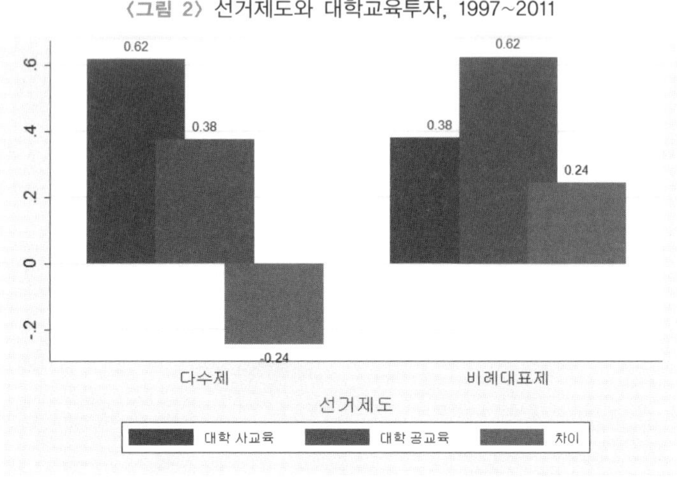

〈그림 3〉 정당정부와 불평등

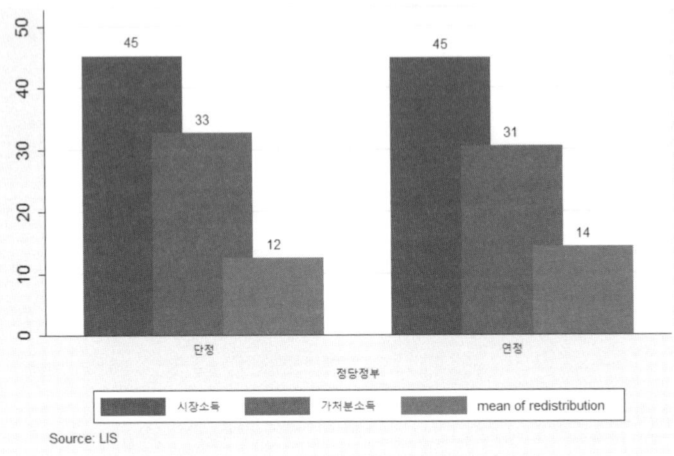

3. 정부형태와 재분배

단일정당정부와 연합정부는 정부지출과 재분배에 다른 영향을 미친다. 다수제에서 등장하는 딘일정당은 보수정부일 가능상이 높고 따라서 재분배에 부정적이거나 소극적이다. 한편 연합정부는 비례대표제 선거제도 하에서 중도정당과 사민계열 정당이 연대하는 경우가 일반적이며 증세를 기반으로 하여 강력한 복지국가를 선호한다.

〈그림 3〉은 정당정부의 형태 즉 단일정당이 홀로 집권한 단정과 둘 이상의 정당이 함께 참여한 정부 즉 연정 어느 정부가 재분배에 영향을 주는가를 보여준다. 단정은 12.5%, 그리고 연정은 14.3%의 재분배 효과를 가지면 연정이 약간 높다. 〈그림 4〉는 정부의 당파성이 교육정책에 주는 영향을 의미한다. 왼쪽 부분은 유아교육에 대한

공적 및 사적 지출의 비중을 의미하여 오른쪽은 대학교육에 대한 공적 및 사적 지출이다. 좌파정부 집권시 대학교육에 대한 공적 투자가 GDP 대비 0.4%이라면 우파정부에서는 0.3%로 낮다. 정부의 당파성은 유아교육에서도 다른 효과를 갖는다. 좌파정부는 유아교육에 대한 공적 교육에 더 많이 지출하는 반면 우파정부에서는 사적 지출이 더 높다.

〈그림 4〉 당파성과 교육투자(% GDP), 1997~2011

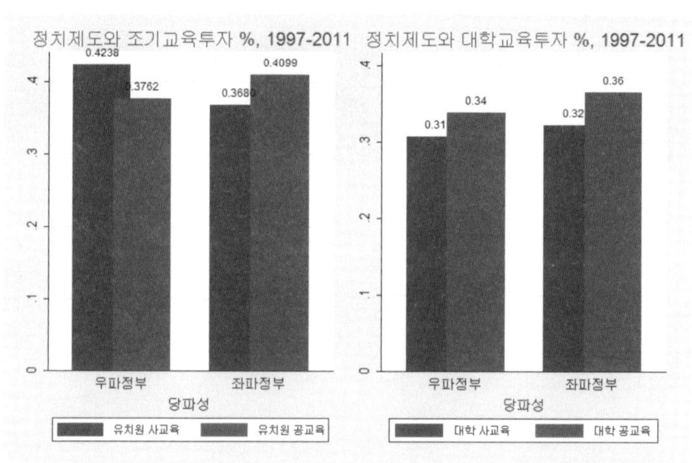

최근 복지국가 논의는 영역을 확장하는 중에 있다. 특히 자본주의 다양성 논의는 인적 자본의 정치경제에 주목하기 시작했다. 전통적으로 경제발전에 대한 논의는 물적 자본의 축적과 기술을 발전의 원동력이라고 믿었으나 기술변화가 대규모로 지속하면서 인적자본과 기술훈련의 중요성을 인식하게 되었다. 인적자본은 단순히 경제적 효율성을 향상하는데 그치지 않고 정치, 사회, 그리고 문화적 복지의 향상에 기여하는 점이 주의를 끌었다. 인적 자본 이론을 제시하여 노벨경제학상을 받은 베커는 인적 자본이 "건강을 증진시키고 금연에 기여하며 투표율을 높이고 피임지식을 전달하며 고전음악, 문학 심지어 테니스를 즐기도록 하는" 역할을 한다고 보았다(Becker, 1993: 21). 나아가 기술이 고도로 발전할수록 인적 자원은 물적 자원과의 결합을 통해 생상선향상에 기여한다. 교육은 이처럼 중요한 인적 자원을 제공한다. 그러나 정부의 교육투자는 당파성에 따라 영향을 받는다. 교육의 공적 지출은 모두가 혜택을 보는 공공재이며 조세와 마찬가지로 소득수준에 따라 교육지출에 대한 선호가 다르다. 역사적으로 공적 교육은 계급구조를 변화시킨다. 교육을 통한 소득향상과 신분이동이 활발해지면 중간계급이 증가하여 사회적 안정에 기여한다(Galor and Moav, 2006).

정부의 정책지향은 사회정책에서도 마찬가지로 반영된다. OECD 35개국을 대상으로 1990~2011년 자료에 의하면 GDP 대비 소득이전에 지출한 비중을 보면 좌파정부에서는 13.8%로 우파정부의 12.7%에 비해 1% 이상 높다.

4. 어떤 정치제도가 나눔에 호의적인가?

정치제도는 법전에 적혀있는 단순한 법 조항이 아니다. 이 점은 주기적으로 실시되는 지역구 재조정으로 인해 혹시 자신의 지역구 폐지를 우려하는 정치인의 노심초사에서 확연히 드러난다. 정치제도는 사회적 집단이 갈등과 타협의 과정에서 생겨난 균형을 반영한다. 역사적으로 비례대표제는 서구의 초기 민주화 과정에서 보편선거권을 요구하던 대중과 이를 거부하던 엘리트 집단이 대치하다가 타협하여 생겨났다. 엘리트 세력은 보편선거권이 일반화될 경우 기존의 소선거구제에서 전패할 위험을 인식하고 보편선거권 부여와 비례대표제를 교환하여 적어도 일정 지분을 유지하려 했다. 유럽의 경우 지배엘리트가 종교균열로 인해 내부적으로 분열된 곳에서 비례대표제는 더욱 환영을 받았다. 그러나 역사적 경험은 지배엘리트의 우려와는 달리 그 이후 노동계급은 한번도 어느 곳에서도 50%를 넘지 못했다. 산업화는 계급분화와 동시에 진행되었던 것이다. 부르주아와 노동계급의 양대 계급이 아니라 고소득, 중간층, 그리고 노동계급으로 분화했다.

〈그림 5〉 선거제도와 중산층 규모

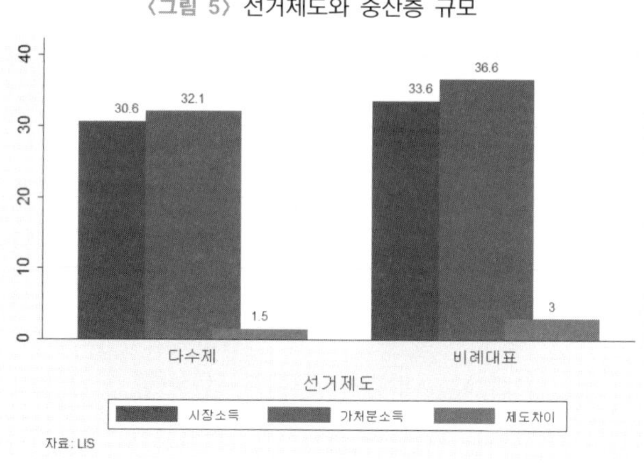

이렇게 도입된 새로운 선거제도는 계급 사이에 다른 연대의 논리를 부과했다. 비례대표제에서는 중간-저소득층의 연대가 일반적이었고 다수제 하에서는 중위투표자는 보수당을 선택하는 동기를 갖는

다. 정치제도는 재분배에 영향을 주고 정부정책은 다시 중간계급의 규모에 영향을 주었다.

〈그림 6〉 선거제도와 중간층

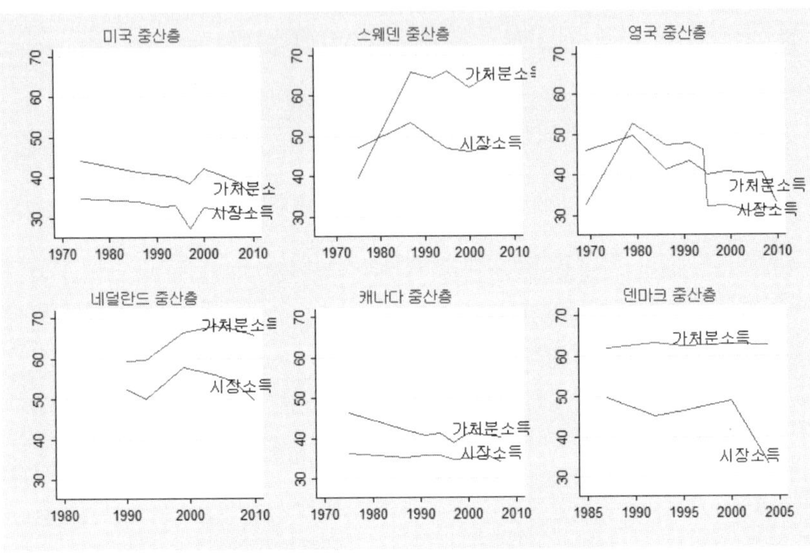

〈그림 6〉은 조세와 소득이전 이후의 중간계급 규모를 선거제도별로 비교한다. 〈그림 6〉은 두 가지 특징을 나타낸다. 첫째, 다수제를 취하는 미국, 영국, 호주, 그리고 캐나다의 중산층은 비례대표제를 실행하는 독일, 스웨덴, 네덜란드, 덴마크 등의 중산층 규모에 비해 훨씬 작다. 가처분소득 기준으로 스웨덴 등의 중간계급 규모는 60~70%에 이르는 반면 미국은 30~40% 수준에 불과하다. 양제도의 중간계급 차이는 20~30%에 달할 정도로 무시할 수 없는 제도적 기반을 드러낸다. 둘째, 다수제 국가에서는 중산층 규모가 갈수록 축소되는 반면 비례제도 하에서는 늘거나 감소하지는 않는다. 시장은

허공 속에서 작동하지 않으며 정치적 기제를 여과하기 때문에 정치제도에 따라 그 위협은 강도가 다르다(Bermeo and Bartels, 2014). 국제경쟁이 가속화됨에 따라 시장이 압도적 영향을 행사하는 조건에서 다수제에서는 '바닥을 향한 질주(race to the bottom)"이 일어나는 한편 비례대표제에서는 중간과 사민당이 중도-좌파 연정을 형성하여 시장의 압력에 대처한다고 유추된다.

이처럼 나눔의 정치는 특정한 제도 하에서 더 잘 이루어진다. 그렇다면 이제 새로운 과제는 '어떻게 그러한 제도를 도입할 것인가?'이다. 이 과제는 어려운 과제이다. 이 힘든 과제를 해결하기 위해서는 현실의 이해를 극복하는 데 필요한 메커니즘을 보다 많이 연구해야 한다. 어려운 일을 하기 위해서는 우회로로 가는 것도 방법이다. 오늘은 과거의 연장이기 때문이다. 우리는 아직도 한국이 왜 현행 정치제도를 가지게 되었는지에 대해 알지 못한다. 현행 선거제도인 다수제/소선거구제는 일시적 변화를 제외하면 오래 지속되어왔다. 오늘날의 정치제도의 근간이 된 해방 후 초기 헌법에 영향을 준 것은 무엇인가? 현행제도의 기원을 이해하는 것은 어떻게 제도를 변화시킬 것인가를 파악하는 첫 단계이다. 나아가, 지난 수십 년 동안 정치학은 정치제도를 단순한 규칙으로 간주함으로써 제도의 역사적 구속력에 대해 소홀했다. 이 같은 제도에 대한 '무지'는 제도가 민주화와 복지국가를 구축하는 데 행사하는 영향력을 알지 못하게 했다. 이제 무지로부터 벗어나서 민주주의'의 품질을 높이는 데 어떤 제도가 호의적인가에 대해 논의해야 한다.

참고문헌

강명세, 2014, 『민주주의, 복지국가 그리고 재분배』, 도서출판 선인.

강명세, 2014, "민주주의와 복지국가," 국가전략 20권 1호, 95~127.

강명세, 2013, "재분배의 정치경제," 한국정치학회보 47집 5호, 71~94.

강명세·마인섭, 2014, "중간계급 비교연구 1970~2010," 유럽연구 32권 1호.

이연호, 2013, 『불평등발전과민주주의: 한국정치경제론』, 박영사.

Acemoglu, Daron, 2005, "Constitutions, Politics and Economics: A Review Essay on Persson and Tabellini's The Economic Effects of Constitutions," Journal of Economic Literature, 43:4, 1025~1048.

Daron Acemoglu and J. Robinson, 2005, Economic Origins of Democracy and Dictatorship, (Cambridge University Press).

Daron Acemoglu, Naidu, S., Restrepo, P., and Robinson, J. A., 2013, "Democracy, Redistribution and Inequality" mimeo.

Armingein, K., Careja, R., Knofel, L., Weisstanner, D., Engler, S., Potolidis, P., and Gerber, M., 2013, Comparative Political Data Set III 1990~2011.

Bermeo, N., Bartels, L. M., eds., 2014, Mass Politics in Tough Times. Oxford University Press.

Boix, Charles, 2003, Democracy and Redistribution(Cambridge University Press).

Bradley, D., Huber, E., Moller, S., Nielson, F., and J. D. Stephen, 2003, "Distribution and Redistribution in Postindustrial Democracies," World Politics 55, 93~228.

Brandolini, Andre, and Timothy M. Smeeding, 2009, "Income Inequality in Richer and OECD Countries," In W. Salverda, B. Noland, and T. M. Smeeding, eds., The Oxford Handbook of Economic Inequality(Oxford University Press), 315~341.

Huber, Iversen, Torben, and David Soskice, 2008, "Electoral Institutions, Parties, and the Politics of Class: explaining the Formation of Redistributive Coalitions," In P. Beramendi and C. J. Anderson, eds. Democracy, Inequality, and Representation (RussellSage), 93~126.

Iversen, Torben, and D. Soskice. 2006. "Electoral Institutions and the Politics of Coalitions: Why Some Democracies Redistribute More Than Others?" American Political Science Review 100, no.2, 165~81.

Iversen, Torben, and D. Soskice. 2009. "Distribution and Redistribution: The Shadow of the Nineteenth Century," World Politics 61, 3, 438~486.

Iversen, Torben, and D. Soskice, 2010, Dualism and Iversen, Torben, and D. Soskice, and John Stephens, 2009, "Partisan Politics, the Welfare State, and Three Worlds of Human Capital Formation," Comparative Political Studies,4,4/5, 600~637.

Kenworthy, L. and J. Pontusson, 2005, "Rising Inequality and the Politics of Redistribution in Affluent Countries," Perspectiveson Politics 3(3), 449~471.

Krugman, Paul, 2009, The Conscience of a Liberal.Norton&Company.

Larcinese, V., 2011, "Enfranchisement and Representation: Italy 1909~1913," Unpublished Department of Government, London School of Economics.

Lindert, Peter, 2009, Growing Public, Volume2, Further Evidence, Social Spending and Economic Growth since the Eighteenth Century, Cambridge University Press.

Lindert, Peter, 2004, Growing Public Volume1, The Story, Social Spending and Economic Growth Since the Eighteenth Century, Cambridge University Press.

LIzzeri, A., and Persico, N., 2004, "Why did the Elites Extend the Franchise? Democracy and the Scope of Government, with an Application to Britain's Age of Reform," Quarterly Journal of Economics, 119, 707~765.

Meltzer, Allan, and Scott Richard, 1981. "A Rational Theory of the Size of Government," Journal of Political Economy, 89, 5, 914~927.

Milesi-Ferretti, G. M., Perotti, R., and M. Rostagno, 2002, "Electoral Systems and Public Spending," The Quarterly Journal of Economics, May 2002, 609~657.

Moene, Karl, and Michael Wallerstein, 2001, "Inequality, Social Insurance, and Redistribution," American political Science Review 95, no.4(2001).

Moene, Karl O., and M. Wallerstein, 2003, "Earnings Inequality and Welfare Spending: A Disaggregated Analysis," World Politics 55, 485~517.

Persson, Torben and Guido Tabellini, 2007, "Electoral Rules and Government Spending in Parliamentary Democracies," Quarterly Journal of Political Science2(2), 158~88.

Persson, Torben and Guido Tabellini, 2005, The Economic Effects of Constitutions (Cambridge: MITPress).

Persson, Torben and Guido Tabellini, 2000, Political Economics: Explaining Economic Policy, Cambridge, MIT Press.

Pontusson, J., and D. Rueda, 2010, "The Politics of Inequality: Voter Mobilization and Left Parties in Advanced Industrial States, Comparative Political Studies 43, 675~705.

Tichi, D., and Vindigni, A., 2006, "Endogenous Constitutions," Mimeo Princeton University.